Wolfgang Schiering
FUNDE AUF KRETA

STERNSTUNDEN DER ARCHÄOLOGIE

Wolfgang Schiering

FUNDE AUF KRETA

MUSTERSCHMIDT GÖTTINGEN
FRANKFURT · ZÜRICH

CIP-Kurztitelaufnahme der Deutschen Bibliothek

Schiering, Wolfgang

Funde auf Kreta. – Göttingen, Frankfurt (Main), Zürich: Musterschmidt, 1976.
(Sternstunden der Archäologie)
ISBN 3-7881-1509-2

MUSTERSCHMIDT GÖTTINGEN · Frankfurt · Zürich

Gesamtherstellung: „Muster-Schmidt" KG, Göttingen.

Erich Letterer

in Dankbarkeit

INHALT

EINFÜHRUNG

Der Fundreichtum Kretas und das Verhältnis der minoischen zu den griechisch-dorischen Hinterlassenschaften

Auf die Frage, in welcher griechischen Landschaft der Archäologe durch Ausgabungen heute noch am meisten entdecken kann, wird man antworten dürfen: auf Kreta.

In einem Aufsatz von *Ernst Kirsten* steht: „Die Mischung der Völker und Kulturen ist ihm (Kreta) zum Segen und zum Fluch geworden. Sie hat ihm für kurze Zeit den aufblitzenden Glanz eines Daidalos und El Greco geschenkt, aber auch die lange Nacht historischer Unbedeutendheit, in der das Geheimnis sich um die Insel wob[1]."

Diese „historische Unbedeutendheit" und die daraus folgende mangelhafte schriftliche Überlieferung sind wohl auch der Grund dafür, daß sich die gelehrten Reisenden seit dem 17. Jahrhundert viel mehr für das griechische Festland interessiert haben als für das sagenreiche Kreta. Namen wie *J. Stuart* und *N. Revett, Lord Elgin, L. F. S. Fauvel, O. M. v. Stackelberg, L. Roß* sind mit Attika, der Peloponnes, den Kykladen oder auch mit dem griechischen Osten verbunden, nicht aber mit der größten griechischen Insel. Im 15. Jahrhundert (1422) durchwanderte und beschrieb freilich schon ein Reisender aus Florenz — *Buondelmonte* — Kreta, im 17. und 18. Jahrhundert studierte man die antiken Quellen über die Insel (*Johann Meursius*, 1675), auch bezog man Kreta in umfassendere Darstellungen wie die „Description of the East" (1745) oder die „Description of ancient Greece" mit ein.

Richtig entdeckt wurde Kreta aber erst im vorigen Jahrhundert, und zwar durch zwei Engländer, von denen der eine — *Robert Pashley* — mehr Gelehrter, der andere — *Admiral T. A. B. Spratt* — mehr Praktiker gewesen ist. Pashleys „Travels in Crete" wurden 1837 in zwei Bänden herausgegeben und sind bis heute eine vielseitige, äußert anregende Quelle. Die 1865 erschienenen „Travels and Researches in Crete" von Spratt bilden vor allem durch die guten Karten, aber auch durch so entscheidende Beobachtungen wie die einer im 6. Jahrhundert n. Chr. erfolgten Senkung der Nordküste von West nach Ost eine wichtige Ergänzung zu dem älteren Werk. Mit der Natur, der Pflanzen- und Tierwelt der Insel haben sich nach 1845 der Franzose *Victor Raulin* („Description physique de l'île de Crète", 1869) und in unserem Jahrhundert *A. Trevor-Battye* beschäftigt.

Die Anfänge archäologischer Ausgrabungen auf Kreta gehen in die gleiche Zeit zurück, in der auf dem griechischen Festland die ersten großen Unternehmungen begonnen haben. In Kreta aber handelte es sich zunächst nicht um so umfangreiche Komplexe wie in Olympia oder Delphi, sondern um kleine, bescheidene Grabungen, die dennoch höchst bedeutende Funde erbracht haben: Bronzeschilde des 8.—7. Jahrhunderts v. Chr. aus der IDÄISCHEN HÖHLE (S. 179 ff.) und die berühmte Gesetzesinschrift des 5. Jahrhunderts v. Chr. in GORTYN (S. 220 ff.). Diese 1884 gemachten Funde werden in erster Linie dem italienischen Epigraphiker und Archäologen *Federico Halbherr* verdankt, der später, im gleichen Jahre wie *Arthur Evans* in KNOSSOS, mit den Ausgrabungen des Palastes von PHAISTOS begonnen hat. Die ersten aufsehenerregenden keramischen Funde dieser ältesten kretischen Kultur, die der Ausgräber von

Knossos nach dem legendären König Minos „minoisch" genannt hat, kamen 1894 wiederum in einer hoch gelegenen Höhle zutage, die oberhalb des Dorfes Kamares auf der Südseite des gewaltigen Idagebirges der eben erwähnten Idäischen Höhle etwa gegenüberliegt (S. 144 ff.).

Als nach Herstellung einer kretischen Autonomie (von 1897 bis 1912 noch unter türkischer Oberhoheit) im Jahre 1900 die ersten regelrechten Ausgrabungen auf Kreta einsetzten, waren die Arbeiten in Olympia bereits 20 Jahre, die auf der Athener Akropolis ein Jahrzehnt abgeschlossen, das Apollonheiligtum von Delos war dank der Tätigkeit französischer Archäologen nicht mehr unbekannt, in Delphi wurde seit acht Jahren gleichfalls von Franzosen, in Korinth seit vier Jahren von Amerikanern gegraben, Schliemanns Funde waren nicht nur in Fachkreisen, sondern bereits in der ganzen interessierten Welt bekannt.

Dieser Vorsprung der Ausgrabungen und Funde auf dem griechischen Festland kann aber nicht der Grund dafür sein, daß der kretische Boden auch heute noch so ergiebig ist: Waren doch die Hauptarbeiten in Knossos bereits sieben Jahre nach Beginn getan und die Ergebnisse der amerikanischen Unternehmungen am Golf von Mirabello (Gournia, Psira, Mochlos usw.) ebenso wie die frühen Berichte der italienischen Ausgräber von Phaistos und Hagia Triada schon vor dem Ersten Weltkrieg gedruckt. Auch das erste Museum in Heraklion war bereits 1912 fertiggestellt.

Es ist wohl richtig, daß die beiden Kriege die archäologischen Forschungen auf Kreta besonders empfindlich unterbrochen haben. Und trotzdem, wie wenige Grabungen auf dem griechischen Festland führten nach dem letzten Kriege so rasch zu so schönen Funden und zu so bedeutenden Ergebnissen wie die Freilegung von Palast und Siedlung in Kato Zakros? Es muß also andere

Gründe geben für die berechtigte Vermutung, daß man auf Kreta auch in Zukunft noch besonders viele Zeugnisse der Antike finden kann.

Der Hauptgrund liegt — wie ich glaube — in der Einzigartigkeit der Kultur des dritten und zweiten Jahrtausends v. Chr., der wir die bedeutendsten Funde auf Kreta verdanken. Der zweite Grund liegt in der Geschichte Kretas nach der Landnahme durch dorische Griechen. Die Blüte der sog. minoischen Kultur ist aber ebenso wie die weitere Geschichte Kretas entscheidend bestimmt von der Lage dieser drittgrößten Mittelmeerinsel und von ihrer Gestalt, von der weiter unten die Rede sein soll.

Mit „Einzigartigkeit" der minoischen Kultur ist der Reichtum und die großartige Organisation dieses frühen Inselstaates gemeint. Die ΘΑΛΑΣΣΟΚΡΑΤΙΑ des *Minos* hat eine gewichtige Rolle neben den Mächten Ägyptens und des Vorderen Orients gespielt, und Kreta hatte abgesehen von seinen weitreichenden Handelsbeziehungen im zweiten Jahrtausend v. Chr. auch bedeutende Kolonien aufzuweisen. Die legendären Gesetzgeber *Minos* und *Rhadamanthys* haben im griechischen Denken ebenso weitergelebt wie der Tausendkünstler *Daidalos* und die Sage vom kretischen Labyrinth. Der „Inselstaat" manifestierte sich in größeren und kleineren Städten, die ihr Zentrum in einer besonders stattlichen Anlage (Palast) hatten, weiterhin in Landsitzen (Herrenhäusern bzw. Villen), in Häfen und Schiffen, Straßen und Brücken.

Die kretischen Paläste ziehen unsere Aufmerksamkeit begreiflicherweise mehr auf sich als die viel zahlreicheren minoischen Siedlungen und die sog. Villen. Doch allein die Nähe zwischen den Palästen und Städten von Phaistos und Hagia Triada gibt schon lange eine Vorstellung von der großen Dichte der minoischen Zivilisation. Auch das Netz der Siedlungen entlang den Straßen muß erstaunlich dicht gewesen sein. Man ahnt dies etwa auf dem Weg von Heraklion nach Malia, wo man nach dem antiken Hafen von Knossos im heutigen Vorort Katsamba bald auf die minoischen Überreste von Amnissos und etwas später auf die Ausgrabungen der stattlichen „Villa" von Nirou Chani stößt. Vieles noch Unbekannte dürfen wir hinzurechnen. Weniger bekannt ist es auch, daß nur ca. 10 km südlich des Palastes von Knossos und der ihn umgebenden minoischen Großstadt, kurz vor dem Herrensitz von Vathypetron unter dem heutigen Weinstädtchen Archanes gleichfalls eine minoische Stadt zu suchen ist. In einem kleinen Geviert inmitten dieses Ortes wurden die eindrucksvollen Überreste eines Gebäudes gefunden, das sich in den Abmessungen der Räume und in seiner Bauweise — auch Gipsstein ist verwendet — nur mit den stattlichsten Teilen des Palastes von Knossos vergleichen läßt. Zufallsfunde sichern Spuren der zugehörigen Stadt. Die aus Rundgräbern und teils zweistöckigen Kammern bestehende Nekropole wird auf der gegenüberliegenden Anhöhe — Phourni — zur Zeit freigelegt. Selbst an der unwegsamen Südküste, beim Ort Myrtos westlich von Hierapetra, fanden kürzlich englische Archäologen auf einem Berg, der einen ausgezeichneten Überblick über den dortigen Küstenabschnitt gewährt, eine Anlage, deren vornehmste Räume nach Baumaterial (Gipsstein!) und Formen gleichfalls unmittelbar an die Architektur des Palastes von Knossos erinnern.

Im Osten war die Besiedlung in minoischer Zeit so dicht, wie es die bergige Natur dort erlaubte. Das zeigt nicht nur das nahe Beieinander der Siedlungen von Gournia, Psira und Mochlos am Golf von Mirabello, sondern auch — ganz im Osten — die verhältnismäßig kleine Entfernung zwischen der großen minoischen Stadt bei Palaikastro und der kleineren bei Kato Zakros. Zuletzt aber sind wir durch griechisch-schwedische Ausgrabungen im heutigen Stadtgebiet von CHANIA (dem griechischen KYDONIA) erneut darauf aufmerksam gemacht worden, daß die minoische Kultur keineswegs auf die bekannten Zentren in Mittelkreta und auf den östlichen Teil der Insel beschränkt war. Dort in Westkreta darf man gewiß noch mit besonders vielen Funden und Überraschungen rechnen.

Nur zweimal (ARCHANES und CHANIA) war in diesem kurzen Überblick von Ausgrabungen die Rede, die mit den Schwierigkeiten kämpfen müssen, denen der Ausgräber sonst so oft gegenübersteht, wenn die gesuchten Zeugnisse nicht nur unter jüngeren antiken, sondern auch unter modernen Häusern liegen. Wie deutlich werden unter diesen Gesichtspunkten die Vorteile der anderen Grabungsplätze auf Kreta! Manche Bauten haben — wie die „Villa" von VATHYPETRON — überhaupt nur sehr kurze Zeit existiert. Antike Nachbesiedelungen bzw, Neugründungen hat es freilich nicht nur in CHANIA, sondern auch an einigen der Hauptorte der minoischen Kultur gegeben. KNOSSOS war im ersten Jahrtausend v. Chr. und in der römischen und byzantinischen Antike eine bedeutende Stadt; das heutige HERAKLION ist nämlich erst von den Arabern im 9. Jahrhundert gegründet und wie RETHYMNON und CHANIA von den Venezianern ausgebaut worden. Auch PHAISTOS hat seine Tradition als Stadt unter den dorischen Griechen fortgesetzt. Hausmauern von der geometrischen Epoche bis in die hellenistische und römische Zeit, auf die man früher weniger geachtet hat, sind gerade in den letzten Jahren wieder in unmittelbarer Nachbarschaft der minoischen Paläste von KNOSSOS und PHAISTOS ausgegraben worden. Über den minoischen Herrenhäusern von TYLISSOS liegen stattliche Anlagen aus nachminoischer Zeit. In MALIA wurde innerhalb des Palastes und in einzelnen Stadtvierteln mykenische Überbauung festgestellt.

In Palaikastro im Osten der Insel haben die dorischen Siedler vor allem eine Anhöhe besiedelt, die kapartig ins Meer vorspringt. Die meisten von Homers „hundert Städten" sind jedoch an neuen, d. h. in minoischer Zeit noch nicht benutzten, vor allem hochgelegenen Plätzen entstanden und haben so zu einem neuen Verhältnis zwischen Siedlung und Landschaft geführt. Ganze minoische Städte, Paläste und Villen konnten deshalb nach ihrer Zerstörung durch Naturkatastrophen oder Kriege vergessen werden und von schützender Erde bedeckt bleiben, bis der Spaten der Archäologen die Ruinen wieder freilegte.

Doch mit diesen Problemen ist der zweite der oben aufgezählten Gesichtpunkte einer besonderen Situation der archäologischen Arbeit auf Kreta angesprochen: die Geschichte Kretas nach der Landnahme durch die dorischen Griechen.

Wer von Griechenland kommt und zum ersten Male das Archäologische Museum in Heraklion besucht, der muß über den geringen Anteil der dort ausgestellten Funde aus den Epochen der griechischen und römischen Antike auch dann noch erstaunt sein, wenn er schon wußte, daß es auf Kreta keine berühmten Tempel gegeben hat und daß bekannte Heiligtümer auch noch des ersten Jahrtausends v. Chr. in Höhlen zu finden sind. Besichtigt er dann auf dem Wege nach Phaistos die Ruinen des antiken Gortyn, dann mag ihm deutlich werden, daß die riesige Ausdehnung dieser von den dorischen Griechen neu gegründeten Stadt, die nach 67 v. Chr. Hauptstadt der römischen Provinz Cyrenaica war, ausreichen könnte, alle bisher bekannten Paläste, Villen und Siedlungen des minoischen Kreta aufzunehmen. Warum aber sind dann doch nur verhältnismäßig wenige Funde auf uns gekommen? Auch die dorische Bergstadt Lato, an einer Stelle gelegen, die in minoischer Zeit nicht besiedelt war, ist in ihrer Ausdehnung größer und hatte wohl mehr Einwohner als die einzige annähernd vollständig ausgegrabene minoische Stadt Gournia.

Die relativ wenigen antiken Überreste in Gortyn und Lato auf der einen Seite und der erstaunlich gute Erhaltungszustand der minoischen Ruinen auf der anderen erklären aber sehr anschaulich auch die Proportionen der im Museum ausgestellten minoischen und griechisch-römischen Funde. In Gortyn ist nämlich außer der Ruine der Tituskirche und den Fundamenten auf der Akropolis nur ein Heiligtum des *Apollon Pythios,* das Isisheiligtum und jenes kleine Odeion römischer Zeit wirklich sehenswert, das der Inschriftblöcke des berühmten Stadtrechtes wegen (S. 220 ff.) eine hervorragende Bedeutung hat. Weitere Ausgrabungen könnten das Bild des hellenistischen und römischen Gortyn freilich noch sehr bereichern. In Lato wird der heutige Besucher vor allem durch die Überreste des Prytaneion und die Mauern eines einfachen Haustempels belohnt.

Der Grund für die geringe archäologische Ausbeute in vielen dorisch-griechischen Städten auf Kreta ist zunächst darin zu suchen, daß diese Städte in nachantiker Zeit am gleichen oder an einem benachbarten Ort wieder besiedelt und die noch sichtbaren Ruinen dabei als Steinbruch benutzt worden sind. Außerdem hat man oft nicht die Mühe gescheut, gut behauene Steinquader selbst über weite Strecken zu befördern und neu zu verwenden. Weil die Bausteine und Quader der minoischen Zeit bis zum Beginn der Ausgrabungen meist unter der Erde verborgen lagen, waren es mehr die griechischen, oft auf Fels gegründeten Siedlungen, die auf solche Weise beraubt wurden. Auch zahlreiche Kunstwerke aus Marmor oder Bronze sind dabei verlorengegangen.

Gab es aber im dorischen Kreta überhaupt so viele Kunstwerke wie an den bekannten Fundorten des griechischen Festlandes? Den Ruinen von Lato, die so karg sind wie die dortige Landschaft, sieht man an, daß die dorischen Griechen Kretas in ihrer ganzen Lebensanschauung und damit auch in Kunsthandwerk und Kunst nicht nur anders waren als die minoischen Kreter, sondern auch anders als die Griechen in den kulturell führenden Städten auf dem griechischen Festland, im griechischen Osten oder in Großgriechenland. Nur eine Epoche hebt sich heraus, eine Epoche, in der sich dorischer Ernst am vollkommensten in künstlerische Formen umgesetzt hat: die archaische, vor allem die älteste archaische Epoche.

Den Steinskulpturen aus Eleutherna, Prinias, Malles, Gortyn usw. ist aus minoischer Zeit nichts Gleichartiges gegenüberzustellen. Daß es Hervorragendes gab, zeigt der erhaltene Teil eines 1960 gefundenen Sitzbildes aus Astritsi ebenso wie ein herber, unterlebensgroßer Frauenkopf aus Axos. Auch eines der bezauberndsten Werke der griechischen Plastik des siebten Jahrhunderts v. Chr., die nur 65 cm hohe und doch monumental wirkende Kalksteinstatuette aus Auxerre im Louvre (S. 206 ff.), wird mit guten Gründen einem hervorragenden kretischen Meister zugeschrieben. Die etwas ältere Apollinische Trias aus einem kleinen Heiligtum in der dorischen Bergstadt Dreros zeigt in Haltung und Ausdruck den gleichen Ernst wie die erwähnten Kalksteinbilder (S. 197 ff.). Doch in diesen Statuetten scheint auch noch etwas von der Spröde spätminoischer Terrakotten nachzuleben. Überdies ist orientalische Einwirkung auf dieser „idäischen" Stilstufe ebenso unverkennbar wie im sog. dädalischen Stil der Stein-, Bronze- und Terrakottaplastik aus der zweiten Hälfte des 7. Jahrhunderts. Die Nähe des Orients und einen lebhaften Austausch des dorischen Kreta mit nordsyrischen und phönikischen Städten veranschaulichen, von vielen Nachbildungen der nackten orientalischen Liebesgöttin abgesehen, vor allem die im 8. und frühen 7. Jahrhundert entstandenen

Bronzeschilde aus der oben erwähnten Idäischen Zeusgrotte (S. 179 ff.). Ausgezeichnete kretische Waffenschmieden haben in der zweiten Hälfte des 7. und im 6. Jahrhundert auch Kriegsgerät (Helme, Brust- und Rückenpanzer sowie Mitren) hergestellt, das nicht — wie die frühen Bronzeschilde — für ein Heiligtum, sondern für den tatsächlichen Gebrauch bzw. für das Grab bestimmt war.

Diese Periode einer Blütezeit der Kunst im frühen dorischen Kreta wurde seit dem 5. Jahrhundert v. Chr. interessanterweise mit dem Namen eines Künstlers verbunden, dessen Bild mythologisch nicht mit dem 7. Jahrhundert sondern mit König *Minos, Pasiphaë,* dem Labyrinth und anderen technischen Leistungen, nach unserer Vorstellung also mit der Blütezeit der minoischen Kultur des 2. Jahrtausends v. Chr. verquickt ist. Ähnlich wie *Minos* und *Rhadamanthys* war anscheinend auch der Künstler *Daidalos* eine bleibende Gestalt. Weil das griechische Verbum ‚daidallein' „kunstvoll arbeiten" bedeutet, hat man in *Daidalos* freilich auch einfach einen „redenden Namen" gesehen[2].

Wie lebendig die Namen der minoischen Vorzeit noch bei *Homer,* d. h. im 8. Jahrhundert v. Chr. waren, zeigen die Erwähnungen Kretas in Ilias und Odyssee. *Idomeneus,* der mit achtzig kretischen Schiffen am Zug gegen Troja teilgenommen hat, stammt aus *Zeus'* Geschlecht, sein Vater *Deukalion* war ein Sohn von *Minos,* der als „Hüter von Kreta" bezeichnet wird (Ilias 13, 450). „Kretas Volk gebot *Idomeneus,* kundig der Lanze. Alle, die Knossos bewohnt und die festummauerte Gortyn, Lyktos auch und Miletos und rings die weiße Lykastos, Phaistos und Rhytios auch, die volkdurchwimmelten Städte. Auch die sonst noch Kreta in hundert Städten bewohnet: Diesen herrschte voran *Idomeneus,* kundig der Lanze, auch *Meriones,* gleich dem männermordenden

Ares. Ihnen folgt ein Geschwader von achtzig dunkelen Schiffen" (Ilias 2, 645).

Die Zeit, von der *Homer* spricht — und es ist wie die Stadtnamen zeigen, mehr seine eigene als die des trojanischen Krieges — dürfen wir also im Hinblick auf die archäologischen Funde zu den „Glanzzeiten" der Insel hinzurechnen. Von der Völkermischung, die nach dem eingangs zitierten Satz von *E. Kirsten* zu den Höhepunkten der kretischen Geschichte geführt hat, weiß *Homer* gleichfalls schon zu berichten, wenn er in der Odyssee (19, 172) schreibt: „Kreta ist ein Land im dunkelwogenden Meere, fruchtbar und anmutsvoll und ringsumflossen. Es wohnen dort unzählige Menschen, und ihrer Städte sind neunzig: Völker von mancherlei Stamm und mancherlei Sprachen. Es wohnen dort Achaier, Kydonen und eingeborene Kreter. Dorier, welche sich dreifach verteilet und edle Pelasger. Ihrer Könige Stadt ist Knossos, wo *Minos* geherrscht hat, der in jedem neunten Jahre mit Zeus, dem großen Gotte, geredet."

Knossos ist also, wie oben schon angedeutet wurde, nicht nur im minoischen Kreta, und da vor allem zur Zeit der Jüngeren Paläste, die führende Stadt der Insel gewesen, sondern auch wieder zu Homers Zeiten. Auch der Palasthügel von Phaistos trug in der homerischen, also der sog. geometrischen Zeit eine stattliche Siedlung. Mit dieser Stadt aber rivalisierte im ersten Jahrtausend v. Chr. das von dorischen Griechen neu gegründete Gortyn, das mit der politischen Öffnung Kretas nach Süden in hellenistischer und vor allem in römischer Zeit auch Knossos überrundet hat.

1. *Karte der Insel Kreta*

LANDSCHAFT UND GESCHICHTE

Kreta ist von Griechenland, Kleinasien und Nordafrika ungefähr gleichweit entfernt. Durch seine großen, bis zu 2 500 m ansteigenden Gebirgszüge — Weiße Berge, Ida, Dikte —, deren Ausläufer auf der südlichen Inselhälfte mehr oder weniger unmittelbar an die Südküste heranreichen und dort über weite Strecken schroff ins Meer abfallen, ist es von Natur entschieden nach Norden und nicht nach Süden gerichtet. Im Westen setzt Kreta über die Insel Kythera hinweg die östliche der drei peloponnesischen Halbinseln fort, während es im Osten über Karpathos nach Rhodos weist und so in einem weiten, gleichmäßigen Bogen die ägäische Inselwelt zwischen Griechenland und der kleinasiatischen Küste abschließt.

Kretas Verbindung zur Ägäis ist heute durch die beiden großen Häfen der Nordküste Chania und Heraklion selbstverständlich. In der Vorzeit wird sie durch Funde (Ton- und Steingefäße, Idole) zuerst am Ende des Neolithikums dokumentiert. Eine deutliche Einflußnahme von Kreta auf die Inseln und die Ränder der Ägäis reichte zwischen dem 17. und dem 15. Jahrhundert v. Chr. von bloßen Handelsbeziehungen bis zu kretischen Niederlassungen und Kolonien wie auf Thera, Melos, Keos oder in Milet. Dies läßt sich an kretischen Funden wie auch an lokalen Nachahmungen kretischer Vorbilder (Wandmalerei, Plastik, Keramik) ablesen. Mit der Vormachtstellung des mykenischen Griechenland nach 1400 v. Chr. blieb die Verbindung nach Norden bestehen, nur war in diesem Zeitabschnitt wie auch in der folgenden Periode der dorischen Einwanderung auf Kreta nicht die Insel sondern Griechenland der bestimmende Teil.

Die Kontakte von Kreta nach Süden (Libyen), von dem Mesara-Hafen Komo aus, sowie nach Ägypten und dem Osten, vom Mirabello-Golf aus über den Isthmos von Hierapetra oder die Ostküste, lassen sich durch Funde und Einflüsse auf beiden Seiten von der Mitte des 3. Jahrtausends v. Chr. an nachweisen. Von besonderem Interesse für die Spätzeit des minoischen Kreta sind die Freskomalereien in Gräbern des ägyptischen Theben (15. Jahrhundert v. Chr.), auf denen Kreter mit kostbaren Prunkgefäßen — Geschenken für die Grabherren — dargestellt sind. Auch der Vordere Orient war in die Handelsbeziehungen des minoischen Kreta eingeschlossen. Etwa ein halbes Jahrtausend nach dem Verfall der minoischen Kultur, am Ende der griechisch-geometrischen Periode, traten, wie die oben erwähnten Bronzeschilde aus der Idäischen Zeushöhle und andere Funde dieser Epoche zeigen, Kreta und Nordsyrien bzw. Phönikien in Beziehungen. Aus diesen Verbindungen hat die orientalisierende Kunst Kretas und Griechenlands im 7. vorchristlichen Jahrhundert wesentliche Anregungen geschöpft. Die östlichen Handelsbeziehungen, die in dieser Periode fast überall in Griechenland gepflegt worden sind, haben freilich noch keine Abkehr Kretas von seinen alten und durch die dorischen Einwanderer erneuerten Beziehungen nach Norden gebracht. Doch sollte es dann noch in der archaischen, vor allem aber in der klassischen und auch in der hellenistischen Epoche zu einer immer größeren Isolierung Kretas kommen, die ihren Grund in der geopolitisch bedingten Vielstaatenwirtschaft der Insel hatte und die erst sehr spät ein gemeinsames Recht und eine gemeinsame Außenpolitik aufkommen ließ.

Eine entscheidende politisch-geographische Wendung nach Süden, wie sie zunächst von den Ptolemäern her, dann aber vor allem aus der Sicht des römischen Weltreichs verständlich wird, brachte GORTYN mit seinen an der Südküste gelegenen Häfen LEBENA und MATALA zu seiner Vormachtstellung. In GORTYN residierte der römische Statthalter der Provinz Cyrenaica, und GORTYN blieb in christlicher Zeit auch nach dem durch einen Paulusbrief berühmt gewordenen *Titus* lange der wichtigste Bischofssitz Kretas. 826 wurde es durch Araber zerstört.

Die Araber, dann vor allem die Venezianer und auch die Türken haben der Nordküste der Insel die Bedeutung wieder zurückgegeben, die ihr seit den ältesten Zeiten zukam. In der Nähe des heutigen HERAKLION, das als CHANDAK (Graben?) von den Arabern 824 gegründet worden ist, nach der byzantinischen Rückgewinnung (961) CHANDAX hieß und als CANDIA während der Herrschaft Venedigs Weltruhm erlangte, wurde der minoische Palast der Stadt KNOSSOS auf der ältesten neolithischen Siedlung Kretas gefunden.

Zur Erklärung der geographischen Besonderheit Kretas und den aus ihr hervorgegangenen geschichtlichen Bindungen der Insel mußte zunächst auf die großen Gebirgszüge aufmerksam gemacht werden. Für die Häufung der archäologischen Funde sind jedoch mit Ausnahme der hochgelegenen Höhlen und einiger Höhenheiligtümer selbstverständlich nicht diese Gebirge, sondern die niedrigeren und vor allem die ebenen Landstriche von Interesse: die MESARA (MESSARA) als die fruchtbarste und weiteste Ebene der ganzen Insel im Süden mit den antiken Städten PHAISTOS und GORTYN sowie der nahe am Meer gelegenen minoischen „Sommerresidenz" bei dem Hagia Triada-Kirchlein, außerdem die

Küste vor dem hügeligen Hinterland um KNOSSOS mit seinen Häfen beim heutigen Heraklion (KATSAMBA, AMNISSOS) und der Küstenstrich bei MALIA. Ein Blick auf die Karte zeigt außerdem vor allem noch zwei grüne Stellen, von denen die eine, kleinere — die LASITHI-HOCHEBENE (LASSITHI) — von der DIKTÄISCHEN HÖHLE und der nachminoischen Höhensiedlung auf KARPHI abgesehen archäologisch relativ unergiebig war, während die andere — der fruchtbare, lange und breite Küstenabschnitt im Westen zwischen dem griechischen KYDONIA und KISAMOS — archäologisch noch so gut wie unerforscht ist. Obwohl fruchtbares Land nur spärlich vorhanden, bildet auch der landschaftlich bezaubernde Golf von MIRABELLO eines der wichtigsten Fundgebiete Kretas: Eine reiche Siedlung auf der unwegsamen Insel PSIRA, vor allem aber die Nekropole auf dem benachbarten Inselchen MOCHLOS — vor dem Eintauchen der Osthälfte Kretas im 6. nachchristlichen Jahrhundert eine kleine Halbinsel — haben kostbare Funde erbracht (S. 93 ff.). Von den anderen minoischen Fundorten am Golf sei die Kleinstadt GOURNIA (S. 88), von den dorischen Siedlungen das hoch und versteckt über dem Meer liegende LATO (S. 201) und die griechisch-römische Hafenstadt OLOUS genannt. Alle diese Plätze haben hier — an der engsten Stelle der Insel, dem ISTHMOS VON HIERAPETRA — vom Seehandel gelebt. Dasselbe gilt für die zwischen KNOSSOS und der MIRABELLOBUCHT unmittelbar am Meer um einen Palast gescharte Stadt MALIA und für die „Villa" von NIROU CHANI sowie, an der kurzen Ostküste Kretas, für die minoischen Städte bei PALAIKASTRO und KATO ZAKROS.

MYTHOLOGIE

Die unmittelbare Verbindung von Mythos, Kult und archäologischen Funden führt nun noch zu der Frage, an welchen Plätzen Kretas die antiken Götter- und Heldensagen lokalisiert werden können. In der Ilias wird *Idomeneus* als Anführer der kretischen Schiffe ein Sohn des *Deukalion* und Enkel des *Minos* genannt. *Minos* selbst ist ein Sohn des *Zeus*. Da es an der oben zitierten Stelle der Odyssee heißt: „Ihrer Könige Stadt ist KNOSSOS, wo *Minos* geherrscht hat", ist für die homerische Zeit des 8. Jahrhunderts v. Chr. die Verbindung von *Minos* und KNOSSOS gesichert.

Von den griechischen Göttern ist es also *Zeus,* der höchste Gott selbst, der am engsten und vielfältigsten mit Kreta verbunden ist. Vater des *Minos,* des *Rhadamanthys* und des *Sarpedon* wurde er durch seine Verbindung mit der phönikischen Königstochter *Europa.* Der in einen Stier verwandelte Gott hat sie nach GORTYN gebracht. An der Südküste, irgendwo am Strand der MESARAEBENE sind *Zeus* und *Europa* von Phönikien her auf Kreta angekommen. Die IDÄISCHE HÖHLE jenseits des südlichsten Idakammes (S. 179 ff.), hat neben einer Höhle bei der dorischen Stadt LYKTOS (HESIOD) und der DIKTÄISCHEN HÖHLE über der LASITHI-HOCHEBENE den Anspruch erhoben, Geburtsort des *Zeus* gewesen zu sein. Auch die früheste Kindheit des Gottes wurde mit diesen Höhlen verbunden, wo Nymphen und die orgiastisch-kriegerisch lärmenden Kureten um ihn waren. Die Funde aus der Idäischen Grotte wurden schon erwähnt (S. 179 ff.), die aus der Diktäischen Höhle reichen, dichter als die der Idäischen, von der griechischen in die minoische Zeit zurück.

Außer mit der Mesara und Gortyn, dem Ida und dem Dikte ist die Erinnerung an *Zeus* auch mit Knossos und seiner Umgebung verbunden, wo *Minos* — nach Homers Ilias — „in jedem neunten Jahre mit Zeus, dem großen Gotte, sprach" (vgl. Platon, Gesetze I, 1), wo in einer Höhle oberhalb des in der Odyssee erwähnten Amnissos *Eileithyia,* eine Tochter des *Zeus* und der *Hera,* geboren und, wie die zahlreichen Funde aus dieser Höhle zeigen, verehrt worden ist, und wo man auf dem Berge Juktas, der sich wie ein Wächter inmitten der Landschaft von Knossos erhebt, auch das Grab des *Zeus* gezeigt hat und Reste der Architektur dieses Kultplatzes auch heute noch sieht und zur Zeit ausgräbt.

Es ist ein vielschichtiger und primär ungriechischer Gott, dieser *Kretische Zeus.* Seine Stiergestalt in der Europasage verbindet ihn mit dem altkretischen Stier. Aus der Verbindung von *Pasiphaë,* der Gattin des *Minos,* mit dem später von *Herakles* bezwungenen Poseidonstier ist der *Minotauros* hervorgegangen. Diese Sage erinnert gleichfalls an *Europa* und *Zeus,* während das Zeusgrab auf dem Juktas mit einem vorgriechischen Vegetationsgott zusammenhängt, wie er etwa aus Lakonien als *Hyakinthos* bekannt ist. Das orgiastische Treiben der erwähnten Kureten, das zu den Höhlenkulten des kretischen Zeus gehörte, war schließlich vielleicht östlicher Herkunft.

Die Sage von *Theseus* und dem *Minotauros* ist mit Knossos und dem von *Daidalos* erbauten Labyrinth verquickt. *Daidalos* selbst — in der Sage ein Nachkomme des Atheners *Erechtheus* — gehört mit *Minos* zusammen gleichfalls nach KNOSSOS, wo die altkretische Kunst von ihren großartigen Ingenieurleistungen bis zur minuziösesten Kleinkunst der Siegelschneider und Goldschmiede in den archäologischen Funden denn auch ihren eindrucksvollsten Niederschlag gefunden hat.

Vor ihrem Bruder *Minos* sind *Rhadamanthys* und *Sarpedon* nach Böotien bzw. nach Lykien geflohen. Die Sage von *Daidalos* und vom Tod des *Minos* führt uns schließlich auf eine andere große Mittelmeerinsel, nach Sizilien, in eine Himmelsrichtung also, von der hier bisher noch nicht die Rede war. Außer dem Namen HERAKLEA MINOA, einer teilweise aus dem dort anstehenden Gipsstein im 4. Jahrhundert v. Chr. gebauten Stadt an der Südküste Siziliens, einigen sizilischen Ruinen, Einflüssen kretischer Hausformen selbst auf das älteste Rom und Scherbenfunden auf den Liparischen Inseln oder in Tarent läßt sich über diese westliche Verbindung des minoischen Kreta vorläufig archäologisch nur sehr wenig aussagen.

KNOSSOS

Sir Arthur Evans als Ausgräber und Konservator · Die heutige Gestalt des Labyrinths und einzelne Funde · Der Thronsaal · Freskofunde · Stuckreliefs und Kleinplastik · Die „Arena" der Stierspiele · Das „Tempelgrab" und andere Gräber in der Umgebung von Knossos · Der Sarkophag von Hagia Triada · Die Phourni-Nekropole bei Archanes

Sir Arthur Evans als Ausgräber und Konservator

Den Anfang der Ausgrabungen in Knossos machte der Kreter *Minos Kalokairinos,* als er 1878 zwei Magazine des Palastes freilegte und dort zehn große tönerne Vorratsgefäße (Pithoi) fand. *Heinrich Schliemann* besuchte diesen Grabungsplatz erstmals 1886[3]. Acht Jahre vor dem ersten Kretaaufenthalt des späteren Ausgräbers von Knossos, *Arthur Evans,* hat er mit seinem Mitarbeiter *Wilhelm Dörpfeld* das Gelände gesehen. Den sehr ernsthaft betriebenen Plan einer Ausgrabung in Knossos hat *Schliemann* jedoch aus verschiedenen Gründen, vorwiegend einer letzten Kampagne in Troja zuliebe, drei Jahre später wieder aufgegeben. Bei der Besichtigung des Geländes fand er „sogar an der Oberfläche Fragmente vom Alter und Muster der mykenischen Königsgräber" und er wollte wissen: „Was die untersten Schichten enthalten und in welch graue Vorzeit sie zurückführen mögen."

Wie ganz anders war der Ausgangspunkt für *Arthur Evans!* Nicht die Erfolge und Erfahrungen eines auf frühe Funde ausgerichteten Ausgräbers, nicht so sehr auch die Zusammenhänge der vorgeschichtlichen Kulturen der Ägäis waren es, die diesen besonnenen und vielseitig gebildeten Mann nach Knossos geführt haben, sondern der Wunsch, einer unbekannten Hieroglyphenschrift nachzugehen, die er auf einigen angeblich aus Kreta gekommenen Siegelsteinen gesehen hat. Das Areal von Knossos mit einzelnen noch sichtbaren Mauern, mit dem kleinen Ausgrabungsfeld von Kalokairinos, vor allem aber mit der Fülle an keramischen und sonstigen Oberflächenfunden sollten ihm zur Erweiterung seiner in Griechenland erworbenen Sammlung der betreffenden Schriftzeichen und damit letzten Endes zu ihrer Entzifferung verhelfen.

Als *Evans* 1894 erstmals nach Kreta kam, war er 43 Jahre alt. Nach einem Studium der neueren Geschichte in Oxford, vorübergehend auch in Göttingen, nach einem langen, lebhaften und oft Aufsehen weckenden politisch-journalistischen Engagement auf dem Balkan und nach ersten Besuchen in Griechenland, die ihn schon 1883 mit *Schliemann* und dessen Entdeckungen konfrontierten, ist der von Hause aus sehr begüterte *Evans* 1884 „Keeper“ des Ashmolean-Museums in Oxford geworden. Wie der erste Besuch auf Kreta, so galten auch solche der folgenden Jahre der Erkundung möglichst weiter Teile der Insel.

Mit der für das Jahr 1900 endlich erteilten Erlaubnis, auf dem mit den Mitteln eines „Cretan Exploration Fonds“ erworbenen Gelände Ausgrabungen durchzuführen, begann *Evans* am 23. März dieses Jahres seine Arbeiten. Schon wenige Wochen später kam der erste Fund bei einer Feuersbrunst gebrannter Tontäfelchen mit vorgriechischen, d. h. von der phönikischen Buchstabenschrift unabhängigen Zeichen der Silbenschrift Linear B zutage. Entsprechende Funde sollte es auch in den folgenden Jahren immer wieder geben. Diese verhältnismäßig kurzen Inschriften zu entziffern, ist freilich erst sehr viel später, nach dem Tod von *Evans* und vor allem auf Grund des noch viel reicheren Materials von Pylos (Peloponnes) den Engländern *M. Ventris* und *J. Chadwick* gelungen.

Doch diese speziellen Interessen, die *Evans* stets im Auge behielt, mußten mehr und mehr hinter der großen Aufgabe zurücktreten, die sich bald ganz von selbst gestellt hat: die Freilegung des gewaltigen Gebäudekomplexes, der als „Palast des Minos" bis heute das bedeutendste Zeugnis der ältesten europäischen Kultur blieb. In fünf Jahren intensivster Tätigkeit, bei der *Evans* von ausgezeichneten Mitarbeitern — wie *D. Mackenzie* und *Th. Fyfe* — unterstützt wurde, war die Hauptarbeit der Freilegung der Ruinen des Palastes und einiger ihn unmittelbar umgebender Gebäude getan.

Da es so gut wie keine späteren Überbauungen gab, und Mauerwerk, Wandverkleidungen wie Fußböden oder Treppen verhältnismäßig widerstandsfähig waren, gingen die Arbeiten wesentlich leichter vonstatten als etwa *Schliemanns* Ausgrabungen in Troja, Mykene oder Tiryns. Mit einem einfachen Freilegen aber war es auch nicht getan, denn die Schichtengrabung gehörte inzwischen zur Arbeitsweise einer wissenschaftlichen Ausgrabung auch im ägäischen Bereich. Nicht nur in Troja, und dort vor allem durch *Dörpfeld,* sondern auch in der prähistorischen Siedlung bei Phylakopi auf Melos wurde durch die englischen Archäologen *D. G. Hogarth* und *D. Mackenzie* die stratigraphische Methode geübt und stetig verfeinert.

In Knossos hat sie schon bald zu einer Gliederung des Befundes in eine frühe, eine mittlere und eine späte Periode geführt, die mit ihrer Unterteilung in je drei Phasen noch heute als Grundlage für die Chronologie der von *Evans* „minoisch" genannten Kultur benutzt wird: frühminoisch I—III, mittelminoisch I—III, und spätminoisch I—III. Wie diese Gliederung gewonnen wurde, veranschaulicht ein schematischer „Schnitt" aus dem Annual of the British School at Athens, der hier in Abb. 2 wiedergegeben ist. Jede der eingetragenen Schichten konnte durch Keramikfunde belegt werden,

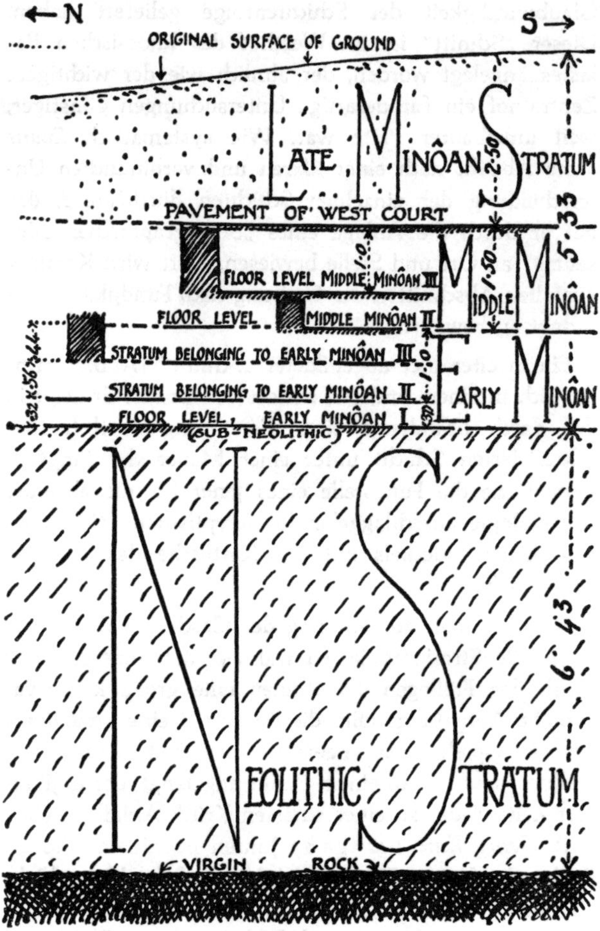

2. *Stratigraphischer „Schnitt" aus dem Westhof des Palastes von Knossos*

deren Technik, Malerei (weiß auf dunkel, dunkel auf hell) und Dekorationsstil (ungegenständliche und sog. naturalistische Motive) ihrerseits eine Kontrolle für die

Glaubwürdigkeit der Schichtenfolge geliefert haben. Dieser „Schnitt“ ist im Westhof des knossischen Palastes angelegt worden, der ähnlich wie der wichtigere Zentralhof ein für derartige Untersuchungen günstiger, weil unbebauter Platz war. Wie systematisch *Evans* seine Absicht nach einer klaren und verbindlichen Unterscheidung der einzelnen Schichten durchführte, das hat er durch die Anlage eines „Stratigraphischen Museums“ an Ort und Stelle bewiesen. Dort wird Keramik aus allen Abschnitten der Grabung nach Fundplätzen geordnet aufbewahrt.

Ein zweiter hier abgebildeter „Schnitt“ (Abb. 3) findet sich in einem anderen Bericht von *Evans*. Er zeigt in der durch Brandreste einer Zerstörung deutlich charakterisierten Schicht unter einer Mauer der jüngsten Bauperiode die Fundstelle eines jener für die absolute Chronologie ausschlaggebenden ägyptischen Stücke: eines Alabasterdeckels mit der Kartusche des Hyksoskönigs *Chian*.

Brauchte man zur Klärung der Geschichte dieses Palastes die Stratigraphie, so war auf der anderen Seite durch das Freilegen der Ruinen eine große konservatorische Aufgabe gestellt, die *Evans* auf eine großzügige und kostspielige Art bewältigt hat. Mit dieser Feststellung sind wir an einem Punkt angelangt, der in jüngster Zeit wieder zu einer scharfen Kritik Anlaß gegeben hat[4]. *Georg Karo* hat vor 15 Jahren in seinem schönen Buch „Greifen am Thron“ geduldig und durchaus objektiv die Gründe dargelegt, die den ihm befreundeten *Arthur Evans* dazu veranlaßt hatten, mit Stahl und Beton zu sichern und wiederherzustellen, was ohne diesen Schutz inzwischen zweifellos ganz empfindlich gelitten hätte, ja teilweise zerstört worden wäre. Diese Tat eines einzelnen Mannes, der die Kosten dafür selbst getragen hat, würde an einem prähistorischen Denkmal in

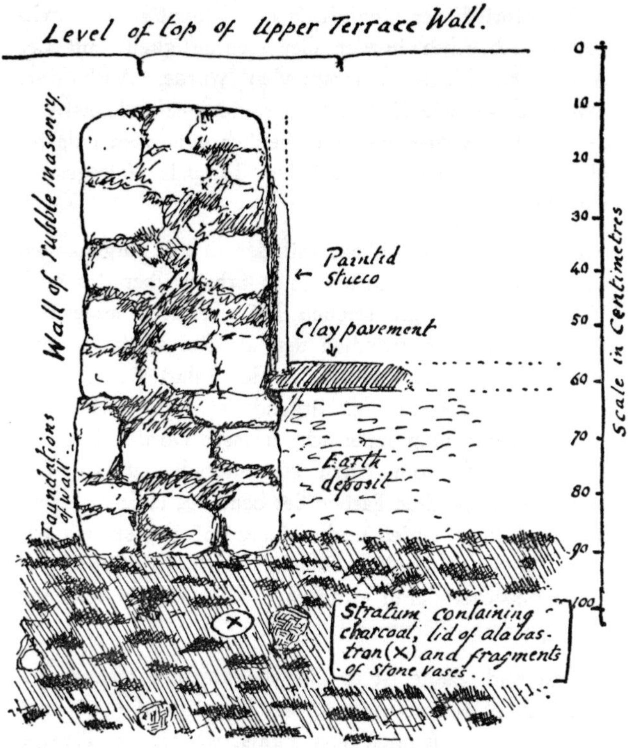

3. Stratigraphischer „Schnitt" aus dem nordwestlichen „Lustralbecken" des Palastes von Knossos. Eingetragen (x): Fundstelle eines ägyptischen Alabasterdeckels mit der Kartusche des Hyksoskönigs CHIAN (15. Dynastie)

der Ägäis heute kein Ausgräber mehr in dieser Form wiederholen. Zu Beginn unseres Jahrhunderts, zwei Generationen nach *Schinkels* Entwurf für ein Königsschloß auf der Akropolis von Athen, wenige Jahrzehnte nach der Wiederherstellung der Kaiserpfalz Goslar und etwa gleichzeitig mit der Neuerrichtung des römischen Kastells Saalburg wird das Vorhaben des Engländers jedoch historisch verständlich, ja es erscheint sogar durchaus fortschrittlich in der Gewissenhaftigkeit, mit der Altes und Neues unterschieden wurde. Auch darf schließlich — wie *Karo* richtig sagte — der Kunstwert des mehr gewachsenen als einheitlich geplanten Palastes nicht mit dem eines griechischen Tempels gleichgesetzt werden.

Die Gewissenhaftigkeit, mit der *Evans* vorgegangen ist und die ihn nur selten einen Schritt über das noch Verantwortliche hinausgehen ließ, verdient angesichts des Verhältnisses zwischen den als Ruinen belassenen und den rekonstruierten Teilen des Palastes auch beim Fachmann Anerkennung. Nirgends ist — wie schon gesagt — das Prinzip außer acht gelassen worden, daß das Neue deutlich vom Alten zu unterscheiden ist. Die etwas aufdringlichen Farben der bemaltes Holz ersetzenden modernen Säulen und Gebälke müssen ebenso wie die Kopien von Fresken, Stuckreliefs, Holzthronen usw. jeden Besucher daran erinnern, daß er sich in teilweise rekonstruierten Räumen befindet.

Und noch heute ist es die Meinung der meisten interessierten Kretabesucher, sie könnten die an sich wohltuenderen Ruinen von Phaistos, Hagia Triada, Malia oder Kato Zakros lang nicht so gut verstehen, wenn sie nicht zuvor in den von *Evans* wiederhergestellten und teils mit Nachbildungen der alten Fresken usw. ausgeschmückten Räumen und Stockwerken des Palastes von Knossos gewesen wären.

Sorgfältig wie in der Architektur sind die Ergänzungen auch an den im Museum von Heraklion aufbewahrten originalen Fresken, Statuetten, Vasen etc. vorgenommen worden. Hier, wo man heute wohl auch etwas sparsamer ergänzen würde, hat jedermann, von wenigen Ausnahmen abgesehen, die Möglichkeit nachzuprüfen, was alt und was modern ist. Ob wir das berühmte Greifenfresko oder den Prozessionszug aus der Südhalle, die Fresken aus der Karawanserei oder die Stuckreliefs betrachten und prüfen, überall lassen sich die ergänzten von den originalen Partien unterscheiden. Beim „Prinzen mit der Federkrone" sieht man selbst auf der einfachsten Abbildung sehr schnell, daß die „Federkrone", die dieser Gestalt den Namen gegeben hat, fast vollständig erhalten ist[5]. Der aufmerksame Besucher des Museums von Heraklion wird feststellen, daß sich dort außer den unter der Anleitung von *Evans* ergänzten Fresken auch solche finden, die erst neuerdings vervollständigt worden sind. Nicht nur der berühmte, einst sogenannte Krokospflücker, über den wir noch ausführlicher sprechen wollen (S. 50 ff.), ist hier zu nennen, sondern auch das wohl schönste minoische Fresko, das aus Hagia Triada kommt und in einem Dickicht von Busch- und Pflanzenwerk Wildkatzen zeigt, die Vögel anschleichen (S. 164 ff.). So gut wir den Reiz der Freskomalerei, ihrer Farben und ihrer Pinselstriche sowie die Schönheiten und die Besonderheiten der Formen selbst dem kleinsten Fragment absehen können, so sehr bedürfen wir auf der anderen Seite doch einer Vorstellung des Ganzen, der Größe und Ausdehnung des Freskos und seines Verhältnisses zur Wand. Der Ausgräber hat also ebenso wie der Museumsleiter nicht nur das Recht sondern auch die Pflicht, die Dinge, die er gefunden bzw. anvertraut bekommen hat, der interessierten Öffentlichkeit so zu zeigen, daß man auch eine Vorstellung von den engeren und weiteren Zusammenhängen bekommt. In dieser Absicht führt uns *Arthur Evans* vom Museum wieder nach Knossos zu den an ihrem ursprünglichen Platz angebrachten Kopien. Wie gern wüßte mancher Kretabesucher, an welcher Wand sich in Hagia Triada das Fresko mit den Wildkatzen oder in der „Villa des Hafenkommandanten" von Amnissos das herrliche Lilienfresko (S. 119 ff.) befunden hat.

Doch sind es ja nicht nur Fresken und Stuckreliefs, die *Evans* für das Museum vervollständigen und an Ort und Stelle nachbilden ließ. Es wird gegen ihn auch der Vorwurf erhoben, Statuetten wie die bekannte „Schlangengöttin" so ergänzt zu haben, daß man das Alte vom Neuen nicht unterscheiden könne. Nach der Aussage des Autors von „Götter, Gräber und Gelehrte" wurde bei dieser Figur „das ganze Gesicht, beide Unterarme und der größte Teil des Körpers rekonstruiert". Dies nachzuprüfen, genügt heute das Original allein tatsächlich nicht mehr, weil sich in diesem Falle die Farben der ergänzten Partien gegenüber dem ursprünglich von *Evans* beabsichtigten Zustand verändert haben. Hier aber gibt das große Werk von *Evans* „The Palace of Minos" Auskunft[6], die man freilich nicht so gründlich mißverstehen darf, wie es *Ceram* tat, als er auch die Brüste für eine moderne Zutat hielt (vgl. unten S. 57 ff.).

Weniger beachtet werden von den kritischen Betrachtern die Ergänzungen vieler Tongefäße, unter denen ein großer Pithos mit aufgemalten Doppeläxten, Rosetten und Blattpflanzen besonders stark ergänzt ist. Doch bei diesem wie bei allen anderen in Form und Bemalung vervollständigten Tongefäßen kann man das Neue vom Alten tatsächlich auf Anhieb unterscheiden. Was beim „Krokospflücker" möglich war, das ist bei einer restaurierten Fayence-Statuette ebenso schwer wie bei einem Tongefäß, dessen Wandung in Gips vervollständigt worden ist; gemeint ist das Einsetzen nachträglich gefundener bzw. erst später identifizierter Bruchstücke.

Und dies gilt selbstverständlich auch für die mit den modernen Materialien vorgenommenen baulichen Ergänzungen und Rekonstruktionen in Knossos, von denen wir ausgegangen sind. Wie die Ruinen von PHAISTOS, HAGIA TRIADA und KATO ZAKROS zeigen, sichert man heute das Erhaltene auf andere Weise vor dem Verfall und begibt sich dabei von verhältnismäßig geringfügigen Ergänzungen abgesehen, zugleich der Möglichkeiten, die *Evans* nach gewissenhaften Prüfungen in Knossos benutzt hat. Dafür, daß er dies tat, dürfen wir ihm trotz der gewandelten Einstellung ähnlich dankbar sein, wie für seine im Grunde längst überholte Einteilung der drei minoischen Perioden.

In einem anderen Punkte ist *Evans'* Auffassung wohl endgültig veraltet: In der Benennung alles Gefundenen und auch des Wiederhergestellten. Wenn wir vom „Palast des Minos", vom „Megaron der Königin", vom „Badezimmer der Königin" oder von der „Königlichen Straße" usw. hören, dann denken wir unwillkürlich an *Schliemanns* „Grab der Klytämnestra", an die „Goldmaske des Agamemnon" oder den „Schmuck des Priamos". Auch Stilstufen der Keramik haben Namen wie „Palaststil" bekommen, die eine ganz konkrete Verbindung anzeigen sollen, und auch heute noch herstellen, obwohl man weiß, daß die „Palaststilamphoren" gar nicht alle im Palast selbst gefunden worden sind. Für den kultischen Bereich schließlich hat *Evans* durch Benennungen wie „Schlangengöttin" gewisse Präjudizien geschaffen, die sich — das Beispiel des „Krokospflückers" zeigt es — nur langsam von dem so benannten Gegenstand wieder lösen lassen.

Hätte *Evans* den Räumen des knossischen Palastes einfach Ziffern gegeben, wie es die meisten Ausgräber der anderen Paläste nach ihm getan haben, dann könnte heute niemand einen unnützen Spaß mit den zunächst nur um der Verständigung willen gewählten Namen treiben oder gar versuchen, den ganzen Palast deshalb umzubenennen, weil der als „Megaron der Königin" bezeichnete Raum viel zu wenig Licht für den Wohnraum einer Königin gehabt habe. Auch die Verwechselung von zwei örtlich und zeitlich ganz verschiedenen Räumen, deren einer von *Evans* wegen der dort in die Wand eingeritzten Doppeläxte als „Halle der Doppeläxte", deren anderer wegen der dort bei einem Altar gefundenen bronzenen Doppeläxte „Heiligtum der Doppeläxte" genannt wurde, wäre dann selbst für einen nur oberflächlichen Besucher der Ruinen zu vermeiden gewesen[7]. Wenn ein verschlossenes Depot mit einfachen Gefäßen und kostbaren Statuetten usw. „Temple Repositories" genannt wurde, so ist auch dies irreführend, da der Zusammenhang mit einem Heiligtum, das dem griechischen Tempel entsprechen würde, nicht nachgewiesen werden kann. So öffnen sich dem Laien wieder Möglichkeiten für Mißverständnisse.

Doch nicht nur die „Schlangengöttin" oder ihre Fundstelle, die „Temple Repositories", legen durch die bloße Benennung etwas fest, was unsere Vorstellung bewußt oder unbewußt mitbestimmt. Bereits mit der Benennung „Thron", die *Evans* vielleicht mit Recht für den Alabastersitz des „Thronsaales" (S. 44 ff.), aber auch dort verwendet hat, wo er im Ostflügel des Palastes oder in der „Königlichen Villa" auf Grund einer Erhöhung im Fußboden bzw. einer Wandnische einen ähnlichen Sitz aus Holz vermutet und durch eine Nachbildung dann auch ersetzt hat, kann Verwirrung entstehen.

Die heutige Gestalt des Labyrinths und einzelne Funde

‚Labrys' bedeutet Doppelaxt und es ist ein Wort, das von den Sprachwissenschaftlern zu den vorgriechischen Wörtern in der griechischen Sprache gerechnet wird. Labyrinthos, gleichfalls vorgriechisch, hängt mit Labrys zusammen. Die große Bedeutung der Doppelaxt im minoischen Kreta und vor allem in den Palästen, die offensichtlich im Zentrum des kultischen Lebens der Insel standen, macht diesen Zusammenhang verständlich.

Im 5. Jahrhundert v. Chr. zeigen Münzen von Knossos auf der Vorderseite eine Darstellung des stierköpfigen *Minotauros* und auf der Rückseite eine interessante Formel für das Labyrinth. Sie besteht bei dem in Abb. 5 wiedergegebenen Exemplar aus vier um ein quadratisches Mittelfeld hakenkreuzartig angeordneten und untereinander verbundenen Mäanderfiguren. Wenn man diese Formel mit dem Grundriß des Palastes von Knossos (Abb. 4) vergleicht, so könnte man sagen, daß sich das Geheimnisvolle dieses Grundrisses nicht einfacher und nicht anschaulicher in ein Ornament hätte umsetzen lassen, als es auf der knossischen Münze geschehen ist: Das Mittelfeld mit der Rosette scheint den Hof zu vertreten und die vier Mäanderschlingen die vier Hauptteile des Palastes. Das Auge findet auf der Münze von allen vier Ecken her einen Weg, der trotz der schematischen Vereinfachung ganz ähnlich zur Mitte führt wie in Knossos der Weg vom Hauptzugang auf dem Westhof über mäanderartige Korridore zum Zentralhof des Palastes. Die Mäanderwindungen des Münzbildes wird der Besucher des Palastes aber auch mit vielen kleineren labyrinthischen Einheiten des großen Baukomplexes in Verbindung bringen.

Auf altem Pflaster laufen, über antike Schwellen gehen oder ursprüngliche Stufen besteigen, kann man in allen ausgegrabenen kretischen Ruinen von Palästen, Villen und Häusern. Von den Lichtverhältnissen in den Räumen und den labyrinthischen Korridoren, von der Höhe der Zimmer und Säle oder von dem gleichfalls labyrinthischen Verhältnis, in dem die Stockwerke über Treppen miteinander verbunden sind, bekommt man jedoch nur in den restaurierten Teilen des Palastes von Knossos eine Vorstellung.

Mehr als in das Dämmerlicht des „Thronsaales“, von dem unten noch die Rede sein soll, mag es manchen Besucher in das „Große Treppenhaus“ des Ostflügels von Knossos ziehen. Dort gelangt er auf den zum Teil erstaunlich gut erhaltenen Treppen (Abb. 6-8) vom Niveau des Palasthofes hinab in die beiden unteren Stockwerke des an den Hang gebauten Osttraktes, den *Evans* zweifellos zu Recht für den Wohnteil des Palastes gehalten hat. Die aus jeweils zwei nebeneinander liegenden Absätzen bestehende Treppe benutzt die Westseite eines nur nach oben offenen Lichthofes, der vor allem der Treppe selbst, aber auch einigen angrenzenden Räumen Licht gegeben hat (Abb. 9). Erst zusammen mit diesem Lichthof entsteht der Eindruck eines repräsentativen Treppenhauses oder Treppenhofes im Sinne viel späterer europäischer Architektur. Gewiß hat sich aber auch schon mancher Besucher in dieser Anlage von so einfachem Plan verirrt, weil er die Treppenabsätze, wie bei neueren Treppen, nicht nur auf der e i n e n Seite des Treppenhofes suchen wollte. Der Wiederaufbau macht die Konstruktion der Treppenbahnen deutlich, deren zum Hof hin geöffnete jeweils heller sind als die nur indirekt beleuchteten rückwärtigen. Die Stufen selbst liegen auf einem kompakten Unterbau aus Bruchsteinen, die in Erde bzw. Lehm verpackt sind. Teils aus einem einzigen, teils aus zwei Stücken bestehend, stoßen diese Stufen auf beiden Seiten an. Sie konnten also leicht ausgewechselt werden. Auf der Innenseite des Hofes stoßen sie an die Balustrade, die in größeren Absätzen gleichfalls treppenartig ansteigt und auf jedem Absatz vorn eine ursprünglich aus bemaltem Holz bestehende Säule trägt. Die alten Säulen sind hier bei der Grabung des Jahres 1901 noch teilweise in ihrem durch Brand oder — wahrscheinlicher — mit der Zeit verkohlten Zustand erkannt und zunächst durch neue Holzsäulen, dann aber der besseren Haltbarkeit wegen durch die heutigen Betonsäulen ersetzt worden. Mit dem gleichmäßig nach oben erweiterten Schaft und einer Vorform des dorischen Kapitells geben diese modernen Säulen den unverwechselbaren, noch im Relief über dem „Löwentor" von Mykene erhaltenen Charakter der minoischen Holzsäulen wieder. Sie sind überall im Palast durch runde Gipssteinbasen gegen Feuchtigkeit geschützt worden und konnten deshalb unter der Farb- bzw. Stuckschicht auch nicht faulen. Weil die betreffenden Basen in der Regel gut erhalten sind, bieten sie, wo sie vorkommen, die beste Gewähr für den ursprünglichen Platz von Holzsäulen. Auf solchen Säulen ruhte die einst gleichfalls hölzerne Balkenkonstruktion mit der nächsthöheren Balustrade und der zu dieser gehörigen Treppe usw.

Wer heute über die niedrigen, tiefen Stufen geht, muß etwas von der Würde des Lebens spüren, das sich dort einmal abgespielt hat. Nur aus der Barockzeit gibt es vergleichbare Treppen!

Doch die Stufen des „Großen Treppenhauses" vermitteln dem Auf- und Absteigenden nicht nur ihrer Proportionen wegen, sondern auch durch den optischen Reiz ihres schönen Materials ein Gefühl besonderer Feierlichkeit. Dieses Material ist Gipsstein. Er steht in unmittelbarer Nähe des Palastes von Knossos in Brüchen an, die auch für Türschwellen, Fußboden- und Wandplatten aber auch für teils riesige Quader im Sockelteil von Außen- und Innenmauern des Palastes verwendet worden sind. Über das Material selbst ist nicht erst in jüngster Zeit gesprochen und geschrieben worden. *Evans* war, wie die italienischen Archäologen in PHAISTOS und HAGIA TRIADA und jeder Ausgräber, der dieses Material auf Kreta oder auch in Mykene fand, von Anfang an mit den Problemen der Konservierung beschäftigt. Wir lesen, daß *Evans* schon bei der Kampagne von 1901 gerade über dem „Großen Treppenhaus" des Gipssteines wegen ein Schutzdach errichten ließ. Auf die letzte, von *H. G. Wunderlich* ausgehende Kritik an der Verwendung dieses Steines durch die minoischen Kreter hat *W. Noll* mit interessanten neuen Untersuchungen der spezifischen Qualitäten des in Knossos, Nirou Chani, Amnissos, Archanes, Myrtos, Phaistos, Hagia Triada, ja auch in Kato Zakros und in Mykene verwendeten Materials geantwortet[8].

Im „Großen Treppenhaus" wird jeder Besucher erkennen, was auch die Abbildungen 6-8 festhalten: Ein Teil der auswechselbaren Stufen ist von einer derart guten Erhaltung, die Stufenflächen so minimal abgetreten und die Kanten noch so scharf, daß man schon ganz allein wegen der ungeheuren Beanspruchung, der diese Treppen durch die heutigen Touristen ausgesetzt sind, kaum glauben möchte, es tatsächlich mit einem der weichsten Steine zu tun zu haben. Stufen aber, die 70 Jahre lang Belastungen standgehalten haben, an die kein minoischer Baumeister auch nur denken konnte, haben diesem Material ein Zeugnis ausgestellt, dessen empirischer Wert durch keine Härteskala in Frage gestellt werden kann. *W. Noll* hat, wie schon gesagt, die scheinbare Diskrepanz zwischen guter und schlechter Haltbarkeit desselben Steines einleuchtend erklärt.

Selbstverständlich gibt es auch unter den Stufen des „Großen Treppenhauses" sehr viel schlechter erhaltene, die beim Wiederaufbau mit Zement vervollständigt und haltbar gemacht werden mußten. Es sind dies vor allem die Stufen der oberen Treppenabsätze, die eingestürzt waren und die auch nach der Restaurierung den Einflüssen des Wetters viel stärker ausgesetzt waren als

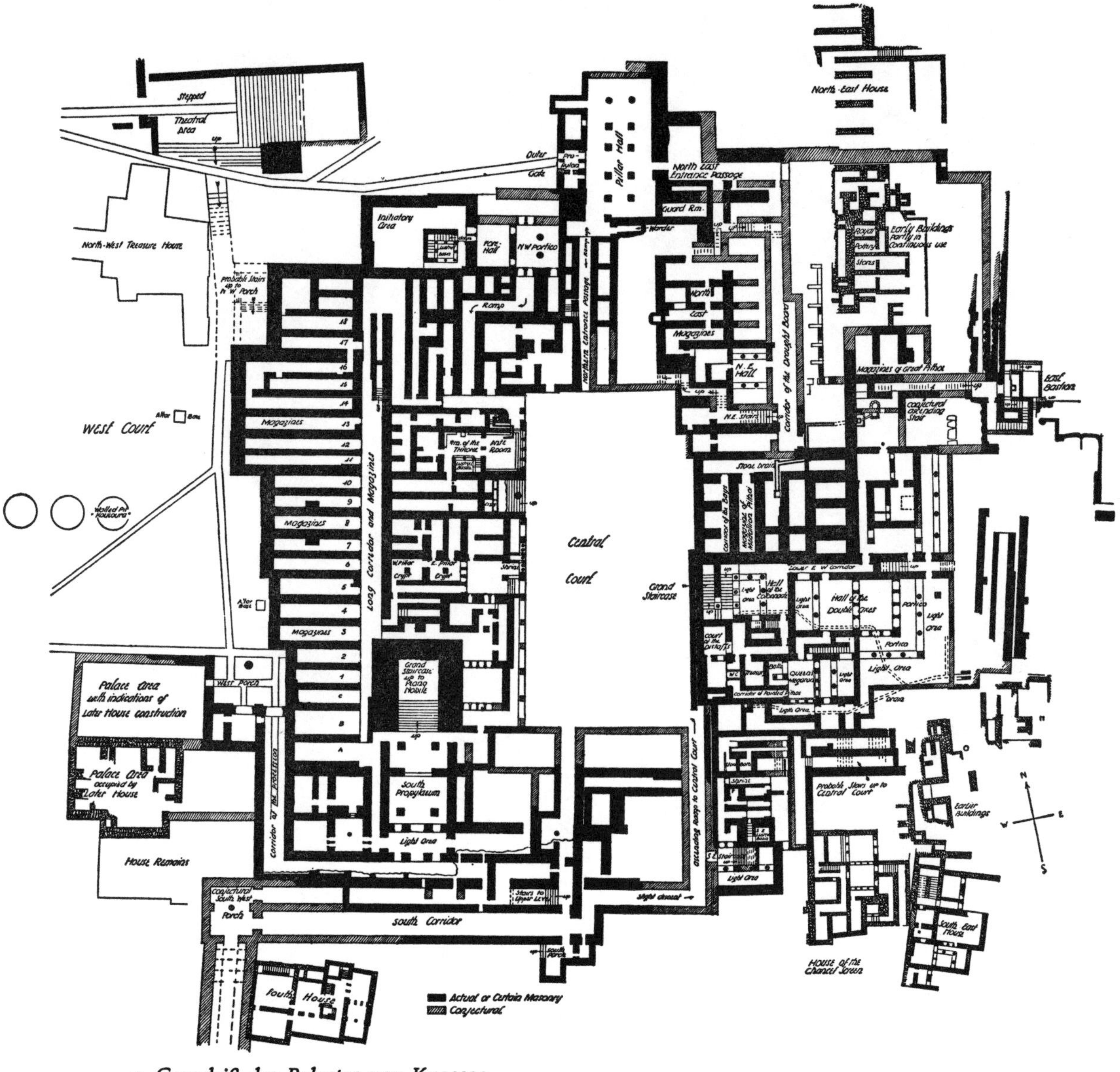

4. *Grundriß des Palastes von Knossos (Zentralhof ca. 53 × 26 m)*

5. *Knossische Münze klassischer Zeit*

6.—7. Gipssteinstufen im „Großen Treppenhaus" des Palastes von Knossos

8. Großes Treppenhaus im Ostflügel des Palastes von Knosses.

die geschützten unteren Treppenabsätze. Vor kurzem bekam das „Große Treppenhaus“ ein neues Schutzdach zur Minderung des Schadens.

Wie mit den Stufen, so ist es auch mit allen anderen, sämtlich auswechselbaren Teilen aus Gipsstein: den Türschwellen, den Boden- und Wandplatten bis hin zu den riesigen Quadern. Je weniger sie der Witterung ausgesetzt waren, desto besser ist in der Regel ihr Erhaltungszustand. Doch die Qualität des Gipssteines, die Größe seiner Kristalle und deren Dichte sind für seine Haltbarkeit nicht weniger wichtig. Die dichte Schichtung eines besonders fein kristallinen Gipses, die man bei den Stufen des „Großen Treppenhauses“ beobachtet (Abb. 6), ist ausgesprochen selten. Proben dieses Materials lassen sich — wie ich von Geologen erfahren habe — auf Anhieb gar nicht von Kalkstein unterscheiden! Allein der Salzsäuretest ist zuverlässig. Gut erhalten sind aber gleichfalls viele der ca. 2 cm starken, unterschiedlich großen Bodenplatten. Die unzähligen Touristenschuhe konnten auch ihnen erstaunlich wenig anhaben. Daß sie sich mehr oder weniger geworfen haben, zu den Rändern hin also aufgebogen sind, ist wiederum der Witterung zuzuschreiben. Das konnte man in den letzten Jahren in Knossos und Phaistos dort beobachten, wo zur Ergänzung antiker Fußbodenplatten frischgeschnittene Gipssteinplatten aus den alten Vorkommen verwendet worden sind. Erst mit einer modernen Überdachung wurde jetzt in Phaistos den durch Temperaturschwankungen bedingten Veränderungen dieser neuen Platten Einhalt geboten.

Für die Geschichte der Verwendung des Gipssteines als Baumaterial ist die antike Stadt Heraklea Minoa auf Sizilien von Interesse. Hier sind Häuser und Stadtmauern aus dem Gipsstein gefertigt, der dort nahe der Küste in hohen Felsen ansteht[9].

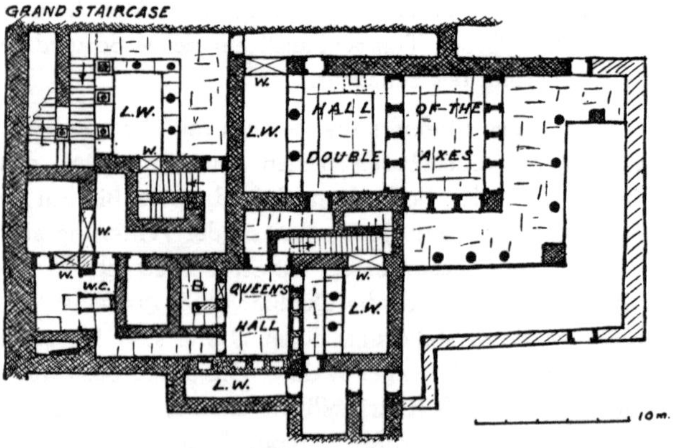

9. Grundriß aus dem Ostflügel des Palastes von Knossos: Großes Treppenhaus, sog. Halle der Doppeläxte und sog. Halle der Königin (L.W. = Lichthof; B = „Badezimmer der Königin")

Nicht so groß wie im untersten Säulenumgang des „Großen Treppenhauses" sind die Fußbodenplatten in dem Raum erhalten, dem wir uns jetzt zuwenden wollen. In die Wand eingeritzte Zeichen in Form einer stilisierten Doppelaxt haben ihm den Namen „Halle der Doppeläxte" eingebracht (Abb. 9). Die komplizierte, reiche Raumanlage besteht aus fünf Teilen, von denen zwei gemeinsam als der eigentliche, in der Mitte durch drei mächtige Pfeiler verschließbar unterteilte Saal zu gelten haben. Dieser Saal hat sein Licht auf der Innenseite von einem Lichthof unmittelbar neben dem „Großen Treppenhaus", auf der nach Osten dem Kairatostal zugewandten anderen Seite aber durch eine Portikus von einer Terrasse bekommen, die nach Osten und Süden durch eine Brüstung von unbestimmter, doch gewiß nicht allzu großer Höhe begrenzt war. Durch die statisch notwendige Unterteilung des „Großen Saales" (Maße: 12 x 8 m), durch den Lichthof am einen Ende und vor allem durch die beiden im rechten Winkel nach Ost und Süd vorgelagerten Raumeinheiten (gedeckte Portikus und offene Terrasse) bekommt selbst dieser Komplex nicht nur etwas Gegliedertes und Gestaffeltes, sondern durch die verschließbare Pfeilerstellung (Polythyron) in der Hallenmitte sogar etwas Verwirrendes, Labyrinthisches.

Merkwürdig unübersichtlich erscheint uns heute aber auch die Verbindung zwischen dem „Großen Treppenhaus" und dieser „Halle der Doppeläxte". Von der geräumigen unteren Säulenhalle der Treppe kommt man nicht, wie es die großzügige Anlage anzubieten scheint, direkt in die Halle bzw. den ihr zugeordneten Lichthof, sondern nur über einen verhältnismäßig schmalen Korridor, der an der Nordostecke der Säulenhalle beginnt. Noch viel verschlungener ist der Zugang zu dem zweiten Hauptraum des Wohntraktes, dem einst durch zwei Lichtschächte beleuchteten Raum, den *Evans* als „Queens Megaron" bezeichnet hat. Er hatte gar keine direkte Verbindung zum „Großen Treppenhaus", war vielmehr nur von der „Halle der Doppeläxte" bzw. von einer schmalen Treppe aus erreichbar, welche eine zusätzliche Verbindung zum nächsthöheren Stockwerk herstellte („Dienertreppe").

Wenn uns die schönen, niedrigen Gipssteinstufen an Treppen des europäischen Barock erinnert haben, und wenn sich diese Assoziation durch die marmorartigen Fußboden- und Wandplatten, durch Proportionen, Großzügigkeit und die möglichst von mehreren Seiten erfolgende Lichtführung noch mehr aufdrängen möchte, dann wird für den Besucher des Palastes wie für den Betrachter des Grundrisses (Abb. 4) die grundsätzliche Andersartigkeit der minoischen Gliederung eben an den mäanderartig geführten und verschobenen Korridoren und Zugängen zu den Haupträumen eklatant. Das mäanderartige Staffeln und Gliedern ist aber nicht nur auf die Horizontale beschränkt, sondern sie kehrt — wie die Brüstungsabsätze des „Großen Treppenhauses" nur besonders anschaulich zeigen — auch in der horizontalen Staffelung wieder. Damit kommen wir zu der griechischen Münze von Knossos (Abb. 5) zurück, deren Mäanderformel für „Labyrinth" in dem zuletzt betrachteten Teil des Palastes besonders sinnfällig wird.

Noch nicht erwähnt wurde der zur Rekonstruktion von *Evans* gehörende „hölzerne Thron" an der Nordwand der östlichen Raumhälfte der „Halle der Doppeläxte". Er ist dort aufgestellt worden, weil der Fußboden an dieser Stelle eine flache Sockelplatte erhalten hat, die etwa so groß ist wie der entsprechende Sockel unter dem aus Gipsstein gearbeiteten Thron im „Thronsaal". Die moderne Holzform ahmt die Steinform nach, die selbst wiederum nichts anderes ist als die Umsetzung eines minoischen Holzstuhles in Stein. Sollte die „Halle der Doppeläxte" im untersten von vier gleichartig gestalteten Stockwerken tatsächlich ein anderer „Thronsaal" gewesen sein, oder gab es — wie ich glauben möchte — den feierlich auf einem Podest stehenden Sitz auch noch in vielen anderen für das kultische, politische, höfische und private Leben bestimmten Räumen des Palastes? Wiederum fühlt man sich an Gepflogenheiten unseres Barockzeitalters erinnert.

Der Thronsaal (Abb. 10)

Von der bereits im April 1901 erfolgten Entdeckung und Ausgrabung eines im Untergeschoß des Westflügels liegenden Raumes, den *Evans* zunächst als „Badezimmer" dann als „Thronsaal" bezeichnet hat, berichtet die Schilderung eines späteren Mitarbeiters von *Evans, J. D. S. Pendlebury:* „Der Thronsaal wurde in völliger

Unordnung aufgedeckt. In einer Ecke lag ein umgestürztes Ölfaß, Kultgefäße waren offenbar eben gebraucht worden, als die Katastrophe eintrat." Diese Katastrophe war die letzte große Zerstörung vor der Ankunft der dorischen Griechen im 11. Jahrhundert; sie wird heute in den Anfang des 14. Jahrhunderts v. Chr., um 1375, gesetzt. Die kultische Verwendung des Raumes bis zum Augenblick der Katastrophe ist durch die von *Pendlebury* erwähnten sonderbaren großen Steingefäßte vielleicht am eindringlichsten gekennzeichnet[10]. Hinzu kommen aber noch die Lage des vom Zentralhof unmittelbar zugänglichen, ein wenig tiefer liegenden Raumes, seine Gliederung in Vor- und Hauptraum, die Steinbänke, die den „Thron" flankieren, und vor allem das große, von einer Brüstung umgebene vertiefte Gelaß gegenüber dem Thron, in das man über mehrere Stufen hinabsteigen konnte. Wie es benutzt worden ist, wissen wir nicht. Feststeht, daß es keinen Abfluß gehabt hat.

Den an der Wand stehenden Thron aber, von dem eben schon einmal die Rede war, hat es auch im Megaron der mykenischen Herrscher auf dem griechischen Festland gegeben. Daß er dort in einen Zusammenhang mit kultischen Opferhandlungen gehören konnte, zeigt das Megaron des ins 13. Jahrhundert datierten Palastes von Pylos durch eine in den Fußboden gegrabene Rinne, die neben dem Thron zwei kreisrunde Kuhlen miteinander verbindet. Der Fußboden war dort übrigens, wie in anderen mykenischen Megara, bemalter Stuck, also noch wesentlich weniger resistent als der kretische Fußboden aus Gipssteinplatten. Im „Thronsaal" aber besteht der Boden hauptsächlich aus unregelmäßigen Kalksteinplatten, die in eine rote Stuckmasse eingelegt worden sind. Wie der Thron, so erinnern auch die nicht ganz authentisch rekonstruierten Wandfresken des knossischen Thronsaales an den Hauptsaal des über 100 Jahre jüngeren Megarons von Pylos; nur sind dort außer den gleichartig angeordneten Greifen auch andere Motive (Löwen, Rotwild, ‚Orpheus') dargestellt.

So deutlich die Übereinstimmungen zwischen den „Thronsälen" im minoischen Knossos und im mykenischen Pylos zeigen, daß diese Räume ähnlich gebraucht worden sind, so groß sind doch auch die Unterschiede: Auf Kreta ein Raum von vielen ähnlichen innerhalb der weitläufigen, anscheinend unübersichtlichen Palastanlage, in Pylos der Hauptraum, auf den der ganze Palast ausgerichtet wurde. Dazu kommt der große runde Herd in der Mitte des festländischen Megarons, im knossischen Thronsaal aber das merkwürdige, vertiefte Gelaß gegenüber dem Thron, dem in Pylos nichts entspricht. M. E. sind diese Unterschiede zu groß, als daß man sich im Thronsaal von Knossos einen festländisch-mykenischen Herrscher, also einen der Vorfahren des später einmal von Pylos nach Troja ausgezogenen Königs *Nestor* vorstellen könnte. Ich glaube deshalb, daß ein mit priesterlichen Aufgaben betrauter Herrscher im Thronsaal von Knossos, der ja zwangsläufig gute Beziehungen zu den mykenischen Höfen des Festlandes unterhalten mußte, doch selbst noch ein minoischer Kreter war.

Oder sollen wir, ähnlich wie *F. Schachermeyr* schon für eine frühere Zeit, an einen eingeheirateten mykenischen Prinzen denken, der sich sehr schnell den minoischen Bräuchen angepaßt hat? Die Geschichte hält Vergleichbares bereit. Nicht zuletzt aber muß man sich fragen, ob angesichts der hohen Bedeutung des Weiblichen im minoischen Kult auf dem Thron des knossischen Thronsaales statt eines Priesterkönigs nicht überhaupt eine Priesterin ihren Platz hatte. Auch diese Ansicht ist vertreten und begründet worden[11]. Ob sich ein durchaus mykenischer Herrscher einem so ausgesprochen minoischen Kult gefügt hätte? Alles spricht jedenfalls gegen eine regelrechte Machtübernahme im Knossos der zweiten Hälfte des 15. Jahrhunderts. Die in jüngster Zeit stratigraphisch angezweifelten Funde von Linear-B-Tontafeln in der Zerstörungsschicht von ca. 1375 v. Chr. würden mit ihrem griechischen Idiom ebenso wie etwa gleichzeitige Kriegergräber bei Knossos mit ihren mykenisch anmutenden Grabinventaren bezeugen, daß schon nach 1450 v. Chr. mykenische Griechen in Knossos gewesen sind. Welche Rolle diese Leute als Offiziere, als Schreiber etc. tatsächlich gespielt haben, läßt sich aus den bisherigen Funden aber nicht einmal annähernd sicher sagen, und man sollte sich hüten, schon jetzt die Geschichte dieser zweifellos höchst interessanten Epoche schreiben zu wollen. Vorsichtig muß aus den verschiedenen Funden Stein um Stein zusammengesetzt werden.

Kretisch-minoisch, wie der nur von den drei Eingangstüren und einem kleinen Lichtschacht über dem vertieften Gelaß belichtete Thronraum selbst, sind auch seine F r e s k e n (Abb. 10). Etwas anders als in der heutigen Rekonstruktion zeigten sie zu Seiten des Thrones und an den Nachbarwänden des Saales über einem farbig marmorierten Sockelstreifen wachsam liegende Greifen in einer merkwürdig unwirklichen Landschaft. Einer dieser Greifen ist im Museum von Heraklion aus unzähligen Fragmenten wieder soweit wie möglich zusammengesetzt und das Fehlende (weitgehend zuverlässig) ergänzt worden. Wie die Papyrusblumen in diesem Fresko auf ägyptische Vorbilder zurückgehen, so ist der Greif — wohl auf dem Wege über die Glyptik — aus dem Vorderen Orient nach Kreta gekommen, um von hier aus auch in die mykenische Kunst des griechischen Festlandes einzudringen. Das Greifenfresko des Thronsaales zeigt uns die vollendete Beherrschung der Freskotechnik, die in Kreta zur Zeit der letzten Ausgestaltung des Thronsaales, um 1400 v. Chr., bereits mehr als 200 Jahre lang gepflegt worden ist. Was diese Malerei jetzt an Präzision der Linienführung und an Verfeinerung im Detail gewonnen hat, das ist ihr allerdings an Ursprünglichkeit, Phantasie und Frische verlorengegangen. Dies wird vielleicht am deutlichsten in der abstrakt gewordenen Wiedergabe des Geländes (vgl. S. 164 ff.).

Viel wichtiger als dieser Einblick in einen kunstgeschichtlichen Ablauf von innerer Konsequenz ist die inhaltliche Aussage der „lebensgroßen" Greifen an den Wänden des Thronsaales. Die Wandmalerei hat einen neuen Auftrag bekommen, wenn sie statt aller möglichen Schilderungen aus Natur, Garten oder Kult mit einem Male diese übernatürlichen, fremdartigen Tiere darstellt, und zwar offenbar als Wächter des Thrones. Der Alabasterthron ist ja mit der wellenförmigen Bewegung seiner Rückenlehne auch selbst in das wellenförmige Geländemotiv des Freskos einbezogen. Die Greifen und ihr Schutz galten also dem dort Thronenden. Er war auf diesem Thron über die auf den Bänken neben ihm Sitzenden weit hinausgehoben.

Wenn unsere Vorstellung vom einstigen Leben im „Thronsaal" von Knossos auch unzureichend ist, so spiegelt dieser Raum doch genug von der Würde offizieller, wahrscheinlich kultischer Handlungen wider, die dort während der letzten bedeutenden Periode der langen Geschichte des knossischen Palastes stattgefunden haben. Der Einblick, den uns der relativ gut erhaltene „Thronsaal" gewährt, wird nur noch von vergleichbaren Räumen der Vesuvstädte oder der minoischen Stadt auf Thera übertroffen. Der Alabasterthron selbst wirkt dabei im Sinne einer romantischen Wertung

10. „Thronsaal" im Westflügel des Palastes von Knossos

11. Fresko mit spazierendem Affen; früher „Krokospflük-
ker". Museum Heraklion. Um 1600 v. Chr. H = ca. 28 cm

des Befundes zweifellos am stärksten. Wie auf dem tausend Jahre jüngeren Marmorsessel des Dionysospriesters im Athener Dionysostheater, lag auch auf ihm — nach Aussage der Eintiefung — ein Sitzkissen, während die steinernen Sessel in etruskischen Grabkammern des 6. Jahrhunderts v. Chr. (Caere), wie uns ältere Bronzesessel mit daraufgestellten Urnen zeigen, nur einen stellvertretenden, symbolischen Wert gehabt haben und damit schließlich dem spätantiken und frühchristlichen Motiv des „leeren Thrones“ näherstehen als dem tatsächlich benutzten Alabasterstuhl des knossischen Thronsaales.

Werden zur Beurteilung des „Großen Treppenhauses“ und der Haupträume im Osttrakt des knossischen Palastes Lebensgewohnheiten der Feudalherren des europäischen Barockzeitalters wachgerufen, so behält der „Thronsaal“ anscheinend mehr von seinen Geheimnissen.

Andere, gleichfalls etwas unter dem Hofniveau gelegene Räume des Westflügels, wie die beiden dunklen „Pfeilerkrypten“, wirken noch geheimnisvoller. Um so lichter dürfen wir uns die Räume darüber im „Piano Nobile“ vorstellen. In sie gelangte man über breite Treppen entweder vom Zentralhof aus oder durch die „Südpropyläen“. Erhaltene Maueransätze, Säulen- und Pfeilerbasen haben dort einige größere und große Räume wenigstens im Grundriß erschließen lassen. Eine schmalere Fortsetzung der vom Zentralhof kommenden breiten Treppe (Haupttreppe aus Kalkstein, Fortsetzung aus Gipsstein) zeigt, daß es über dem „Piano Nobile“ wenigstens teilweise noch ein weiteres Stockwerk gegeben hat. Kleinere Räume befanden sich über dem Thronsaal und nördlich davon.

Freskofunde (Abb. 10—12)

Zwei Freskofunde von besonderem Interesse hat *Evans* schon während seiner ersten Kampagne gemacht: den „Krokospflücker“ und die „Miniaturfresken“. Diese Wandmalereien sind aus den Zimmern des Oberstocks heruntergefallen und im Bereich unmittelbar nordöstlich des Thronsaales entdeckt worden.

Neben dem großen Greifenfresko und der „Petite Parisienne“ ist der „Krokospflücker“ der bekannteste Freskofund aus dem Palast von Knossos (Abb. 11). Wer ihn zum ersten Male im Original sieht, wundert sich zunächst gewiß über das kleine Format des restaurierten Bildes (ca. 26 x 46 cm), das nur einen Ausschnitt aus einem niedrigen Fries wiederherstellt, der wohl über die ganze Länge einer Zimmerwand ging. Wie der Name sagt, und wie alle älteren Abbildungen zeigen, haben *Evans* und seine Mitarbeiter in der Darstellung einen Knaben erkannt, der in einer Gartenlandschaft aus Blumentöpfen Krokosblumen pflückt. So sind die Fragmente zunächst von *Evans*' Zeichner *É. Gilliéron* ergänzt worden. Erst 1939 hat der schon erwähnte *J. D. S. Pendlebury* — seit 1928 Nachfolger von *D. Mackenzie* — in seinem ausgezeichneten Buch „The Archaeology of Crete“ (S. 131 f.) diese Deutung entschieden in Frage gestellt. Die blaue Farbe des Körpers erinnerte ihn an die blau wiedergegebenen Affen aus dem „Haus der Fresken“, die roten Linien auf Hüfte, Schulter und Armen schienen ihm gleichfalls gegen einen Jüngling und für einen domestizierten Affen mit einer Art Geschirr um den Körper zu sprechen. Weiterhin erkannte er auf einem Bruchstück eine Wellenlinie, die gut zu dem Schwanz eines Affen passen würde. Diesen neuen Deutungsvorschlägen ist dann nach dem letzten Kriege *N. Platon* nachgegangen, dem wir nunmehr eine neue Rekonstruktion der Darstellung im

Sinne der Deutung von *Pendlebury* verdanken. Ein von *Platon* neuentdecktes Fragment mit einem Stück Affengesicht gehört zwar anscheinend zu einem zweiten Affen, läßt an der Notwendigkeit einer endgültigen Umbenennung des „Krokospflückers" nun aber keinen Zweifel mehr.

Hat dieser Affe und haben andere auf demselben Fries dargestellte Affen aber tatsächlich Krokosblüten gepflückt — wie man auch nach der Veränderung des Freskos noch glaubt? Meint die linke Hand des Affen, die von der weißen Blüte zum größeren Teil verdeckt wird, wirklich eine pflückende Hand, müßte eine solche nicht tiefer, am Stengel der Blüte zugreifen? Ich glaube, der Affe unseres Freskos soll die Krokosblume ebensowenig pflücken wie der Affe auf dem erwähnten Fresko im „Haus der Fresken" eine Papyrusblüte pflücken soll. „Affen im Palastgarten" wäre also eine richtige Bezeichnung unserer Darstellung. Diese Affen — Geschenke fremder Gesandtschaften? — sollen einfach herumlaufen: die Blumentöpfe bezeichnen nur die Umgebung.

Die Krokosblumen, die nicht nur in den Blumentöpfen sondern auch direkt aus dem Boden wachsen, hängen dicht über Rücken und Schwanz des Affen herunter: eine eigenartige Bildform, nicht Perspektive, der minoischen Kunst (vgl. S. 166). Auch auf das unregelmäßig wellige Gelände unten sieht der Betrachter nicht aus einer bestimmten Sicht. Dieses Gelände erscheint vielmehr — ähnlich wie später einmal bei Berglandschaften von *F. Hodler* — gleichsam aufgeschnitten, so daß man die Schichtungslinien des anstehenden Felsens zu erkennen glaubt. Vorbild war für die Freskomaler die bazarr-schöne Maserung der alabasternen Wand- und Bodenplatten[12].

Der Fries mit den „Affen im Palastgarten" hat einen

kleinen Raum geschmückt; gern wüßte man, in welcher Höhe der Wand. Die weiß auf einen dunklen, rotbraunen Grund gemalten Krokosblumen erinnern an ähnliche Darstellungen auf Tongefäßen des sog. Kamaresstiles (S. 146 ff.). Die von *Evans* beobachtete Fundschicht der Fragmente spricht dafür, daß dieser Wandschmuck zu einem Raum noch des älteren, um 1700 zerstörten Palastes gehört hat. Hier müssen allerdings die Ergebnisse jüngster Forschungen abgewartet werden. Wahrscheinlich wird es jedenfalls dabei bleiben, daß unser Fresko eines der ältesten figürlichen Zeugnisse dieser Technik im minoischen Kreta ist. Thematisch gesehen meinen wir, ungeachtet der Verwandlung des früher ergänzten Knaben in einen Affen, eine Darstellung vor uns zu haben, die frei von jedweder kultischer Bedeutung am ehesten als „Genrebild" angesprochen werden darf. Der Bewohner des betreffenden Raumes sollte durch den Fries mit den spazierenden Affen in den Garten und in die Zeit der Krokosblüte versetzt werden.

Eine andere, ernstere Aufgabe hatten offenbar die sog. Miniaturfresken, die im folgenden kurz angesehen werden sollen. Sie haben dem Betrachter nicht eine landschaftliche Idylle vorgezaubert, sondern ihn mit Ereignissen des Lebens konfrontiert, deren Anlässe wahrscheinlich kultisch waren. Die Freskobruchstücke, die uns eine dichtgedrängte Menge meist sitzender Personen beiderlei Geschlechts in einer architektonischen Umgebung (Abb. 12) zeigen, und die Fragmente einer zweiten, ähnlichen Darstellung gehörten zu den glücklichsten Funden der Ausgrabungen in Knossos. Nirgends sonst ist ein Ausschnitt aus dem minoischen Leben in solcher Breite und mit einer so unmittelbaren Frische erzählt. Die Wiedergaben von Kulthandlungen auf minoischen Siegeln und Ringen bieten nur eine willkommene Er-

12. *Miniaturfresko mit einer Versammlung im Zentralhof des Palastes von Knossos. Museum Heraklion. 15. Jh. v. Chr. H = ca. 30 cm*

13. „Schlangengöttin", Fayence-Statuette. Museum Heraklion. Um 1600 v. Chr. H = 29,5 cm. Gesicht und linker Arm modern ergänzt (vgl. Abb. 14)

weiterung für unsere Vorstellung von kretischen Kulten, während die „Schnittervase" von Hagia Triada (S. 172 f.) in einen interessanten Bereich außerhalb des Palastes führt. Doch ist es nicht nur ein Ausschnitt aus dem kultischen Leben der Menschen in Knossos, sondern auch aus der Architektur der Minoer, von der wir durch diese Bruchstücke unerwartet viel erfahren. Ohne die Darstellung des „Kultschreines" mit den farbigen Säulen, den stilisierten Stierhörnern und den im Wappenschema angeordneten Halbrosetten wären wir nicht nur um eine der wichtigsten weil farbigen Wiedergaben dieser Architektur ärmer, sondern wir hätten vor allem, da andere Darstellungen (etwa Goldplättchen aus Mykene) den „Kultschrein" nur isoliert zeigen, auch keinen Anhalt dafür, in welchem architektonischen Zusammenhang wir uns einen solchen Schrein vorzustellen haben. Die Verbindung des Schreines mit den Treppen führte nämlich zu der auch vom Befund her berechtigten Vermutung, daß eine solche „Kultfassade" innerhalb der Westseite des Palasthofes von Knossos ihren Platz zwischen der Treppe links neben dem „Thronsaal" und dem Zugang zu den „Pfeilerkrypten" gehabt hat (Abb. 4). Als ein zeitgenössisches Dokument kretischer Architektur genommen, ermöglichte unser Fresko also den Versuch, an der betreffenden Stelle des Hofes einen entsprechenden „Schrein" bzw. eine solche „Kultfassade" in die Rekonstruktion einzufügen[13].

Gemessen an der Länge des ergänzten Frieses ist Anzahl und Größe der wiedergefundenen Fragmente gering. Die Rekonstruktion scheint dennoch in den Hauptzügen richtig zu sein. Den besonders gut erhaltenen Teil mit dem Schrein möchte man sich in der Mitte des ganzen Frieses vorstellen. Seine Länge und die genaue Höhe bleiben unbestimmt. Von den auf Tribünen sitzenden Personen sind die auf weißlichem Grund in

Umrißzeichnung wiedergegebenen Frauen rechts vom Schrein am besten erhalten. Ihre Gewänder sind grün, blau, gelb- und rotbraun gefärbt, die Brüste unbedeckt. Interessant ist aber vor allem die natürliche Gestik dieser in lebhaften Gesprächen miteinander verbundenen Frauen. Ebenso lebhaft sind die übrigen Frauen — sitzende und stehende — sowie die Männer wiedergegeben, von denen man auf rotbraunem Grund nur die dichtgedrängten, meist paarweise einander zugewandten Köpfe mit den weiß aufleuchtenden Augen sieht. Alle Dargestellten drücken eine erwartungsvolle Stimmung aus. Lässigkeit in Haltung und Gebärde deuten dabei auf die Erwartung eines eher heiteren als ernsten Festes. Weiter kann man mit der Interpretation dieses wichtigen Fundes nicht gehen.

Ein anderes „Miniaturfresko" aus gleichem Fundzusammenhang möchte man zunächst für eine Forsetzung des ersten halten. Doch zeigen die dort wiedergegebenen Olivenbäume und niedrige Mauern bzw. Wege, daß diese Szene eher außerhalb des Palastes, vielleicht in der Theaterzone, spielt. Die Handlung, der auf einer hohen Tribüne und zum Teil im Schatten der Bäume eine dichtgedrängte Menge mit teils exaltierten Armbewegungen folgt, wird als ein kultischer Tanz erklärt.

Die „Miniaturfresken" und der „Krokospflücker" sind nicht mehr an ihren Wänden gewesen, als am Anfang des 14. Jahrhunderts die Vormachtstellung von Knossos endgültig gebrochen worden ist. Anders — wie wir sahen — das Greifenfresko im Thronsaal und anders wohl auch die berühmte „Petite Parisienne", deren Fragmente von den Ausgräbern neben denen des sog. „Feldstuhlfreskos" im Westhof des Palastes vor der Außenmauer der nördlichen Magazine gefunden wurden. Auch sie müssen von einem oberen Stockwerk (Nordwest-Heiligtum?) heruntergestürzt sein. Ein Versuch, das erhaltene Stück der „Petite Parisienne" mit den auf Klappstühlen sitzenden Frauen des „Feldstuhlfreskos" zu verbinden, ist an einem dreieckigen Fragment des Gewandes gescheitert, daß der englische Archäologe *M. Cameron* vor ein paar Jahren im Museumsmagazin entdeckt und an den unteren Rand angepaßt hat. Jetzt ist die „Petite Parisienne" endgültig zu groß für das „Feldstuhlfresko". Immerhin hat der Versuch deutlich gemacht, daß wir die „Pariserin" nicht als ein einzelnes Porträt, sondern als Teil eines größeren Zusammenhangs anzusehen haben.

Stuckreliefs und Kleinplastik (Abb. 13—16)

Wenden wir uns nun nach den knossischen Freskofunden, von denen wir nur eine kleine Auswahl der im Palast selbst entdeckten Beispiele herausgreifen konnten, der in Knossos gefundenen Plastik zu. Große rundplastische Werke aus Stein, wie in Ägypten oder im späteren Griechenland, hat es im minoischen Kreta nicht gegeben. Aus einfarbigen und bunten Steinen haben minoische Künstler nur Gefäße, Lampen oder Kultgegenstände hergestellt. Lebensgroß oder sogar größer waren nur Stuckreliefs, eine Art plastischer Malerei aus dem gleichen Stuck und den gleichen Farben wie in der Freskokunst. Überlebensgroß ist das Stuckrelief mit Stieren, von denen ein Kopf und wenige andere Teile am Nordeingang des Palastes gefunden und dort an einer beliebigen Wand von *Evans* nachgebildet worden sind. Von einem anderen lebensgroßen Stuckrelief fanden sich Teile am Südeingang in den Hof; sie wurden zum „Prinzen mit der Federkrone" ergänzt.

Bekannter als diese zum Teil sehr feinen, auch außerhalb von Knossos auf Kreta gefundenen Stuckreliefs sind minoische Statuetten aus Bronze, Elfenbein

14. Oberer Teil der sog. Schlangengöttin mit ergänztem Kopf (a, b) sowie sitzender Panther und Kopfbedeckung mit Halterungslöchern. Die kräftig gezeichneten Teile sind original erhalten (vgl. etwa den linken und den rechten Arm!)

oder Fayence. Zwei Funde sollen näher betrachtet werden: Die Fayencestatuetten aus den „Temple Repositories" und die Überreste von elfenbeinernen Stierspringern aus dem „Ivory Deposit".

In der östlichen der zwei eingetieften Steinkisten des als „Temple Repostories" bezeichneten Raumes hinter dem Schrein ist u. a. eine Fülle verschiedenster Kunstgegenstände aus der von den Ägyptern übernommenen bunt bemalten Fayence gefunden worden: kleine Gefäße, Nachbildungen von Muscheln, ausgeschnittene Reliefs in Form von 8-förmigen Schilden, Votivkleidern, Blumen, Früchten, fliegenden Fischen, Argonauten oder säugenden Tieren (Kuh und Wildziege), und schließlich drei Statuetten, von denen zwei ergänzt und im Museum ausgestellt worden sind. Wir wollen die bekannteste dieser Statuetten (Abb. 13) herausgreifen und zunächst den Erhaltungszustand der heute knapp 30 cm hohen Figur prüfen. Wie oben (S. 34) schon gesagt wurde, verhelfen dazu außer den Beschreibungen auch einige Skizzen in der Publikation von *Evans* (hier Abb. 14). Wer diese Beschreibungen und Skizzen mit Geduld und Sorgfalt betrachtet, wird nicht zu dem Schluß kommen, daß „alles, was weiß ist in diesen Zeichnungen, rekonstruiert ist" und daß „beide Unterarme" sowie „der größte Teil des Körpers" modern ergänzt sind[14]. In der Tat ist nur e i n Unterarm (der linke) neu und vom Körper ist der größere Teil antik — nicht zuletzt die freien Brüste. Von den Schlangen ist in der erhaltenen rechten Hand der Statuette soviel geblieben, daß die Ergänzung als richtig gelten kann. Die Verbindung dieser außergewöhnlichen weiblichen Gestalt mit Schlangen ist durch die größte der drei Statuetten ohnehin gesichert, weil dort die Schlangen, die sich von den Händen aus an Armen, Kopf und „Tiara" emporringeln, erhalten sind. Tatsächlich wurde das Gesicht unserer Statuette modern nach der eben erwähnten größeren Figur geformt und der kleine Panther, der nichts anderes sein kann als dies, nicht unmittelbar zusammen mit unserer Statuette gefunden. Das Diadem, auf dem das Tier nach Aussage eines kleinen Stiftloches gesessen hat, gehört demnach nur wahrscheinlich zu unserer Figur.

Kostümgeschichten können getrost auch weiterhin diese Statuette in kretische Trachten miteinbeziehen: Stufenrock, Schürze und geschnürtes Mieder sind hier sicher und gut überliefert. Im Hinblick auf die Frage, ob die freien Brüste zur Alltags- oder Festkleidung jeder

Minoerin gehört haben, wird man vielleicht durch neue Funde noch bessere Auskunft erhalten. Auch in der minoischen Siedlung von Thera, wo *Sp. Marinatos* seit 1967 grub, sind kürzlich Freskodarstellungen von Damen gefunden worden, deren Brüste deutlich unbedeckt sind[15]. Es handelt sich dort gewiß ebensowenig um Göttinnen wie um trauernde Sterbliche.

Über die einstige Bedeutung der „Schlangengöttin" aber hat man sich seit dem Fund viel Gedanken gemacht. Ob eine — oder besser gesagt — d i e Göttin selbst gemeint ist oder eine Priesterin, die an ihre Stelle tritt, scheint mir nicht so belangvoll zu sein, wie die von *F. Matz* begründete Vermutung, daß die Priesterin im minoischen Kult stellvertretend für die Göttin erscheinen konnte. Wenn das so war, dann hat der Künstler in seinen Statuetten zwar die Priesterin dargestellt, gemeint aber doch die durch die Priesterin zur Erscheinung gebrachte Göttin selbst.

Wäre es ein Gewinn, wenn ein „puritanischer" Museumsdirektor in Heraklion eines Tages den Kopf und den linken Unterarm unserer Statuette wieder abnehmen würde und es dem Museumsbesucher überließe, die Figur mit Hilfe des erhaltenen Kopfes der größeren Statuette in der eigenen Vorstellung zu ergänzen? Soviel, glaube ich, kann man den oben erwähnten, ungeprüft hingeworfenen Bemerkungen von *Ceram* abgewinnen, daß die ergänzten Teile am Original selbst wieder etwas deutlicher gemacht werden sollten. Der vergilbte Lack sieht auf den Gipsergänzungen teils scheinbar „echter" aus als die originalen Teile.

Die Fundstelle des bekannten elfenbeinernen S t i e r s p r i n g e r s im Wohntrakt (Ostflügel) neben dem „Badezimmer der Königin" wurde von *Evans* als „Elfenbeindeport" bezeichnet. Dort ist 1902 nämlich nicht nur die eine Figur gefunden worden, sondern auch ein gleichgroßer Jünglingskopf und Gliedmaßen, die ebenfalls zu entsprechenden Springern gehört haben. Auch Fragmente anderer Werke aus Elfenbein, wie das Bruchstück einer Sphinx, sind an dieser Stelle zu Tage gekommen. Von den zweifellos zugehörigen Stieren hat sich nur ein Stück Kopf aus Fayence gefunden.

Der bis auf den größeren Teil des rechten Armes und das linke Bein erhaltene Jüngling (Abb. 15) ist etwa ebenso lang (ca. 29 cm) wie die „Schlangengöttin" hoch. Leider ist die Oberfläche bis auf wenige Stellen — vor allem den ausgezeichnet erhaltenen linken Unterarm — stark verwittert. Ergänzt ist an dem vom Künstler aus mehreren Einzelstücken zusammengefügten Stierspringer nichts. Doch fehlen außer den genannten Gliedern wenigstens noch die Haare, die in Bewegung und Farbe den ursprünglichen Eindruck entscheidend mitbestimmt haben. Wie man an dem einzelnen Kopf aus dem „Elfenbeindepot" noch besser als an unserer Figur erkennen kann, waren die Haare mit feinen Stiften in Löchern rund um den Kopf befestigt. Offenbar bestanden sie aus Bronze- oder aus Golddraht.

Daß es sich um einen Jüngling handelt, der die Hörner eines Stieres — wie eine Reckstange — umfaßt, um sich mit der Aufwärtsbewegung des Stierkopfes auf den Rücken des Tieres wirbeln zu lassen und von dort rückwärts abzuspringen, das scheint aus der Wiedergabe der Hand hervorzugehen. Der Daumen ist nämlich der Dicke eines proportional gleichgroßen Stierhornes entsprechend abgespreizt. Wenn unsere Vorstellung vom Ablauf dieses Sprunges überhaupt richtig ist, dann muß sich der Körper schon über dem Stierkopf befunden haben. Die Figur ist jedenfalls, ähnlich wie heute im Museum, von oben her gehalten worden. Je steiler der elfenbeinerne Springer aufgerichtet war, desto besser konnte die Stütze sein, welche die Stierhörner von unten her boten. Die

Geschmeidigkeit des Körpers und die Eleganz seiner von den Händen, bzw. vom angespannt hochgerissenen Kopf bis in die Fußspitzen wellenartig durch den Körper gehenden Bewegungen zeugen von einer bewundernswerten Meisterschaft des betreffenden Elfenbeinschnitzers, der nach Aussage von Fundzusammenhang und Stil etwa eine Generation jünger war als der Meister der Fayencestatuetten.

Eine abermals jüngere Elfenbeinarbeit, eine kleine runde Büchse, die erst vor wenigen Jahren von *S. Alexiou* in einer Nekropole der Hafenstadt von Knossos gefunden wurde, zeigt im Relief einen Stierspringer nicht bei den Stierspielen selbst, sondern bei der gefahrvollen Bändigung des Stieres[16]. Er ist zwar auch über den Stierhörnern gezeigt, doch umfaßt er diese ganz fest mit beiden Armen. Es scheint so, als mußte der Stier auf diese Weise an die Last und den Zugriff des Stierspringers gewöhnt werden. Daß es sich bei dem Elfenbeinrelief der runden Büchse aus Katsamba nicht um die Darstellung eines mißlungenen Sprunges handelt, geht aus der Wiedergabe eines zweiten Jünglings hervor, der sich im schnellem Lauf — fliehend? — zum Stier zurückwendet und ihn mit einem Speer bedroht. Bliebe noch die Erklärung eines mißlungenen Trainingsversuchs des echten Stiersprunges.

Alle diese Möglichkeiten dürfen wir bei der Beurteilung des Springers aus dem „Elfenbeindepot" von Knossos ausschließen. Der erhaltene Arm und das erhaltene Bein sprechen ebenso wie die ganze Körperbewegung dafür, daß in der verlorenen Gruppe von Stieren und Jünglingen (und Mädchen?) eine Darstellung perfekter Stiersprünge vermutet werden darf. Diese Gruppe nicht mehr zu haben, ist ein großer Verlust. So sehr wir uns am Erhaltenen freuen, so wichtig wäre es doch, mehr davon zu wissen, wie weit die minoische Kunst in ihren Freiheiten gegangen ist, Freiheiten naiven Ursprungs, denen wir schon bei einem viel älteren Fund aus PALAIKASTRO gegenüberstehen: einer großen Schale, in der plastisch eine Rinderherde mit ihrem Hirten dargestellt ist[17]. Derlei Freiheiten stehen wir heute — vom Stierspringer angeregte plastische Darstellungen wie ein „Olympia Triumphan“ von *Martin Mayer* oder „Die Akrobaten“ von *Alexander Calder* (1944) zeigen es — anders, aufgeschlossener gegenüber als *Evans* und die interessierte Öffentlichkeit zur Zeit der Entdeckung des Stierspringers.

Eine Vorstufe zur verlorenen Stierspringergruppe gehört in die gleiche frühe Zeit wie die Schale (20. Jahrhundert v. Chr.). An Kopf und Hörnern eines tönernen Stieres, der als Kultgefäß (Rhyton) in einer jener runden Sippengrüfte in der Mesara (S. 128 ff.) gefunden worden ist, turnen drei klein wiedergegebene Menschen (Abb. 16). Am wichtigsten ist die deutlich als Frau gekennzeichnete Figur in der Mitte. Die beiden sich um die Hörner klammernden „Akrobaten“ sind wahrscheinlich Männer. Diese Darstellung ist übrigens viel älter als die Zeit, in der nach der Sage attische Jünglinge und Mädchen dem *Minotauros* geopfert worden sind. Die Hervorhebung der weiblichen Bezwingerin des Stieres zeigt die religiöse Bedeutung dieses Gegenstandes. Viel mehr unter einem solchen als unter einem künstlerischen Gesichtspunkt sind auch die Funde aus dem „Elfenbeindepot“ zu betrachten: Der eleganteste Sprung über den Stier ist Zeichen für das gleiche „Bezwingen“ dieses Tieres, das uns schon die primitive frühe Darstellung zeigt.

Die „Arena“ der Stierspiele (Abb. 17)

Wo aber hat dieses Stierspringen in Knossos und in anderen minoischen Palästen stattgefunden? Der Zentralhof, den viele für den einstigen Schauplatz des gefährlichen Kultspieles halten, scheint mir deshalb ungeeignet gewesen zu sein, weil er den Stieren viel Bewegungsfreiheit gelassen hätte. Bei einem Ablauf des Sprunges, wie wir ihn oben beschrieben haben und wie er von insgesamt recht zahlreichen Darstellungen aus der Blütezeit der minoischen Kunst ausreichend belegt ist, muß man dem Stier für seinen Lauf eine möglichst enge, schmale Bahn vorgeschrieben haben. Nur dann war eine Gewähr dafür gegeben, daß der Springer den Stier nicht verfehlte. Im Zentralhof hätte man zu diesem Zweck eigens Barrieren errichten müssen, die den Zuschauern aber auch nur ein unzureichender Schutz gewesen wären.

Ein anderer Bereich, nämlich die sog. Theaterzone unmittelbar westlich vor dem Nordeingang, bietet sich viel eher als der Zentralhof für das knossische Stierspringen an (Abb. 17). Die Ansicht, daß die Tribünenstufen, die dort Ende und Ziel der langen, schmalen „Royal Road" bilden, etwas mit dem Stierspringen zu tun hatten, ist nicht neu. Auch *Niko Kazantzakis* hat es sich einst so von einem Führer erklären lassen und war damit einverstanden. Neu ist jedoch der Fund eines mächtigen, schmalen aber sehr langen und hohen Steinfundamentes, das in einiger Entfernung von den lange bekannten Tribünentreppen ein Stück der südlichen Begrenzung der „Royal Road" gebildet hat. 1972 sah ich diesen Befund und fand keine andere Erklärung, als daß es sich hier um den Unterbau eines großen Zuschauerpodiums, einer zweiten Tribüne handelt, die auf die „Royal Road" bezogen war, und von der man auch den Stierspringern bei ihrem gefährlichen Spiel zugesehen hat.

Der englische Ausgräber *P. Warren* hat inzwischen auch eine ähnliche Deutung des Befundes gegeben; mit dem wesentlichen Unterschied allerdings, das er nicht

15. Elfenbeinerner Stierspringer. Museum Heraklion. 16. Jh. v. Chr. Von der Hand bis zur Fußspitze ca. 24 cm. Ein Arm und ein Bein fehlen, die Haare waren aus Metall geformt und eingesetzt

16. Tönernes Stiergefäß mit drei Akrobaten aus einem Tholosgrab bei Koumasa, Mesara. Museum Heraklion. Um 2000 v. Chr. Länge = 20,5 cm

17. Die „Königliche Straße" am Nordende des Palastes von Knossos

Evans' „Royal Road", sondern das Areal im Süden der vermutlichen Tribüne als Platz für die Stierspiele vorschlägt. Einen Gewinn für unsere Kenntnis des minoischen Stierspringens aber brächte nur die Einsicht, daß durch die Entdeckung einer großen Tribüne auf der südlichen Längsseite der „Royal Road" eben diese enge Straße mit ihrem auch von PHAISTOS, MALLIA usw. bekannten schnurgeraden Mittelpfad aus großen Steinplatten (Abb. 17) wirklich der Schauplatz des Stierspringens gewesen ist. In den vergleichbar engen Straßen von Pamplona, durch die man bei der alljährlichen „Fiesta" die Stiere, von übermütigen jungen Männern gereizt, zur Arena treibt, ist mir klar geworden, daß nur ein unausweichlich enger Weg die Technik des Stiersprunges erlauben würde, die wir in Kreta voraussetzen. Ob das zwar nicht für den Stier, wohl aber für die Springer oft grausam endende Kultspiel (s. das Boxerrhyton von HAGIA TRIADA: S. 171 f.) nicht auch aus diesem Grunde außerhalb des Palastes stattfand? Für PHAISTOS und MALIA könnte sich aus einer Klärung des wichtigen neuen Befundes gleichfalls eine Beantwortung der Frage ergeben, ob dortige Stierspiele im Zentralhof oder außerhalb des Palastes — in PHAISTOS dann auf dem Westhof (S. 160) — stattgefunden haben.

Das „Tempelgrab" und andere Gräber in der Umgebung von Knossos (Abb. 18)

Wir übergehen nun in Knossos die wichtigen Überreste einer von Süden zum Palast ansteigenden „Stufenportikus", die Ruinen des „Kleinen Palastes", der „Königlichen Villa", der mit Fresken geschmückten „Karawanserei", des erst 1923 entdeckten „Hauses der Fresken" und weitere Gebäude der minoischen Stadt Knossos, der auch heute wieder bei den von der British

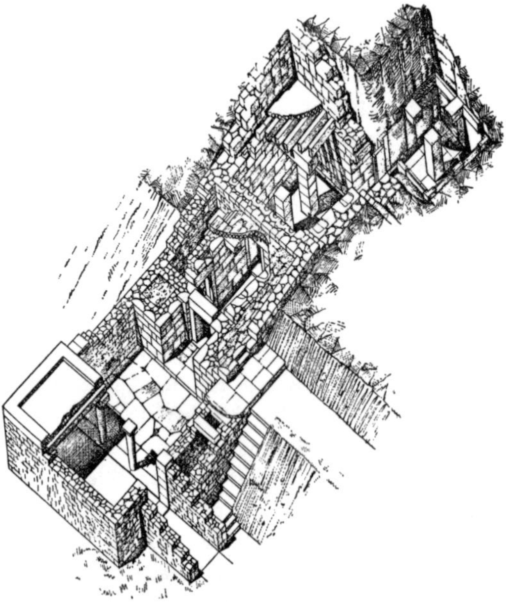

18. Das sog. Tempelgrab südlich von Knossos; isometrische Ansicht

School at Athens durchgeführten Grabungen neue Teile hinzugewonnen werden. Von den zahlreichen und verschiedenartigen Grabanlagen, die von der Stadt Knossos aus die Straßen nach Süden, Norden und Nordwesten in mehr oder weniger dichtem Abstand gesäumt haben, soll jedoch vor allem eines der stattlichsten und das am besten erhaltene herausgegriffen werden: das „Tempelgrab" (Abb. 18)[18].

Die Geschichte seiner Entdeckung läßt uns den Ausgräber von Knossos auf besonders persönliche Weise kennenlernen. Es ist wie eine Wiederholung der Vorgänge um die Entdeckung des Palastes selbst; nur jetzt im kleinen Maßstab. Statt der Siegel mit unbekannten

Hieroglyphen war es diesmal ein Ring — „Ring des Minos" —, der angeblich an der Stelle gefunden worden ist, an der die Nachgrabungen 1931 dann diesen Grabbau zutage gefördert haben. Einem Ring also, der sich bald sogar als eine Fälschung zu erkennen gab, wird die letzte große Entdeckung von *Evans* verdankt. Nicht kostbare Grabbeigaben sind der Wert dieser Entdeckung; sie waren, wie in den meisten ägyptischen Gräbern, längst geraubt. Einzigartig ist vielmehr die sonderbare und aufwendige Gestalt des mit Zerstörung und Erneuerung von mehreren Generationen benutzten Grabbaues.

Die einzelnen Raumeinheiten, die Bauformen und die Mehrgeschossigkeit der Anlage unterscheiden sich nicht von der sonst bekannten minoischen Architektur. Die axiale Anordnung, die in ost-westlicher Richtung von einer weiten Vorhalle und dem gleichbreiten offenen Hof, dann durch ein besonders repräsentatives Tor erst in eine schmalere und schließlich in eine breitere, von zwei Pfeilern gestützte Halle führt, ist in dieser strengen Ordnung aber nur von der in den Felsen gehauenen quadratischen Grabkammer her zu verstehen, deren Eingang in der Nordwestecke der „Pfeilergruft" liegt. Selbstverständlich war zuerst die Grabkammer da und erst dann wurde der feierliche Zugang zu ihr gestaltet. Warum dieser bei der Strenge seiner Gliederung nicht genau in die Achse der Grabkammer gelegt wurde, läßt sich nicht erklären. Es ist jedoch bei den meisten minoischen Gräbern und auch bei den Kuppelgräbern des mykenischen Festlandes (etwa beim „Schatzhaus des Atreus" in Mykene) eine ähnliche Divergenz zwischen Grabbau und Grabkammer zu beobachten. Die Frage nach der Rolle, die bei solchem Planen dem Wunsche nach Sicherheit vor Grabräubern zukommt, führt wieder zu Vergleichen mit Ägypten.

In anderen Gräbern der Umgebung von Knossos und im Palast selbst (vgl. S. 30) sind Funde ägyptischer Herkunft gemacht worden. Zuletzt war es ein Alabastergefäß mit der Kartusche des ägyptischen Königs Thutmosis III., das 1953 in einem der Gräber beim Hafen von Knossos (Katsamba) zutage kam. Diese Funde sind ebenso wichtig für die Zeitbestimmung der betreffenden Gräber wie für die Handelsgeschichte und damit überhaupt für die Geschichte der betreffenden Periode. Nicht nur führende Persönlichkeiten wie die Grabherren des „Tempelgrabes" oder des „Königsgrabes von Isopata" (s. unten), sondern auch die Kaufleute und Schiffsherren, die in den Gräbern beim Hafen von Knossos beigesetzt worden sind, oder die durch ihre landwirtschaftlichen Erzeugnisse wohlhabende Bevölkerung der minoischen Stadt unter dem Weinstädtchen Archanes südlich von Knossos hatten direkte oder indirekte Verbindungen nach Ägypten.

Damit haben wir zugleich noch einige der unzähligen anderen Gräber angesprochen, in denen die Herren von Knossos, vor allem aber die Bewohner der Stadt Knossos, der Hafenstadt (Katsamba) oder der Stadt unter dem heutigen Archanes beigesetzt worden sind. Es gibt eine archäologische Karte von Knossos, auf der alle bis dahin bekannten Gräber eingetragen sind[19]. Wer diese Karte studiert und im Gelände die Bezirke abgeht, in denen minoische Gräber aufgeführt sind, wird im Hinblick auf das „Tempelgrab", ein stattliches Kuppelgrab auf der Höhe „Kephala" oder das einige hundert Meter von diesem entfernt auf halbem Wege zwischen Knossos und seinem Hafen liegende „Königsgrab von Isopata" feststellen, daß zweifellos noch eine ganze Reihe stattlicher und auch „königlicher" Gräber ihrer Entdeckung harrt, daß man sich aber angesichts des ausgedehnten Friedhofes von Mavro Spilio (oben an dem Hang, der jenseits des KAIRATOS dem Palast von Knossos gegenüberliegt) oder von ZAPHER PAPOURA (zwischen Knossos und Isopata) sowie der zahllosen Einzelgräber an den Hängen des Kairatos und am heutigen Wege von Knossos nach Heraklion („Kriegergräber") nicht vorstellen kann, für welche Toten die Stadt Knossos auch noch einen „Totenpalast" gebraucht haben sollte (vgl. S. 233 ff.).

Die ältesten monumentalen Gräber Kretas waren die großen runden Sippengrüfte (Tholosgräber) aus der zweiten Hälfte des 3. und dem Anfang des 2. Jahrtausends. Diese sind vor allem in der MESARA-EBENE (S. 128 ff.), neuerdings aber auch in der Nähe von Knossos (ARCHANES) aufgedeckt worden. Die Rundform des Grabes hat sich in einer eigentümlich minoischen Art als freistehender Bau mit kleinen rechteckigen Annexen auf Kreta gehalten, bis sie schließlich der festländisch-mykenischen Form des in die Erde eingelassenen Kuppelgrabes angenähert wurde. Die rechteckige Grabform ist auf Kreta noch älter und ungleich häufiger als die runde. Sie hat ihre monumentale Ausgestaltung — wahrscheinlich mit einem hohen Spitzgewölbe — in dem schon mehrmals erwähnten, von *Evans* und *Pendlebury* in den dreißiger Jahren freigelegten „Königlichen Grab von Isopata" erhalten, das im letzten Krieg leider vollständig zerstört worden ist. Ein schmaler Weg (Dromos) führte dort in eine kleine, schmale Vorhalle mit zwei einander gegenüberliegenden Nischen für Bestattungen. Der große Hauptraum, in dem ein Kistengrab mit reichen Funden aus der zweiten Hälfte des 15. Jahrhunderts v. Chr. zutage kam, war gegen die Vorhalle fest verschlossen — so wie dies vergleichbar schon bei den vor einigen Jahren in der Nähe von Sitia in Ostkreta freigelegten zweiteiligen Rechteckgräbern aus der 2. frühminoischen Periode der Fall ist und wie es entsprechend auch bei kretischen Rundgräbern beobachtet wurde. Auch die Grabkammer des „Tempelgrabes" war selbstverständlich fest verschlossen, bevor sie geplündert wurde.

Bleiben noch die Felsgräber zu erwähnen — nicht die in eine spätere Epoche gehörenden von Matala, sondern solche aus minoischer Zeit, wie sie gerade auch in der Umgebung von Knosses zahlreich nachzuweisen sind.

Von keiner dieser Grabformen her bietet sich eine Vergleichsmöglichkeit zur Anlage des knossischen Palastes oder auch nur eines Teiles von ihm. Als architektonisch reichster Grabbau ist das „Tempelgrab" (Abb. 18) am besten geeignet, das grundsätzlich Andere eines minoischen Grabes zu zeigen. Es liegt in der Bedeutung, die der festverschlossenen, vollkommen dunklen und niedrigen Grabkammer zukam. Auf das Geheimnisvolle dieser Kammer deutet beim „Tempelgrab" schon die mächtige und tiefe steinerne Pforte, auf die sich der Blick vom „Pavillon" und vom Hof aus richten mußte — eine Pforte, deren Pfosten und Sturz aus Gipsstein, deren Schwelle aber aus festem Kalkstein besteht. Der Sinn des Grabes war eben nicht nur bei den Ägyptern, den mykenischen Griechen, den Etruskern und anderen prähistorischen oder antiken Völkern auf Sicherheit und Dauer gerichtet, sondern selbstverständlich auch bei den minoischen Kretern. Gipsstein, der auf dem Gypsades-Hügel unmittelbar hinter dem „Tempelgrab" ansteht, ist im Grab offenbar nur noch in der vor Witterungseinflüssen geschützten Grabkammer selbst verwendet worden.

Eine Pforte, wie die des „Tempelgrabes", ist in der minoischen Palastarchitektur ebensowenig zu finden wie ein Raum, der tatsächlich mit dieser niedrigen Grabkammer des „Tempelgrabes" zu vergleichen wäre. Wie verhält sich z. B. im Wohntrakt des knossischen Palastes das unlängst als Grabkammer angesprochene „Badezimmer der Königin" zum „Megaron der Königin"? Das „Badezimmer" ist dort nichts als ein kleiner Annex des Hauptraumes, nicht fest von diesem abgeschlossen wie eine Grabkammer, sondern ganz im Gegenteil sowohl durch eine Türe als auch noch durch ein zweite, viel weitere Wandöffnung mit dem „Megaron" verbunden (Abb. 9). Nchts spricht dafür, daß dieses „Badezimmer", wie die Grabkammer des „Tempelgrabes", Ziel einer kultischen Handlung gewesen wäre. Auch das aus wenigen Bruchstücken rekonstruierte Delphinfresko auf der Wand zwischen „Megaron" und „Badezimmer" kann angesichts der allgemeinen Beliebtheit des Delphins in der minoischen wie auch in der späteren antiken Kunst keinerlei Hinweis auf einen Grabescharakter dieser Räume geben. Um so besser paßt zum „Badezimmer" freilich außer der Badewanne, in der man recht bequem sitzen und sich an die ansteigende Rückwand lehnen konnte, ohne Gipssteinplatten auf dem Boden bis zu ihrer Auflösung überschwemmen zu müssen, das nahegelegene „WC", das nach hellenistisch-römischen Analogien ganz zweifellos ein solches gewesen ist.

Der Sarkophag von Hagia Triada (Abb. 19)

Für Kulthandlungen im „Tempelgrab" kann man den schönen, nur 137 cm langen Kalksteinsarkophag heranziehen, den italienische Archäologen 1902 in einem ganz einfachen Grab bei Hagia Triada gefunden haben (Abb. 19). Seine stilistisch bald nach 1400 v. Chr. datierten Darstellungen sind nicht nur die aufschlußreichsten für den minoischen Totenkult, sondern sie gehören — trotz einiger Ergänzungen — auch zu den am besten erhaltenen Zeugnissen der ganzen minoischen Malerei. Es ist sinnvoll, wenn wir die Bilder des

Sarkophages nicht erst im Zusammenhang mit anderen Funden von Hagia Triada, sondern gleich jetzt zur Erläuterung des „Tempelgrabes“ von Knossos betrachten. Dabei sind die Darstellungen auf den beiden Schmalseiten des Sarkophages nicht so interessant wie die Friese der Langseiten. Einem Pferdegespann mit zwei Damen auf einem zweirädrigen Wagen steht auf der zweiten Schmalseite ein gleichfalls von rechts nach links fahrendes Gespann gegenüber, das sich durch die übernatürlichen Zugtiere — Greifen — und durch das hohe Diadem der Damen von dem anderen Bild unterscheidet. Auch ist die eine Darstellung auf den weißlichen Grund gemalt, mit dem der Kalkstein des ganzen Sarkophages zunächst überzogen worden ist, und die andere aus dem rotbraun grundierten Bildfeld ausgespart. Zweifellos gehören aber beide Darstellungen inhaltlich zusammen: Die Fahrt im Diesseits und die Reise ins Jenseits? Auch der Vogel — Falke? — über den Greifen hat wahrscheinlich einen ganz bestimmten Sinn.

Auf der einen Langseite des Sarkophages (Abb. 19b) ist die Schächtung eines Stieres dargestellt. Das Tier liegt gefesselt auf dem Opfertisch in der Mitte des Bildes. Rechts stehen hintereinander ein „Schrein“, der von vier stilisierten Stierhörnern („horns of consecration“) gekrönt wird, eine Doppelaxt auf hohem Mast und ein niedriger Altar, an dem eine Frau eine nicht näher erkennbare Kulthandlung zelebriert. Daß sich die ganze Szene nicht in einem geschlossenen Raum, sondern im Freien abspielt, zeigt außer einem großen Vogel auf der Doppelaxt auch ein Baum hinter dem Schrein, dessen Zweige bis zum oberen Bildrand reichen. Weitere Tiere (Steinböcke?) unter dem Opfertisch, ein in den Boden gestecktes trichterförmiges Rhyton, in welches das Blut des Stieres fließt, eine steinerne Spendekanne und ein Opferkorb mit Früchten über dem

Altar sind noch zu erwähnen, ebenso der Flötenspieler hinter dem Opfertisch sowie die allein erhaltenen Füße und Röcke von 5 Frauen in der linken Bildhälfte.

Diese feierliche Kulthandlung könnte man auf ein beliebiges Heiligtum beziehen, wollte man nicht — besser — in beiden Friesen der Langseiten des Sarkophages ein und dasselbe Opfer erkennen. Ich glaube jedenfalls, daß man den zweiten, gewiß noch wichtigeren Fries wie eine Verlängerung und Fortsetzung des ersten betrachten soll. Auch in diesem Abschnitt ist durch einen Baum der freie Himmel angedeutet. Doch gibt es außer den zwei in schweren Sockeln ruhenden Kultäxten, auf denen wieder je ein Vogel sitzt, auch ein Stück Architektur, das nichts anderes als ein prächtiges Tor meinen kann. Gewiß mit Recht hat man hier die Pforte des Grabes gesehen und in der davorstehenden, ganz in ein Gewand gehüllten männlichen Gestalt eine Erscheinung des Grabherren, der symbolisch die Gaben in Empfang nehmen soll, die von drei Männern mit nacktem Oberkörper und langem Fellrock zum Eingang des Grabes gebracht werden. Noch ein Stück Architektur ist erhalten: zwei bzw. drei aus sorgfältig gefügten Steinen oder Lehmziegeln gemauerte hohe Stufen vor der Gestalt des Grabherren. Die weiße Grundfläche im rechten Viertel des Frieses darf freilich kaum als die Fassade des Grabes verstanden werden, weil auch der größere Teil der linken Frieshälfte, ein Kitharaspieler, zwei Frauen mit großen Kultgefäßen und die beiden Doppeläxte, auf den gleichen weißen Hintergrund gemalt ist, der ja auch im anderen Fries — hinter dem Opfertisch — erscheint.

Bei aller gebotenen Vorsicht dürfen wir also festhalten, daß beide Kulthandlungen unter freiem Himmel stattfinden, wo außer den mächtigen Doppeläxten (im einen Bild) Altar und Schrein stehen, und (im anderen

Bild) die Pforte zu sehen ist, die in ein Grab führt. Wenn man die beiden Darstellungen mit den räumlichen Gegebenheiten des „Tempelgrabes“ in Verbindung bringt, dann wird man demnach in erster Linie an den offenen Hof zwischen dem „Pavillon“ und der Pforte denken, die über die „innere Halle“ und die „Pfeilergruft“ zur Grabkammer führt. Weiterhin könnte man versucht sein, die „Stufen“ vor der Gestalt des Grabherren mit den Stufen gleichzusetzen, die im „Tempelgrab“ zu einem oberen Stockwerk über der „inneren Halle“ und der „Pfeilergruft“ führten.

Die Phourni-Nekropole bei Archanes

Wenn wir die letztere Hypothese auch als viel zu unsicher ablehnen, so müssen wir doch für das „Tempelgrab“ die Frage nach der Bedeutung dieses oberen Stockwerkes stellen. Seit den von *J. Sakellarakis* 1964 begonnenen und noch im Gange befindlichen Ausgrabungen auf dem Phourni-Hügel über dem schon mehrmals erwähnten Archanes wissen wir, daß es schon vor der Zeit des „Tempelgrabes“ Grabhäuser mit einem Oberstock gegeben hat. Ein Pfeiler und ein Treppenansatz im Untergeschoß beweisen es. Das mag in diesem Falle durch eine räumliche Beengtheit des betreffenden Grabhauses bedingt gewesen sei, das mehrere, etwa gleichgroße Kammern und enge Gänge in einer nach außen fest geschlossenen Form miteinander verbunden hat. Vielleicht aber waren auch dort schon Räume eines Obergeschosses allein dem Totenkult vorbehalten?

Über diese ungemein interessante und wichtige Phourni-Nekropole von Archanes werden die weiteren Grabungen noch wesentlich mehr Auskunft geben. Soviel läßt sich aber heute schon sagen: Die bisher ausgegrabenen, über lange Zeit benutzten Anlagen, die neben

19 a—b. Kalksteinsarkophag mit Freskobemalung aus Hagia Triada. Museum Heraklion. Um 1400 v. Chr. Länge = 137 cm

den Grabbeigaben auch Skelette und Hunderte von Menschenschädeln geliefert haben, sind von der Anlage minoischer Häuser oder Paläste grundverschieden. Das zeigt nicht nur ein Rundraum, der in dem eben erwähnten und bisher größten Grabbau gelegen, noch in der spätesten minoischen Zeit als Kultstätte wiederverwendet worden ist. Die Andersartigkeit gibt sich auch schon in der übereinstimmenden Größe der rechteckigen Räume (Grabkammern) zu erkennen. Auch einen größeren Versammlungsplatz hat es anscheinend gegeben; doch der lag bezeichnenderweise außerhalb des Grabhauses (vgl. Malia, S. 111).

Daß im Herzen der Stadt, zu der die Nekropole auf dem Phourni-Hügel gehörte, erste Teile eines stattlichen Palastes gefunden worden sind, wurde in der „Einführung" (S. 11) schon einmal hervorgehoben. Wer die Situation im heutigen Archanes und auf dem Phourni-Hügel mit eigenen Augen gesehen hat, der weiß das Verhältnis eines minoischen Palastes zur zugehörigen Stadt und Nekropole richtig einzuschätzen.

Im Zusammenhang mit Archanes sollen noch zwei Funde erwähnt werden: Der eine ist ein Grabfund auf dem Phourni-Hügel unweit der eben in groben Zügen umrissenen Grabanlagen. Er zeigt ein in die Erde gebautes Kuppelgrab des rein mykenischen Typus[20]. Das oberste Stück der Wölbung war lange bekannt und als Unterschlupf für Schafe und Ziegen verwendet worden, ja die Gestalt dieser Kuppel gab dem Hügel — Phourni = Ofen — den Namen. Doch erst 1964 hat *J. Sakellarakis* dieses Kuppelgrab bis auf den Boden freigelegt und dabei nicht nur die auf der Südseite im rechten Winkel zum Eingang gelegene niedrige Grabkammer mit reichen Funden aus dem 14. Jahrhundert v. Chr. entdeckt, sondern auch am Eingang zu dieser Grabkammer einen Stierschädel und das Skelett eines zerstückelten Pferdes. Skelett und Grabbeigaben sind in Saal VI des Museums von Heraklion ausgestellt.

Auch den anderen Fund, den vor kurzem beim Graben in einem modernen Wohnhaus von ARCHANES *E. Lembessi* geborgen hat, kann man im Museum von Heraklion sehen. Es ist das Modell oder Abbild eines zweistöckigen Wohnhauses aus Terrakotta. Durch Mitfunde kann es ins 17. Jahrhundert v. Chr. datiert werden. Wie von den Hausfassaden der von *Evans* im Palast gefundenen Fayence-Spielsteine und wie von der erhaltenen minoischen Haus- und Palastarchitektur bereits bekannt, öffnen sich auch bei dieser Hausnachbildung die Räume weniger im Unter- als im Obergeschoß nach außen. In der europäischen Architektur begegnet uns diese Gewohnheit erst wieder in der frühen Renaissance. Im Obergeschoß unseres Modells sind es also vorspringende Balkons und Erker, die freie Terrassen bilden. Auch sonst lassen dort weite Säulen- und Pfeilerstellungen das Licht ein, das ins Untergeschoß nur durch die Türe, durch schmale Fensterspalten und Lichthöfe fallen konnte. Besondere Sorgfalt ist auch auf die Nachgestaltung des Treppenhauses (statt Treppen Rampen) verwendet worden. Das Dach ist leider nicht erhalten, doch wird es nach den Analogien zu urteilen, flach gewesen sein.

Kehren wir schließlich noch einmal zurück zum zweistöckigen „Tempelgrab", von dem wir oben zunächst ausgegangen sind. Dort sind die Treppen, die in einem schmalen Treppenhaus neben der „inneren Halle" hinaufführen, geradezu verborgen. Das legt für den oberen Raum gleichfalls einen verborgenen Charakter nahe. Deshalb scheint mir auch das, was *Diodor* (Siculas IV, 79 ff.) über das angebliche Grab des *Minos* in Sizilien berichtet, keine Erklärung für die Kulthandlungen im knossischen „Tempelgrab" zu geben. In dem betr. Doppelgrab soll nämlich der unsichtbare (?) Teil die Gebeine des Minos beherbergt haben, während der andere, sichtbare Teil als Aphroditetempel anscheinend ohne Zusammenhang mit dem Totenkult war. Wer im „Tempelgrab" durch die große, schwere Pforte ging, und das mußte man wie gesagt, um in den Oberstock zu gelangen, der betrat bereits das Reich der Toten. Das geht nicht zuletzt aus vielen Bestattungen hervor, die sich in den Nebenräumen der Pforte und der „inneren Halle" gefunden haben. Die Darstellung des Grabherren vor der Pforte auf dem Sarkophag von Hagia Triada zeigt die Grenze, die dieses Tor setzt, eindringlich an. Der obere Raum des „Tempelgrabes" kann also nur für Handlungen des Totenkultes verwendet worden sein.

KATO ZAKROS
(Abb. 20—22)

Nach Knossos, der ersten großen und gewiß für immer bedeutendsten Entdeckung der altkretischen Kultur durch *Sir Arthur Evans* wollen wir uns gleich der jüngsten „Sternstunde" der kretischen Archäologie zuwenden. Es war dies in einer der einsamsten, sichersten und zugleich schönsten Buchten der kretischen Ostküste die Ausgrabung des griechischen Archäologen *Nikolas Platon,* die beim kleinen Fischerhafen Kato Zakros an der Mündung des Zakros-Flusses und in der Nähe schon bekannter Hausruinen in den sechziger Jahren zur Freilegung eines einst zweistöckigen Palastes geführt hat. Dieser Palast wiederholt in kleinerem Maßstab viele Züge und Besonderheiten der anderen minoischen Paläste. Was der Entdeckung die volle Bedeutung gibt, das sind die reichen und zum Teil besonders kostbaren Funde vor allem aus der sog. Schatzkammer, Funde aber auch, die uns vielfältigen Aufschluß über Leben und Arbeit in diesem Palast sowie über den Handel geben, der von seinen minoischen Bewohnern getrieben worden ist.

Die Geschichte der Entdeckung dieses Platzes, dessen antiken Namen wir nicht kennen, beginnt bereits 1852, als der eingangs schon erwähnte Engländer *Thomas A. E. Spratt* dort archäologische Überreste notiert hat. Noch vor der Jahrhundertwende folgten auf *Spratts* Spuren die Italiener *L. Mariani* und *F. Halbherr* sowie

A. Evans. Eine Ausgrabung aber wurde erst 1901, d. h. ein Jahr nach Beginn der Arbeiten in Knossos von dem damaligen Direktor der British School at Athens *David G. Hogarth* durchgeführt. Auf den Abhängen, einem östlichen und einem westlichen, haben die englischen Archäologen schon damals eine stattliche Zahl von zum Teil noch gut und auch erstaunlich hoch (bis zu 5 m) erhaltenen Hausmauern — darunter die bereits von *Spratt* gesehenen — weiter bzw. neu freigelegt. Zwölf der Häuser wurden durch Buchstaben gekennzeichnet und ihr hohes Alter richtig erkannt. Auch von der Einteilung der Häuser haben diese frühen Ausgrabungen teilsweise eine gute Vorstellung vermitteln können. Interessante und schöne Funde — vor allem Keramik und Siegelabdrücke — gelangten ins Museum von Heraklion und manche davon auch in Publikationen schon lange vor dem Wiederbeginn der Grabungen im Jahre 1961. Zeugnisse des häuslichen und wirtschaftlichen Lebens in diesen Häusern waren u. a. Weinpressen, Vorratsräume mit den zugehörigen Pithoi, zahlreiche Tonabdrücke von den verschiedenartigsten Siegelbildern, eine erste beschriebene Tontafel, aber auch Werkzeuge (5 Sägeblätter), Webgewichte und Tonlampen.

Doch nicht nur stattliche Häuser einer minoischen Siedlung des 16. Jahrhunderts v. Chr. hat *Hogarth* entdeckt, sondern auch Gräber und zwar vor allem in der später von *Platon* „Tal der Toten" genannten, landschaftlich großartigen Schlucht, die in Windungen von Nordwesten her zur Bucht von Kato Zakros führt. Die dort gefundenen Grabbeigaben haben, da sie viel älter sind als die Funde in den Häusern, auch schon damals gezeigt, daß das Gebiet entsprechend lang, nämlich etwa seit der Mitte des 3. Jahrtausends besiedelt gewesen ist. In seinem 1971 erschienenen Buch „Zakros.

The Discovery of a lost Palace of ancient Crete" wundert sich *Platon* selbst darüber, daß diese Ergebnisse der Ausgrabungen von *Hogarth* erst volle 60 Jahre später zu neuen Untersuchungen aufgefordert haben. Doch gibt er die Schuld daran richtig der erst in den letzten Jahren hergestellten Verkehrsverbindung und im Hinblick auf die englischen Archäologen, die sich ja zunächst ein Vorrecht auf diesen Platz erworben hatten, den vielen anderen Aufgaben, die von ihnen nicht nur hier und in Knossos, sondern auch in dem Zakros benachbarten PALAIKASTRO, auf der Höhe von PETSOFA oder im „eteokretischen" PRAISOS (vgl. S. 199) und in der „Diktäischen Höhle" übernommen worden sind.

So kam der Anlaß zu den griechischen Ausgrabungen, die sich der Unterstützung eines begeisterten amerikanischen Mäzens erfreuen, schließlich von zwei Seiten: einerseits nämlich von einer systematischen archäologischen Erkundung des östlichen Kreta — SITIA — durch den „Ephoros der Altertümer" und andererseits von dem Direktor des Museums in HERAKLION, der sich mit einem Fund minoischer Goldarbeiten aus Zakros beschäftigt hat. Ephoros und Museumsdirektor waren in einer Person *N. Platon.* Der kleine Goldschatz, der sich heute im Museum befindet, wurde von einem Arzt und kenntnisreichen Sammler im 10 km von Kato Zakros entfernten, hochgelegenen Dorf EPANO ZAKROS erworben. Angaben des Finders haben indes Kato Zakros als Fundort ausgewiesen. Die Kostbarkeit dieser Funde hat die Vermutung des späteren Ausgräbers bestärkt, daß zu der von *Hogarth* nur sporadisch freigelegten minoischen Siedlung als Zentrum auch ein Palast gehört haben müsse.

Platon führte 1960 und 1961 Versuchsgrabungen im Bereich der Siedlung durch. Die Ergebnisse dieser Arbeit waren so ermutigend, daß er nach Schaffung der notwendigen Voraussetzungen im September 1962 mit der eigentlichen Grabung beginnen konnte. Die ausgegrabenen Ruinen sowie Reichtum und Vielfalt der Funde haben schon am Ende der ersten Kampagne bestätigen können, daß *Platon* mit seiner Vermutung recht hatte (Abb. 20).

Unter den ersten wichtigen Funden waren drei Elefantenzähne, die bei der Zerstörung des Palastes mit anderen Materialien (kyprische Bonzebarren) aus dem Oberstock heruntergestürzt waren. Die Erklärung, daß diese nach Auskunft ihrer Größe (das am besten erhaltene Stück = 70 cm) nicht von afrikanischen, sondern von syrischen Elefanten stammenden Zähne als Rohstoff für eine eigene Elfenbeinwerkstatt dienen sollten, ist überzeugend, obgleich Elfenbeinarbeiten im Bereich des Palastes nur wenige und kleine gefunden worden sind. Die Elefantenzähne, die man in dem Kato Zakros gewidmeten Saal des Museums von HERAKLION bewundern kann, waren evtl. aber auch nur als Handelsgut zum Tausch mit anderen Zentren der minoischen Kultur oder sogar mit Ägypten bereitgelegt worden, als um 1450 eine vernichtende Katastrophe über Kato Zakros hereinbrach. Wahrscheinlich ist diese Erklärung indes nicht, denn es haben sich am Ort — ähnlich wie im Palast von KNOSSOS — viele Anzeichen und Zeugnisse einer handwerklichen und auch künstlerischen Tätigkeit gefunden. Die meisten dieser Zeugnisse kamen im Südflügel des Palastes in Räumen zutage, die durch den Befund als „Werkstätten" bezeichnet werden konnten (Abb. 20).

Viel ungewöhnlicher als die sechs Bronzebarren in ihrer typischen, auch von anderen minoischen Fundstätten (vor allem HAGIA TRIADA) bekannten Form des ausgespannten Tierfells und die Überreste von Schmelzöfen, die eine Bronzeverarbeitung am Ort sichern, ist

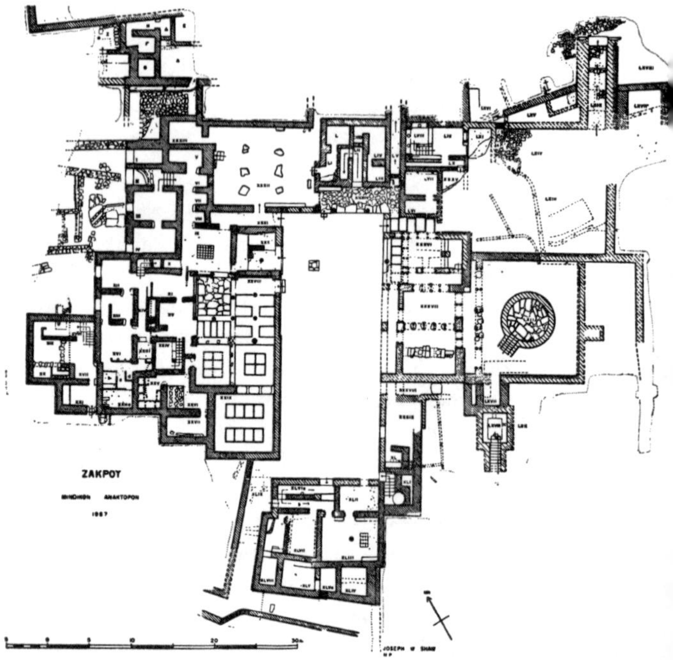

20. Grundriß des Palastes von Kato Zakros. Stand von 1967 (Zentralhof ca. 28,5 × 12 m)

der Fund eines großen Stückes Bergkristall in einem der Werkstatträume. Aus Bergkristall fanden sich nämlich nicht nur in den Werkstätten selbst kleine Gegenstände, die von einer hervorragenden Beherrschung der Technik im Umgang mit diesem Material Kunde geben, sondern vor allem ein jetzt über 300 Fragmenten zusammengesetztes Gefäß, das zu den kostbarsten und auch schon bekanntesten Funden aus der sog. Schatzkammer des Palastes gehört (Abb. 21). Der Körper dieses erstaunlich dünnwandigen Gefäßes hat die Form eines langgezogenen, am spitzen unteren Ende durchbohrten Eies. Dort, wo die elegant geschwungene, für sich gearbeitete Mün-

21. Rhyton (Ausgußgefäß) aus Bergkristall. „Schatzkammer“ des Palastes von Kato Zakros. Museum Heraklion. Um 1500 v. Chr. H = 16,5 cm

22 a—b. *Ursprünglich vergoldetes Rhyton (Ausgußgefäß) aus Chlorit mit Reliefdarstellung. Kato Zakros. Museum Heraklion. Um 1500 v. Chr. H = 31 cm*

dung aus dem Gefäßkörper herauswächst, liegt (beweglich) ein wulstiger Kranz. Er besteht aus vielen Kristallgliedern, die durch schmale, quergeriefte Elfenbeinscheiben mit aufgelegtem Gold miteinander verbunden sind. Der reizvollste Teil des ganzen Gefäßes ist der aus vierzehn auf einem Bronzedraht aufgezogenen (und durch dessen Oxydation heute grünlich verfärbten) Kristallkugeln bestehende Henkel, der unten mit einer gerieften „Spule" am Gefäßkörper befestigt ist.

Dieses Gefäß hätte jeder Schatzkammer eines Fürsten der Barockzeit zur Ehre gereicht. Doch unterschied es sich dadurch vom reinen Prunk scheinbar entsprechender Schaustücke, daß es einem kultischen Zweck gedient hat. Durch das erwähnte Loch im spitzen Ende sollte der flüssige Inhalt an einer geweihten Stätte ausfließen. Es sind auf Kreta so viele und verschiedenartige „Rhyta" minoischer Zeit in den Siedlungen und Palästen aber auch als Grabbeigaben gefunden worden, daß sie wohl als Teil des privaten Kultgerätes zu verstehen sind. Das Loch, aus dem die Spende fließen sollte, konnte an den verschiedensten Stellen des Rhytons sein. Nur bei den kugel-, ei- oder trichterförmigen Ausgußgefäßen war es unten in der Mitte. Bei den Rhyta in Stierkopfform z. B. war es sinnvollerweise im Maul des Tieres.

So auch bei dem prachtvollen, leider nicht ganz vollständig erhaltenen Stierkopf-Rhyton aus Chlorit, das im Palast ebenfalls außerhalb der Schatzkammer gefunden worden ist. Nächstverwandt dem etwas größeren Stierkopfrhyton aus dem „Kleinen Palast" in Knossos, gehört dieser Kopf mit den heute wieder ergänzten vergoldeten Hörnern und den einst aus verschiedenen Materialien eingelegten Augen zu den bewundernswertesten Leistungen der minoischen Kunst.

Wiederum nicht in der Schatzkammer, sondern — weit verstreut — im Bereiche des Palastes fanden die

Ausgräber von Kato Zakros ein anderes Rhyton aus demselben unterschiedlich verfärbten Chlorit (Abb. 22). Seine Form ist im Prinzip die gleiche wie die des kleineren Kristallrhytons. Bis auf den ganz verlorenen Henkel ist das Gefäß erstaunlich gut erhalten; ja an einigen Stellen haben sich sogar noch deutliche Spuren von dem Blattgold erhalten, mit dem ursprünglich das ganze Gefäß überzogen war. Was den einzigartigen Wert dieses Fundes ausmacht, ist die Reliefdarstellung. Sie zeigt auf der einen Hälfte minoische Architekturformen: verschieden gestaffelte Mauern, Säulen, bzw. Pfeiler, verschieden große „Horns of Consecration", einen kleinen Altar in einer Form, wie sie jetzt auch von vier Originalen (im Palast von Archanes) bekannt ist, und oben in der Mitte eine mit Spiralmustern verzierte „Kultfassade", auf der zwei und zwei Steinböcke — jeder in einer etwas anderen Stellung — einander gegenüberliegen, flankiert noch von einem fliegenden und einem sitzenden Vogel. Kunstvoll ist überhaupt der Ausgleich zwischen Symmetrien und Asymmetrien, ein ureigenes Vermögen der minoischen Kunst! Auf der anderen Seite des Rhytons sind im wildgezackten bergigen Gelände prächtige springende Steinböcke dargestellt. Alles in allem zeigt das Relief dieses Gefäßes ein wohlüberlegtes, mit höchster künstlerischer Disziplin gestaltetes Bildprogramm, dessen Bezug zum Kult eines minoischen Bergheiligtums unmißverständlich festgehalten ist. Sich dieses Gefäß im alten Goldglanz zu vergegenwärtigen, reicht unser Vorstellungsvermögen kaum aus.

Wie der Ausgräber meint, wurde dieses Rhyton ebenso wie das Stierkopfgefäß eigentlich in der „Schatzkammer" aufgehoben. Die Naturkatastrophe, die Kreta und auch besonders dessen Ostküste in der Mitte des 15. Jahrhunderts getroffen hat, habe die Bewohner nur überrascht. Die eigenartige Tatsache, daß die einzelnen

Fragmente des Reliefrhytons fast über den ganzen Palast zerstreut gefunden wurden, möchte *N. Platon* sogar mit einer explosionsartigen Wirkung dieser Zerstörung erklären. Hierin zustimmen zu können, ist die Zeit noch nicht gekommen. Die Entscheidung wird dabei wahrscheinlich mehr von den vulkanologischen Untersuchungen auf der Insel Thera als von archäologischen Beobachtungen in Kato Zakros bestimmt werden.

Wo und wie aber wurde die „Schatzkammer" des Palastes von Kato Zakros gefunden?

Ähnlich wie die „Temple Repositories" im Palast von Knossos hat man auch diese „Schatzkammer" in der Nähe eines vermutlichen Heiligtums aufgedeckt. Anscheinend war der fensterlose Raum schwerer zugänglich als die „Temple Repositories". An Stelle der eingetieften Steinkisten in Knossos waren in Kato Zakros an die Wände des Raumes acht ca. 1 m hohe rechteckige Behälter aus Ton gebaut, wie man sie ähnlich auch als feste Vorratskisten etwa aus der Villa von Nirou Chani kennt. Die Tonwände dieser Kisten sind von der Last der heruntergebrochenen Massen eingestürzt, konnten aber leicht wieder soweit ergänzt werden, daß der Besucher heute eine Vorstellung vom einstigen Aussehen dieser „Schatzkammer" erhält. Die Tonvasen und die zahlreichen, aus den verschiedenartigsten kostbar geäderten oder gefleckten Steinen gearbeiteten Gefäße und Lampen, die Bronzegeräte, die große, mit stilisierten Lilien ziselierte und eine zweite unverzierte bronzene Kultaxt (in der Art der auf dem Sarkophag von Hagia Triada dargestellten; vgl. S. 69 ff.), die schönen, zweifellos kultisch verwendeten Steinhämmer und alle anderen Gegenstände aus Fayence (Argonaut), Elfenbein (Schmetterling) und Kristall, die zum Teil vielleicht Holzkästchen verziert haben, sind durch Photographien und Zeichnungen so gut in ihrer Fundlage festgehalten, daß man mit einiger Sicherheit feststellen kann, welche Gegenstände in welche der tönernen Kisten gehört haben.

Mit einer Schatzkammer der Barockzeit hat die von Kato Zakros also allein den kostbaren Inhalt gemein, als Raum ist sie ein ganz einfaches, offenbar nur besonders sicheres Depot gewesen. Die hier aufbewahrten Gegenstände waren kaum für den Export in nicht minoische Teile der Mittelmeerwelt bestimmt; handelt es sich doch fast ausschließlich um Dinge (über 20 steinerne Rhyta verschiedener Form, Kultäxte, Kulthämmer usw.), die nur im minoischen Kult verwendet worden sind. Ja, es fanden sich in der „Schatzkammer" sogar Steingefäße ägyptischer Provenienz, deren eines von einem minoischen Künstler durch Hinzufügen von Ausguß und Henkel verändert und so erst den eigenen Bedürfnissen angepaßt worden ist.

Eine wichtige Frage aber ist es, wo dieser Künstler und überhaupt alle diejenigen gearbeitet haben, deren Erzeugnisse in der „Schatzkammer" und auch sonst über den Palast zerstreut gefunden worden sind. Bei dieser Frage muß man selbstverständlich von denjenigen Funden ausgehen, zu denen es technisch und stilistisch verwandte Beispiele auch von anderen kretischen Fundorten gibt. Wir meinen etwa das prächtige Stierkopfrhyton mit der Parallele aus Knossos und das große Reliefrhyton mit verwandten Beispielen wiederum in Knossos aber auch in Hagia Triada (S. 170 ff.). Weiterhin sind unter den Steingefäßen von Kato Zakros solche, für die es Vergleichbares bis hin zu den Schachtgräberfunden von Mykene gibt, Steinhämmer mit Parallelen wiederum von mehreren kretischen Fundplätzen, Fayencefunde, die sich mit knossischen vergleichen lassen und nicht zuletzt Funde bemalter Keramik, die entsprechenden Beispielen aus Palaikastro, Gournia und Knossos gleichen.

Hinsichtlich solcher Werkstattzusammenhänge und der

vermutlichen Heimat der einzelnen Werkstätten ist sich die Forschung aber leider noch nicht sicher genug. Die englischen Archäologen tendieren dahin, möglichst viele Werkstätten verschiedenster Kunstzweige in Knossos anzunehmen. Der Ausgräber von Kato Zakros glaubt indes, wie oben schon angedeutet, daß die von ihm gefundenen Zeugnisse von Rohmaterialien und Werkzeugen für eine reiche Tätigkeit an diesem Ort sprechen. Für ihn ist auch das Rhyton mit den Wildziegen und dem Bergheiligtum, das zweifellos zu den schönsten Werken der minoischen Kunst gehört, nicht nur unmittelbar auf einen Bergkult bei Kato Zakros bezogen, sondern auch im Palast gemacht. Das eleganteste der in Kato Zakros gefundenen bemalten Tongefäße, eine Kanne, deren Form sich mit der Geschmeidigkeit menschlicher Körper in der minoischen Kunst vergleichen läßt, ist nach *N. Platons* Meinung ebenfalls an Ort und Stelle geformt und bemalt worden. Deshalb glaubt er auch, daß die in Marseille aufbewahrte „Schwester" dieser Kanne von Kato Zakros aus an ihren Fundort in Ägypten gelangt ist.

Knossos oder Kato Zakros ist wohl tatsächlich in den meisten Fällen die Alternative für die Herkunft der Funde, die in Kato Zakros ausgegraben worden sind. Von der Entscheidung dieser Frage hängt aufs Ganze gesehen sehr viel ab, weil sie wesentlich zur Klärung des Verhältnisses zwischen der bedeutendsten Stadt des minoischen Kreta und diesem ideal gelegenen — wenn auch nicht einzigen — Hafen an der kretischen Ostküste beitragen kann. Wie weit waren Stadt und Palast in Kato Zakros von Knossos abhängig? Die Frage ist freilich allein von Kato Zakros aus und von den dortigen Funden her nicht zu lösen, sondern nur im Hinblick auf die ganze Insel mit allen Siedlungen, Häfen, Palästen, Villen und sonstigen Stützpunkten.

Aus der geringen Entfernung zwischen Kato Zakros und der minoischen Hafenstadt Palaikastro darf man auf einen engen Kontakt zwischen diesen beiden Städten schließen. Von der nördlicheren der beiden Städte ist durch englische Archäologen bisher nur ein kleiner Teil und kein Palast ausgegraben worden. Die Stadt muß aber, nach diesen Resten und ihrer Lage in der dort weiten Küstenebene zu urteilen, viel größer gewesen sein als Kato Zakros. Auch ist sie nach der katastrophalen Zerstörung um 1450 wieder besiedelt worden, während Kato Zakros seine Bedeutung als Palastzentrum verloren und nur im Stadtgebiet ganz vereinzelte jüngere Zeugnisse bewahrt hat. Da auch Palaikastro trotz seines fruchtbaren Hinterlandes in erster Linie auf Handel angewiesen war, wird es zwischen beiden Städten Vereinbarungen hinsichtlich der wichtigsten Export- und Importgüter gegeben haben. Die Breite des Exportangebotes war groß: Öl, Wein, Honig, Wachs, Pflanzenextrakte, Harz und vor allem Holz (Zedern). Die reichen Vorkommen begehrten Holzes auf Kreta waren in Ägypten wohl bekannt. Von üppiger Holzverwendung auf Kreta selbst — vor allem in den Palästen — zeugt außer der Bauweise (Fachwerk) der Fund von zehn großen Holzsägen allein in Kato Zakros. Als Importgüter haben wir Elfenbein aus Syrien und Bronze (Barren) aus Cypern bereits erwähnt. Ein Archiv mit Tontafeln in der bisher noch nicht entzifferten Linear-A-Schrift wurde im Westflügel des Palastes von Kato Zakros nachgewiesen. Sicherlich war auch dieses Archiv auf Waren und auf den Handel bezogen.

Die Funde von Kato Zakros zeigen aber, daß der dortige Palast nicht nur die Basis eines lebhaften Handels mit Ost und Süd gewesen ist, sondern auch ein wichtiges Zentrum handwerklicher Tätigkeit. Hier wurde vielleicht sogar mehr und vielseitiger gearbeitet als in den anderen, größeren Palästen Kretas. Als Arbeitsplätze dienten dazu außer den vom Ausgräber als „workshop unit of the south wing“ bezeichneten ebenerdigen Räumen auch solche im Unter- und Obergeschoß des Westflügels. Die Tätigkeit im Oberstock konnte aus herabgefallenen Werkzeugen und Materialien erschlossen werden. Ein wichtiges im Palast betriebenes Gewerbe, von dem hier noch nicht die Rede war, muß das textile gewesen sein. Außer Spinnwirteln legen von ihm auch die im Palast gefundenen Purpurschnecken Zeugnis ab.

Wie das Handwerk, so ließ sich auch die Küche im Palast von Kato Zakros (Nordtrakt) mit allen möglichen Töpfen und Herden gut und eindeutig fassen. Die Anlage dieser Küche und anderer zum Kochen verwendeter Räume hier noch aufzuführen, würde zu weit gehen. Auch manche für das Leben in diesem Palast noch wichtigere Einrichtungen, wie die „Hall of Ceremonies“ und die „Banquet-Hall“ oder die „Hall of Cistern“ und das „Spring-Chamber“, müssen wir hier übergehen. Auf die Stadt Kato Zakros, deren ansehnliche Häuser — wie ein Blick auf den Plan (Abb. 20) zeigt — vor allem mit dem Nordteil des Palastes aufs engste verflochten sind, kann gleichfalls, ebenso wie auf die Gräber im „Tal der Toten“ nur noch einmal mit dem ausdrücklichen Ziel hingewiesen werden, daß man den Palast von Kato Zakros doch keinesfalls für sich allein betrachten möge. Der unlösliche Zusammenhang zwischen Palast, Stadt und Nekropole ist in Kato Zakros für den Besucher sogar besser zu übersehen als in Knossos, Malia oder Phaistos.

FUNDE DER AMERIKANISCHEN GRABUNGEN AM GOLF VON MIRABELLO (Abb. 23—28).

Nur GOURNIA, dessen Blütezeit mit der von KATO ZAKROS zusammenfällt, zeigt die Zusammengehörigkeit von Stadt und Palast mit gleicher Deutlichkeit. Die topographische Situation ist dort allerdings umgekehrt wie in KATO ZAKROS: Der Palast wird von der Stadt nicht wie die Orchestra eines griechischen Theaters von den Sitzreihen der Cavea umgeben, sondern er selbst liegt mitten auf einem Höhenzug, und die Stadt steigt zu ihm an (Abb. 23). Ob man den Palast dort nach dem Vorbild der Ausgräber als solchen bezeichnen will oder nur als das Verwaltungszentrum der kleinen Stadt, das ist nicht so wichtig wie die Tatsache, daß es die repräsentativsten, zu einer Einheit verbundenen Gebäude der Stadt sind, die (hier nur auf einer Seite) an einem rechteckigen Hof im Zentrum der Stadt liegen und mit großen Räumen und Magazinen (Pithoi) ganz offensichtlich eine entsprechende Funktion hatten wie die größeren und großen um einen Zentralhof angeordneten Paläste. Der Plan (Abb 23) zeigt, daß die Siedlung nicht ganz ausgegraben worden ist. Von den Häusern auf der höchsten Erhebung waren ohnehin nur noch wenige Reste erhalten. Bestattungen fanden sich u. a. in früh- und mittelminoischen Felskammergräbern außerhalb der Siedlung.

Die amerikanischen Archäologen Mrs. *Harries Boyd-Hawes, R. B. Seager* und Miss *Edith H. Hall,* alle von

23. Grundriß der ausgegrabenen Teile der Stadt Gournia

der Pennsylvania-Universität, haben zwischen 1901 und 1907 außer Gournia auch noch frühe Gebäude in Vasiliki und einen Teil der minoischen Siedlung auf der Insel Psira freigelegt und dabei höchst wichtige und auch schöne Funde gemacht. Die Ergebnisse ihrer Arbeit haben sie schon 1908 in einer stattlichen Publikation vorgelegt[21]. Von 1910 bis 1913 folgten weitere Untersuchungen im gleichen Bereich. Das an einem Berghang gelegene Grabungshaus dieser Forscher fällt noch heute jedem auf, der am Mirabello-Golf durch den kleinen Ort Pachyammos fährt.

Ein schönes Denkmal hat sich der frühverstorbene *Richard B. Seager* durch seine in einer eigenen Publikation veröffentlichten Grabungen auf der kleinen Insel Mochlos gesetzt[22]. Vor der eingangs erwähnten Küstenverlagerung Kretas (S. 8) war Mochlos als Halbinsel durch einen natürlichen Steg mit dem Festland verbunden. Von den heute zum Teil unter dem Meeresspiegel liegenden frühminoischen bis römischen Siedlungen konnte der Ausgräber nur Teile freilegen. Um so reicher waren die Funde in der Nekropole auf der Insel. Die aus jeweils mindestens zwei Kammern bestehenden Grabhäuschen, zu denen es Parallelen in Palaikastro (S. 86) gibt, sind an den steilen Felsabhang gebaut.

Aus den Funden der amerikanischen Grabungen an dem landschaftlich schönsten Golf der ganzen kretischen Küste sollen im folgenden einige herausgegriffen werden: Von Abbildungen bekannt ist ein in der Nekropole von Gournia gefundener wannenförmiger Sarkophag des 14. Jahrhunderts v. Chr. (obere Länge = 117 cm), auf dem Rinder in einer naiven, für den modernen Betrachter aber durchaus reizvollen Weise dargestellt sind (Abb. 24). Es gibt inzwischen eine ganze Reihe ähnlich bemalter Sarkophage aus Kreta. Einer davon — unweit von Gournia gefunden und wahrscheinlich von demselben Maler verziert — ist die Hauptsehenswürdigkeit des kleinen Museums von Hierapetra an der Südküste der Insel. Eine ganze Reihe vergleichbarer, in der Qualität teilweise auch besserer Sarkophage aus dem westlichen Kreta sind in den Museen von Chania und Rethymnon zu sehen. Diese Beispiele zeigen freilich alle den mit einem dachförmigen Deckel geschlossenen Truhensarkophag. Der Wannensarkophag war jüngst Anlaß zu der Vermutung, daß es sich auch bei der im „Badezimmer der Königin" in KNOSSOS gefundenen bemalten Tonwanne um einen Sarkophag handeln könnte. Dem ist zu entgegnen, daß Wannen durch die Jahrtausende sowohl als Badewannen wie auch als Sarkophage benutzt worden sind. Kostbare Porphyrwannen aus römischen Thermen schmücken als Brunnenschöpfungen der Renaissance römische Plätze (Piazza Farnese). Doch auch den wannenförmigen Sarkophag hat es im klassischen Griechenland, im kaiserzeitlichen Rom und auch später immer wieder gegeben. Es ist mit den Wannen- wie mit den Truhensarkophagen: Beide Formen sind zunächst nicht für den toten Körper bestimmt, sondern die eine — als Holztruhe — für Wäsche und Geräte, die andere für Wasser.

Im minoischen Kreta hat die Wasserwanne für den Toten freilich auch noch eine tiefere als nur die rein praktische Bedeutung gehabt. Das Wasser, das Meer und seine Bewohner, vor allem die vielarmigen Oktopoden und Argonauten (Nautili) haben neben Stier und Doppelaxt einen ernsten religiösen Sinn gehabt, einen Sinn, der für Lebende und Tote gleichermaßen gültig war. Bei vielen Wannensarkophagen sind im Inneren Wellen und Fische wiedergegeben. Unser Sarkophag aus GOURNIA zeigt auch außen neben den Vierfüßlern (Kuh, Kälbchen, Kalb) den Oktopus. Auf den Schmalseiten des Sarkophags hat dieses Tier mit den symmetrisch angeordneten Wellenlinien der Fangarme eine Form angenommen, die zunächst neben den anscheinend rein naiven Rinderdarstellungen wie ein wohlüberlegtes abstraktes Ornament wirken mag. Wie die eigenartige, unmotivierte „Zunge" mitten zwischen den Hörnern der Kuh oder die kreisrunden Augen und die winkeligen Beine zeigen, steht die Darstellung der Vierbeiner tatsächlich auf der gleichen Stufe geometrisierender Vereinfachung wie der Oktopus, der freilich in der letzten Phase der kretisch-minoischen wie der festländisch-mykenischen Kunst doch noch bis zur Unkenntlichkeit abstrahiert worden ist.

Eines der eindrucksvollsten unter den zahlreichen Oktopus-Bildern der sog. naturalistischen Epoche der minoischen Kunst (Ende 16. und erste Hälfte 15. Jahrhundert v. Chr.) ist gleichfalls bei den amerikanischen Grabungen in Gournia zutage gekommen: der Oktopus auf der 19,2 cm hohen „Bügelhenkelkanne" Abb. 25. Der tüllenförmige Ausguß des weit ausladenden, „geduckten" Gefäßes ist aus dem Zentrum etwas nach vorn gerückt, um dort dem dreiteiligen „Bügelhenkel" Platz zu machen. Den Körper des Oktopus hat der Vasenmaler mit dem Kopf nach unten, schräg (diagonal) unter der Mündung (auf der gegenüberliegenden Seite nur teilweise erhalten und falsch ergänzt) dargestellt. Die Fangarme umspielen den bauchigen Gefäßkörper in einer „heimlichen" Ordnung wie einen runden Stein. Nicht eine vorüberhuschende Bewegung — wie früher einmal gesagt wurde — ist hier eingefangen (schwimmend hat der Oktopus ja ein gänzlich anderes, raketenartiges Aussehen), sondern eine ganz eigentümlich kretische „Bewegung in der Ruhe". Es ist die Bewegung des leisen Wellenschlages, der die Fangarme ebenso zu folgen scheinen wie die zwischen ihnen gezeigten Seefedern, Algen usw.

Die Entstehung des Oktopusbildes läßt sich in der minoischen Vasenmalerei aus Vorstufen der Kamares-Keramik (S. 150) verfolgen, die zunächst noch mehr pflanzlichen als tierischen Charakter hatten. Der Bügelhenkelkanne aus Gournia sind Gefäße und Fragmente aus Palaikastro und Knossos geschwisterlich verwandt, so daß man an eine gemeinsame Herkunft dieser Beispiele — wahrscheinlich aus Knossos — glaubt. Der

24. Tönerner Wannensarkophag aus Gournia. Museum Heraklion. 14. Jh. v. Chr. Länge = 117 cm

25. „Bügelhenkelkanne" mit Oktopusornament aus Gournia. Museum Heraklion. Um 1480 v. Chr. H = 19,2 cm

Stil dieser Vasenbilder wird „Meeresstil" genannt. Außer dem Oktopus zeigt er auch den Argonauten in der gleichen Meeresumgebung (vgl. die schönen Kannen aus KATO ZAKROS und in Marseille, S. 85).

Doch auch Fische erscheinen gelegentlich — sogar schon früh — in der Vasenmalerei[23]. Vielleicht ist es kein Zufall, daß die schönsten und lebendigsten Delphindarstellungen auf hohen, vierhenkeligen Pithoi gleichfalls am Mirabello-Golf (PACHYAMMOS) gefunden worden sind[24]. Diese Gefäße kamen kaum von KNOSSOS dorthin, sondern sind wohl an Ort und Stelle gemacht und bemalt worden. Sie sind auch älter als der eigentliche „Meeresstil" und stehen in einem engen Zusammenhang mit der gleichzeitigen Freskomalerei. Bei den amerikanischen Ausgrabungen auf der heute karstigen Insel PSIRA („Laus") im Mirabello-Golf wurden in Hausruinen der Hafensiedlung Reste nicht nur von Fresken, sondern sogar von Stuckreliefs gefunden, wie sie sonst nur aus dem Palast von KNOSSOS bekannt sind. Von anderen Funden aus dieser wohlhabenden Siedlung kennt man aus Abbildungen drei mit Stierköpfen und Doppeläxten, bzw. mit Spiralnetzen schön bemalte Pithoi, tönerne Spendegefäße in Stierform oder ein schlankes Tonrhyton, auf dem Fische in einem stilisierten Netz dargestellt sind. Auch Steingefäße von höchster Qualität haben die amerikanischen Archäologen auf PSIRA gefunden. Sie stammen aus der Blütezeit dieser Insel, die im 16. und frühen 15. Jahrhundert v. Chr. einen lebhaften Anteil am minoischen Handel hatte.

Die Blütezeit der sehr viel kleineren Nachbarinsel (einstigen Halbinsel) MOCHLOS ging der von PSIRA um Jahrhunderte voraus. Es war die mittlere und späte frühminoische Periode (etwa 2400 bis 2000 v. Chr.). Die fundreichen kleinen Hausgräber, die *R. B. Seager* auf der Insel freigelegt hat, sind dort — wie schon gesagt —

noch heute gut erkennbar. Bedeutender als die vielen Schmuckstücke aus feinem Goldblech, Kristall und bunten Steinen sind die 130 Steingefäße aus dieser Nekropole. Nach Größe, Steinmaterial und Gefäßtypen sind diese leicht von den oben erwähnten Steingefäßen und Lampen aus Psira zu unterscheiden. Nicht schwere und große Rhyta aus buntgewürfeltem Konglomerat oder massige Lampen aus gesprenkeltem Serpentin, sondern kleine Näpfe, verschiedene kleine und größere, flache und höhere Schalen mit oder ohne Henkel, auch mit einem Ausguß, kleine Kelche, Kellen, Miniaturamphoren oder Kannen aus Kalkstein, Marmor, Alabaster, Breccia und Steatit zeigen ein reiches und buntes Spiel mit der jeweiligen Steinmaserung. Dicht gesprenkelte Beispiele und unregelmäßig gefleckte (marmorierte) stehen hinter solchen Gefäßen zurück, bei denen die Maserung ganz bewußt zur farbigen Rhythmisierung der Oberfläche benutzt worden ist. Besonders gern sind die gerade verlaufenden Schichtungslinien vom Steintöpfer so geschnitten worden, daß sie ein oder mehrere horizontale Streifen (Bänder) ergaben. Daneben sind Gefäße mit reizvoll unregelmäßigen farbigen Wellenlinien und auch solche mit schrägem Schichtenverlauf gefunden worden.

Der Fund eines besonderen Steingefäßes muß nun aber eigens hervorgehoben werden: ein kreisrunder Deckel von 12 cm Durchmesser aus schiefergrauem Chlorit (Abb. 26). Als Griff dieses Deckels, dessen Oberseite mit eingravierten geometrischen Strichmustern verziert ist, diente die plastische Darstellung eines aus demselben Stück Stein geformten Hundes. Trotz der vereinfachenden, summarischen Wiedergabe des Tieres zeugt diese Darstellung doch zugleich von einer nicht genug zu bewundernden Beobachtung und künstlerischen Einfühlung. Nicht zu viel und nicht zu wenig ist wiedergegeben in der Haltung dieses wohlig faul und mit dem leicht erhobenen Kopf dennoch wachsam daliegenden Hundes. Bewundernswert ist aber nicht nur die großzügige Erfassung des lebensnahen Zustandes, der doch in der Tat schon viel von dem rund 800 Jahre jüngeren Oktopus auf der Bügelhenkelkanne aus GOURNIA vorwegnimmt, sondern auch die Komposition, d. h. das Verhältnis des Hundes zum Deckel. Der rechte Winkel, den das Tier in der Aufsicht bildet, ist durch seine Lage mit dem nach oben etwas verschobenen Gesäß und mit der halbkreisförmigen Kurve des Schwanzes ungemein sicher auf das Rund des Deckels abgestimmt.

Wie die Löcher im Deckel zeigen, konnte dieser durch eine Schnur mit der einst zugehörigen kleinen Pyxis fest verbunden werden. Vollständig erhalten ist eine entsprechende Deckelpyxis aus KATO ZAKROS. Sie wurde dort in einem der frühen Höhlengräber in der Nähe des Palastes ausgegraben. Ein dritter ähnlicher Deckel ist in HAGIA TRIADA (S. 128 ff.) gefunden worden. Alle diese Beispiele gehören der zweiten frühminoischen Periode, d. h. der Blütezeit von MOCHLOS an (um 2400 v. Chr.).

Ein fleckig marmorierter „Eierbecher" soll den Blick von Mochlos zum frühminoischen Fundplatz bei VASILIKI lenken. Diese gleichfalls wohlhabende Siedlung mit besonders großzügigen Hausanlagen hatte am nördlichen Eingang in den ISTHMOS VON HIERAPETRA (kürzeste Verbindung von der Nord- zur Südküste Kretas) auf einer niedrigen, von einem kleinen Fluß geschützen Anhöhe eine sehr günstige Lage. Außer den für die frühe kretische Haus- und Siedlungsform wichtigen Mauern (Steinsockel mit Lehmziegel-Fachwerkaufbau und zementhartem, rötlichem Stuck), Treppen, Straßen und Plätzen fanden die amerikanischen Ausgräber dort auch eine ganz eigenartige, sonst nirgends so zahlreich zutage gekommene Keramik, die nach diesem Fundort „Vasiliki-Keramik" heißt. Die schönsten Beispiele füllen eine eigene Vitrine im ersten Saal des Museums von HERAKLION (Abb. 27). Hauptformen sind Kannen, solche mit eiförmigem Körper und hochgereckter, schnabelförmiger Mündung, sowie andere, niedrigere mit einer weiten Öffnung und einem langen, fast waagerecht geführten Ausguß („Teekannen").

Unter den kleinen Gefäßen aber sind die „Eierbecher" beliebt gewesen, von denen auf Abb. 28 ein Beispiel neben einem ganz ähnlich geflammten, nur etwas kleineren Marmorbecher aus MOCHLOS zu sehen ist. Auf der Schwarzweißabbildung sind diese beiden Becher in Form und Dekor einander so ähnlich, daß man sich kaum entscheiden möchte, welcher aus Marmor und welcher aus Ton besteht. Tatsächlich aber sind die Farben anders: Auf dem Marmorgefäß ist der helle Farbton grauweiß, auf dem Tonbecher aber rotbraun. Auch der grauschwarze, dunkle Farbton auf der Abbildung ist jeweils von ganz anderer farblicher Substanz. Interessant bleibt jedoch, daß hier „Tontöpfer" und „Steintöpfer" überhaupt miteinander rivalisiert haben. Kostbares Material und ein höchst geduldiger Arbeitsprozeß stehen neben dem einfachsten Material und einer zwar erfinderischen, doch verhältnismäßig einfachen Technik. Diese verwendet — wie das auch heute noch gelegentlich gemacht wird — die erworbenen technischen Errungenschaften zu einem absichtlich zunächst vom Zufall bestimmten Ergebnis. Wie die Steingefäße mit gleichmäßig geordneter Schichtung und „geometrische" Motive in der Keramik zeigen, ist die Neigung zum zufällig Bizarren nur e i n e Möglichkeit und e i n e Etappe gewesen, durch welche die kretische Kunst hindurchgehen mußte. Die „heimliche Ordnung", von der oben im Zusammenhang mit der Darstellung der Oktopusarme im sog. Meeresstil die Rede war, ist ein Resultat aus diesem Prozeß. Wir werden darauf zurückkommen,

26. Deckel einer Chlorit-Büchse aus der Nekropole von Mochlos. Als Griff dient ein liegender Hund. Museum Heraklion. Um 2300 v. Chr. d = 12 cm

27. Zwei „Schnabelkannen" aus Vasiliki. Museum Heraklion. Um 2300 v. Chr. H der größeren Kanne = ca. 30 cm

28. Zwei „Eierbecher"; links aus Ton (Vasiliki), rechts aus Marmor (Mochlos). Museum Heraklion. Um 2300 v. Chr. H des marmornen Bechers = 5,75 cm

wenn von den Funden der Kamares-Keramik die Rede ist (S. 146 ff.).

Die Siedlung bei VASILIKI hat auch noch zu Anfang der mittelminoischen Periode bestanden, um danach aus unbekannten Gründen aufgegeben zu werden. In MOCHLOS ist es dagegen nach einer langen Pause zu einer Nachblüte der Siedlung gekommen, die zeitlich mit dem Aufstieg von PSIRA am Ende der mittelminoischen Epoche (um 1600 v. Chr.) zusammenfiel. Aus diesem Zeitabschnitt muß noch ein ca. 4 cm hohes Tonköpfchen einer einst bemalten weiblichen Tonstatuette angeführt werden, weil es zu den qualitätvollsten Zeugnissen der minoischen Kleinplastik zählt und ebenbürtig neben den gleichzeitigen Fayencestatuetten aus KNOSSOS steht[25]. Verglichen mit älteren Beispielen der Kleinplastik — wie den bekannten Funden vom Gipfelheiligtum PETSOFA bei PALAIKASTRO (S. 86)[26] — veranschaulicht dieses Köpfchen, wie unglaublich schnell die Gestaltung des menschlichen Antlitzes in der minoischen Kunst zu einer kaum noch zu überbietenden Vollkommenheit gereift ist.

Mannigfache Verbindungen ergeben sich von den Funden der amerikanischen Archäologen, die ihre Tätigkeit am Golf von Mirabello nach dem Ersten Weltkrieg nicht weitergeführt haben, zu denen der französischen Ausgräber von MALIA, das an einer ganz flachen Stelle der Nordküste zwischen dem MIRABELLO-GOLF und KNOSSOS liegt.

FUNDE DER FRANZÖSISCHEN GRABUNGEN IN MALIA

Der Palast · Die Prunkaxt von Malia · Goldfunde von Malia · Chrysolakkos und die anderen Begräbnispätze von Malia · Die Stadt Malia und ihr politisches Zentrum

Der Palast (Abb. 29—31)

Außer dem Palast, der in seiner Ausdehnung den Palästen von KNOSSOS und PHAISTOS an dritter Stelle folgt, sind auch in MALIA (MALLIA) stattliche Teile der minoischen Stadt ausgegraben worden. Das Verhältnis zwischen Palast, Stadt und Nekropole bietet sich dem Besucher, der Zeit zu längerem Verweilen und Umherstreifen hat, abermals in wünschenswerter Klarheit und Eindeutigkeit.

Entdeckt wurde zunächst der Palast und zwar von *Joseph Hazzidakis*, einem kretischen Arzt und Archäologen, der als Ephoros der Altertümer zwischen 1909 und 1913 die minoischen Herrenhäuser von TYLISSOS (S. 122 ff.) ausgegraben hat, für Malia aber die Rechte der Ausgrabung der „École Française d'Athènes" übertragen ließ. 1921 haben die Arbeiten der französischen Archäologen unter der Leitung von *Fernand Chapouthier* begonnen. Nach dem Tod dieses Gelehrten (1953) sind die Grabungen bis heute mit vielen wichtigen Funden und Ergebnissen fortgesetzt worden.

Der Palast selbst, der in seiner Anlage auf einen mittelminoischen Vorgänger zurückgeht, unterscheidet sich trotz der Übereinstimmung in den Grundzügen doch im einzelnen auch deutlich von den anderen Palästen. Die französischen Ausgräber haben, wo es nötig war, den Befund konserviert und gelegentlich durch ein

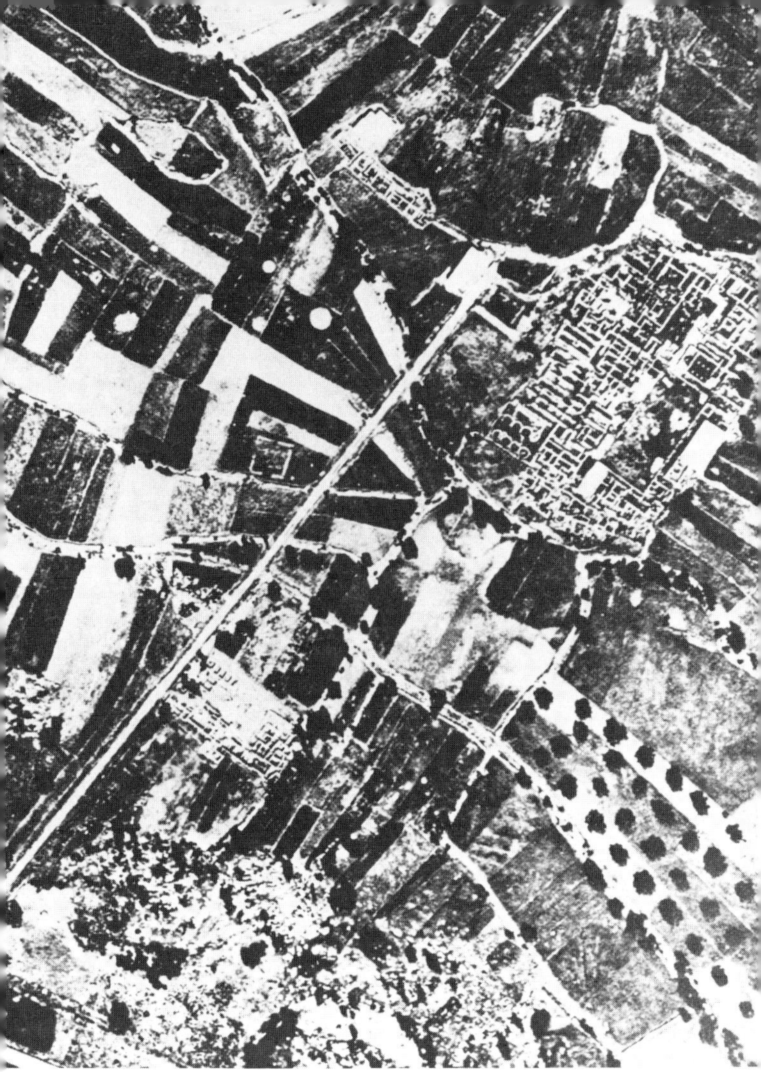

29. Stadtgebiet mit Palast von Malia in Luftaufnahme

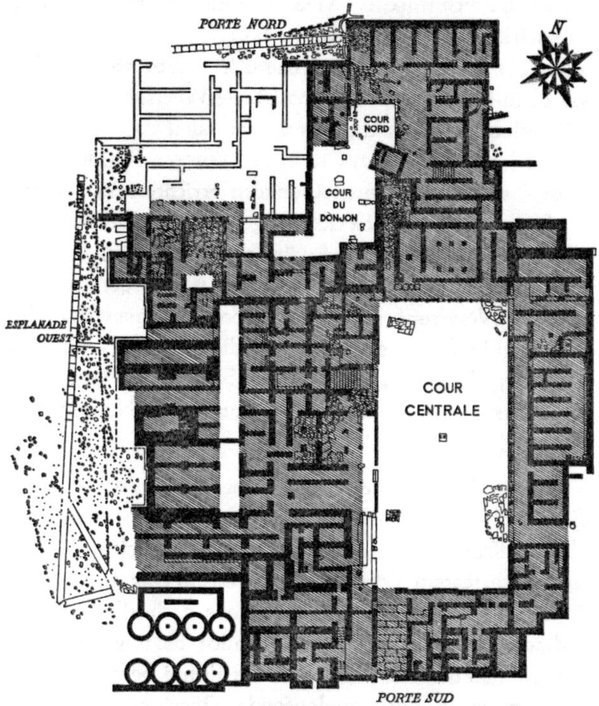

30. Grundriß des Palastes von Malia (Zentralhof ca. 48 × 22 m)

Schutzdach gesichert; Rekonstruktionen, wie in KNOSSOS, haben sie jedoch nirgends vorgenommen. So kann der Besucher zwar Stufen sehen und betreten, die in ein erstes Stockwerk geführt haben, doch in einen Raum dieses „piano nobile", das gewiß auch im Palast von Malia besonders repräsentative Säle und Zimmer hatte, kommt er ebensowenig wie in KATO ZAKROS. Die aufrecht stehenden Mauern und Treppen erheben sich also nur wenig über den flachen Küstenstrich, den sie einst weithin sichtbar beherrscht haben.

Das Labyrinthische, Mäanderförmige der Palastanlage wirkt auf dem Luftbild (Abb. 29) noch eindrucksvoller als im gezeichneten Grundriß (Abb. 30). Ähnlich wie beim Palast von Knossos ist die Westseite durch die bollwerkartig vorgeschobenen, schmalen und dickwandigen Magazine betont. Die in den unteren Schichten aus großen, schön behauenen Quadern errichtete Westfront, durch die Vor- und Rücksprünge dieser Magazine lebhaft gegliedert, wirkt merkwürdig abweisend und streng. Ganz anders der Palast von Phaistos, der an der gleichen Westfront nicht nur einen monumentalen Zugang zum Hof, sondern auch noch die prächtige Freitreppe hat (S. 157 ff). Mit diesem Palast aber teilt der von Malia die Konzentration der Wohnräume im Norden des großen Zentralhofes.

Auf der Ostseite des Hofes haben die Ausgräber von Malia an Stelle von Wohnräumen jenes lange, in viele schmale Kammern unterteilte Magazin freigelegt, in dessen wasserfestem Estrich sie Rinnen und Sammelbecken eingetieft fanden, die nach ihrer, wie nach aller anderen Archäologen Meinung wahrscheinlich dazu gedient haben, die aus den dort aufgestellten Pithoi beim Einfüllen und Abmessen evtl. auslaufende Flüssigkeit (Öl eher als Wein) aufzufangen. Wer sich über diese Deutung lustig macht, weil er sich nicht vorstellen mag, daß die an Öl so reichen Kreter auch noch die kleinen übergelaufenen Mengen auffangen wollten, dem muß man entgegenhalten, daß der Estrich nach Auskunft der Ausgräber ein Reinhalten der Flüssigkeit erlaubt hat, der Aufwand von hier aus gesehen also doch durchaus lohnend war. Aber auch die Absicht, den Fußboden des Raumes durch auslaufendes Öl nicht unsicher zu machen, mag mitgespielt haben. Eine ganz entsprechende Einrichtung wurde nach dem letzten Krieg in der „Crypte Hypostyle" nordwestlich des Palastes gefunden (S. 116 f.).

Wenn im folgenden noch einige der Besonderheiten des Palastes von Malia aufgezählt werden sollen, so können wir gleich mit der schmalen Halle vor dem eben beschriebenen Magazin fortfahren. Diese begrenzt den größten Teil der Ostseite des Zentralhofes. Das Besondere an dieser 34 m langen „Portikus" ist der gleichmäßige Wechsel zwischen Pfeilern und Säulen, die ein Dach bzw. ein über der Halle noch aufgehendes Geschoß getragen haben. Doch nicht nur die runden und die quadratischen Basen der Stützen sind freigelegt worden, sondern auch noch je drei Löcher zwischen den Säulen- und Pfeilerbasen, in denen offenbar Holzgitter befestigt waren. Auch für die minoische Fachwerkbauweise sind die Anhaltspunkte in Malia übrigens besonders reich. Bleiben wir bei der Portikus auf der Ostseite des Hofes, die es ähnlich nur noch in Phaistos gegeben hat (Abb. 57): An ihrem Südende ist ein breiter Durchgang zu erkennen, der die Verbindung mit dem östlich anschließenden Teil der Stadt (Ouartier Z) herstellte.

Anders als auf der Ostseite des Palasthofes und von den anderen kretischen Palästen ganz unbekannt ist die Säulenstellung der Nordseite, von der zehn runde Marmorbasen erhalten sind. Diese zweite Portikus, deren schattenspendende Decke (Dach) also nur von Säulen (nicht auch von Pfeilern) getragen worden ist, hat einst die primär öffentlichen Teile des Palastes von den vermutlich vorwiegend privaten Bezirken im Norden des Hofes getrennt. Die dort zunächst folgende „Salle Hypostyle", die ihren Zugang von der Nordportikus hatte, gehörte freilich mit einem von den erhaltenen Pfeilern und Zwischenwänden getragenen und über eine Treppe vom Untergeschoß aus erreichbaren Saal eher noch zum offiziellen Trakt. Es war dies wahrscheinlich sogar der größte Raum des ganzen Palastes.

Eine Passage führte von der Nordwestecke des Hofes

durch die Nordportikus an der „Salle Hypostyle" vorbei in den Nordhof, von dem man zu dem in seinen Grundmauern gut erhaltenen Nordtor des Palastes gelangen konnte. Dieses stattliche Tor ist nach Westen auf eine gepflasterte Straße bezogen, die zur „Agora", zur „Crypte Hypostyle" und damit in den Bereich des politischen Zentrums der minoischen Stadt Malia führte (s. unten).

Wenden wir uns jetzt noch zwei architektonischen Eigenheiten im Westtrakt des Palastes zu: zunächst dem breiten Korridor, an dem die Magazine liegen. Er unterschied sich nämlich von dem entsprechenden Korridor in Knossos dadurch, daß er keine Decke hatte, sondern nach oben offen war. Außerdem fallen im Plan (Abb. 30) an der Südwestecke des Palastes acht Kreise auf. Die betreffenden gemauerten und einst mit wasserbeständigem Stuck verputzten Rundräume, von denen fünf noch Teile der einstigen Mittelstütze zeigen, werden von den Ausgräbern als „Silos", d. h. (Getreide-) Speicher bezeichnet. Mit den gewölbten und nie in solcher Ordnung angehäuften Gräbern der Etrusker kann man diese Räume nicht verbinden, nur weil hier und dort — jeweils aus statischen Gründen — ein Mittelpfeiler gebraucht worden ist. Die minoischen Rundsilos von Malia hängen vielmehr mit anderen minoischen Rundanlagen zusammen, wie sie unter dem Westhof der Paläste von Knossos und Phaistos freigelegt worden sind. Auch im vorgeschichtlichen Griechenland (Orchomenos) wurden vergleichbare Anlagen gefunden, die sicher keine Gräber, sondern Speicher waren. Eine Steinbüchse aus Melos in der Münchner Antikensammlung zeigt — als gleichzeitige Nachbildung — eine um einen Hof gruppierte Ansammlung entsprechender oder ähnlicher Rundsilos[27].

Daß kretische Rundgräber ganz anders aussahen als die Silos von Malia, erfährt man, wenn man einen Blick in das Buch von *I. Pini* „Beiträge zur minoischen Gräberkunde" wirft. Die neuen Ausgrabungen in ARCHANES (S. 72 ff.) erweitern unsere Kenntnisse noch. Doch auch dort sehen die Rundgräber nach Größe und Konstruktion sowie im Verhältnis zu ihrer Umgebung ganz anders aus.

Heute wird der Besucher des Malia-Palastes auf dem Plan des französischen Führers zunächst an den Silos vorüber, dann durch den alten Haupteingang von Süden her in den Palasthof gelenkt. Dort kann er auf einer Terrasse gleich links hinter dem Eingang einen der bekanntesten Funde von Malia sehen: einen in den plattenbelegten Fußboden tief eingelassenen, sorgsam bearbeiteten und geglätteten r u n d e n K a l k s t e i n, der mit einem Durchmesser von 90 cm etwa die Größe eines Mühlrades hat (Abb. 31). Eine von einem kantigen Ring gesäumte Vertiefung in der Mitte wird von einer breiten aber flachen Rinne umgeben. An der Peripherie finden sich 33 untereinander gleichgroße konkave Vertiefungen, deren dichte Reihe von einer größeren und über die Peripherie auskragenden, doch gleichartigen Mulde unterbrochen wird. Der besondere Platz am Haupteingang des Palastes und die hervorragende Steinmetzarbeit dieses rätselvollen Rundsteines haben von Anfang an eher an eine kultische als eine profane Verwendung denken lassen. *Claire Tiré* und *Henri van Effenterre,* die Verfasser des schon erwähnten „Guide des Fouilles Françaises en Crète" und ausgezeichneten Kenner der minoischen Kultur wollen sich lieber einer anderen, einer profanen Deutung anschließen. Tatsächlich sind nämlich vergleichbare Steine oder Fußbodenplatten mit ähnlich angeordneten, in ihrer Anzahl aber unterschiedlichen Vertiefungen nicht nur in Malia (hier allein 12), sondern auch an anderen kretischen Fundplätzen zutage gekommen — und zwar interessanterweise immer in der Nähe eines Eingangs. Deshalb hat man daran gedacht, daß es sich um eine Art von großen Spielbrettern handelt, die gerade an Hauseingängen zur Unterhaltung von Bewohnern oder Wächtern gedient haben könnten.

Die Sonderstellung des schönen Rundsteines von Malia, so meinen die Autoren des Führers, läßt sich vielleicht aus der besonderen Würde des Platzes am Haupteingang des prächtigen Palastes verstehen und gleichzeitig auch aus der Stellung des dortigen Türhüters. Die Deutung des einstigen Ausgräbers *Fernand Chapouthier* auf einen Opfertisch für verschiedene Feldfrüchte, d. h. auf einen riesigen „Kernos“, wie er später meist aus gebranntem Ton in viel kleinerer und anderer Gestalt etwa im Eleusinischen Kult der Fruchtbarkeitsgöttinnen Demeter und Persephone verwendet worden ist, würde m. E. schon dann zu widerlegen sein, wenn der große und schöne Stein mit den anderen oben erwähnten Beispielen inhaltlich gleichgesetzt werden könnte. Diese sind zum Teil älter und nicht nur ungleich einfacher, teils regelrecht primitiv ausgeführt, sondern die im Kreis angeordneten Vertiefungen sind auch derart flach, daß man in sie kaum Körner oder dergleichen legen könnte. Angesichts desselben Prinzips, der Größe des Ganzen und der Anordnung der Vertiefungen ist die gleiche Verwendung für alle Beispiele aber so gut wie sicher. Ob es also tatsächlich Spielsteine waren? Ein ganz anderer, kleinerer und aus kostbaren Materialien gefertigter Spielstein, aber auch die bekannten Fayence-Plättchen mit aufgemalten Hausfassaden, beides aus dem Palast von Knossos (S. 74), bezeugen ja die Freude der minoischen Kreter an Brettspielen[28].

Der nicht ganz unberechtigte Vorwurf, die Archäologen würden nur allzuschnell und allzugern hinter jedem

31. Rundstein mit 34 Kuhlen am Rand. Im Südwestteil des Palastes von Malia. d = 90 cm

32. Zepterkopf in Form einer Axt mit Vorderteil eines Panthers. Chlorit. Palast von Malia. Museum Heraklion. 17. Jh. v. Chr. Länge = 14,8 cm

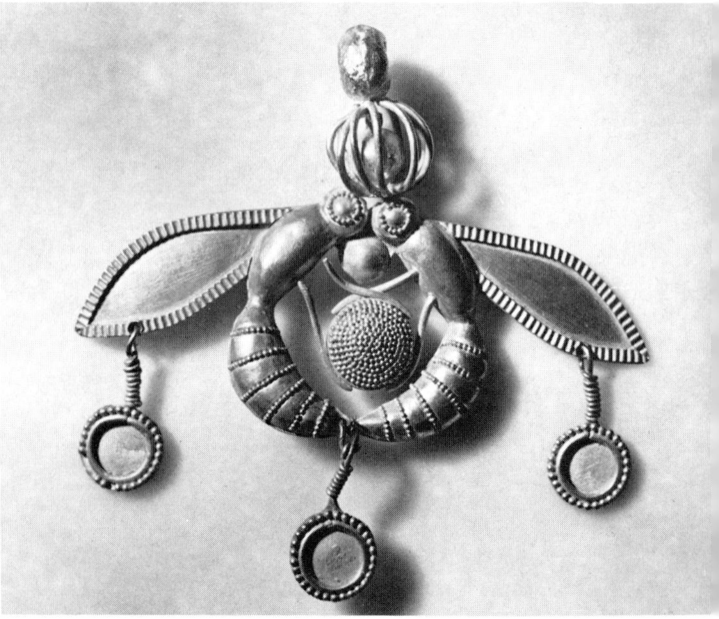

33. Goldener Anhänger mit zwei Bienen. Nekropole von Malia. Museum Heraklion. Um 2000 v. Chr. Von Flügelspitze zu Flügelspitze = 4,7 cm

Fund einen Gegenstand oder eine Aussage antiker Kulte vermuten, trifft auf den bekannten Rundstein am Südeingang des Palastes von Malia heute jedenfalls nicht mehr zu.

Die „monumentale Treppe" neben der kleinen Terrasse mit dem Rundstein und vor allem der modern abgedeckte „Bothros" in der Mitte des Zentralhofes müssen freilich eine offizielle und damit wohl auch kultische Bedeutung gehabt haben. Die Treppe war nämlich eher eine breite Tribüne, wie wir sie von den knossischen Miniaturfresken kennen, als eine in den Oberstock des Westflügels führende echte Treppe. Die eigentliche, schmalere Treppe ist weiter nördlich noch sehr gut erhalten. Bei uns unbekannten Handlungen, aus deren Anlaß wahrscheinlich auch die Tribüne benutzt worden ist, hat eine erst in der zweiten Bauphase des Palastes (nach 1600 v. Chr.) mit einfachen Mitteln gebaute rechteckige Grube („Bothros"), die exakt die Mitte des Hofes bezeichnet, eine gewiß eher kultische als profane Rolle gespielt. Man hat an Stierspiele gedacht (vgl. jedoch S. 61 ff).

Nennenswerte Fresken sind im Palast von Malia nicht gefunden worden. Ob dies ein Zufall der Erhaltung ist? Tatsächlich fanden sich ja auch im Palast von Phaistos fast keine künstlerisch gestalteten Fresken, während der nahe gelegene, viel kleinere Palast von Hagia Triada so hervorragende Zeugnisse der minoischen Freskokunst (S. 164 ff.) geliefert hat. Auch in Kato Zakros wurden bisher nur wenige Reste gefunden und unter den Villen und Landhäusern außerhalb von Knossos sticht ja allein das Haus in Amnissos mit seinem Lilienfresko (S. 119 ff.) heraus. Dieser Befund wirkt besonders befremdlich angesichts der sich bei jeder neuen Kampagne mehrenden Freskofunde in der minoischen Stadt auf Thera.

Von der im Palast von Malia gefundenen Keramik werden meist nur die schönen großen Pithoi abgebildet, deren einige restauriert und sehr eindrucksvoll in den Ruinen des Palastes aufgestellt sind. In Malia gefundene bemalte Keramik ist im Museum von Heraklion, verglichen mit den Gefäßfunden anderer Grabungen, nur spärlich vertreten. Statt dessen bewundert man dort einige andere Kleinfunde der französischen Grabungen.

Die Prunkaxt von Malia (Abb. 32)

Am bekanntesten ist die Axt in Form eines Leoparden. Sie ist im späten 17. Jahrhundert v. Chr. aus grauem Schiefer gefertigt worden und knapp 15 cm lang. Nur der Stiel ist verloren und heute durch einen modernen ersetzt. Das Stielende war am Ansatz der Vorderbeine durch eine bzw. zwei in der Seitenansicht erkennbare Bohrungen zusätzlich gehalten. Vielleicht standen auch die beiden gleichmäßig tropfenförmigen Vertiefungen vor diesem Loch in einem Zusammenhang mit der betreffenden Halterung. Wahrscheinlicher aber waren sie einst, ebenso wie die runde Bohrung in den Augen, eine wiederum tropfenförmige Vertiefung über der Stirne und die anschließende Mittelfurche der Nase für Einlagen aus anderem Material bestimmt (Abb. 32).

Merkwürdig ist ein in Stein eingeritztes Band, das mit Querstreifen versehen vom Nacken kommend gerade dorthin führt, wo der Stiel befestigt war. Es sieht so aus, als sei mit diesem gravierten Band noch ein zusätzlicher Halt für die Axt gemeint. Kaum soll es zur Darstellung des Leoparden selbst gehören. Auch als Trennungslinie zwischen der organischen und der zweckbestimmten Form, zwischen Tier und Axt also, ist es wohl nicht zu verstehen. Am besten erklärt sich dieses Band einfach aus der Dekoration: Dem Spiralrapport, der den größten Teil unserer Axt wie ein Netz überspannt, sollte in Schulterhöhe des Leoparden Einhalt geboten und die Körperpartie, aus der die Bewegung des Tieres kommt, durch eine eigene Richtung des Spiralornaments abgehoben werden. Die Vorderbeine sind ornamental noch in drei weitere Abschnitte gegliedert, deren letzter mit dem auch plastisch deutlich markierten Ansatz der Pranke beginnt. Das breite Band um den Hals meint wohl eine Halsmähne, die kreisrunden Flächen auf Kopf und Tatzen deuten die Fellzeichnung an.

Neben diesen wenigen naturbezogenen Motiven der im übrigen rein ornamentalen Dekoration wirkt die plastische Form unserer Axt erstaunlich lebendig. In diesem Leoparden ist weitergestaltet, was schon viele hundert Jahre zuvor in den Formen des Hundes auf dem Deckel der Pyxis von Mochlos (Abb. 26) Leben gewonnen hat. Großartig ist der Kopf des Tieres mit den aufgerichteten kleinen Ohren, den ein festes Ziel fixierenden Augen, der Nase, dem geschlossenen Maul und allen feinen Hebungen und Senkungen der Konturen! Ganz natürlich bleiben aber auch die Bewegungen des Körpers mit dem geschmeidigen Umriß des Rückens und den im „gestreckten Galopp" weit ausgespannten Vorderbeinen. Und selbst dort, wo die Formen des Körpers zur Klinge der Axt werden, bleibt die Bewegung des Tieres scheinbar noch erhalten. Die Axt besteht nicht aus zwei Teilen, sondern Leopard und Klinge sind zu einer vollkommenen Einheit verschmolzen. An keiner Stelle könnte man einen Einschnitt machen, ohne diese organisch wirkende Einheit zu zerstören. Auch die merkwürdig eigenwillige Ornamentik trägt dazu bei. Ob sie ursprünglich durch eine weiße Inkrustation noch hervorgehoben war, oder ob der Künstler etwa das Ganze mit einem Überzug von dünnem Gold versehen hatte, läßt sich nicht mehr sagen.

Gefunden wurde unsere prächtige Axt im Zentrum des Palastes von Malia in einem Saal, der nach diesem Fund „Saal des Leoparden" heißt. Daß sie einst als Zeichen besonderer Würde verwendet wurde, dürfte außer Frage stehen. Deshalb hat man sie auch als „Zepter" bezeichnet. Auch Goldfunde sind in den Ruinen des Palastes von Malia gemacht worden. Erwähnt sei die scheibenförmige Verkleidung eines Schwertgriffes mit der kunstvollen Reliefdarstellung eines im Kreis gebogenen Jünglings (Akrobaten?) in kretischer Schurztracht[29]. Das betreffende Schwert und ein entsprechendes zweites haben die Ausgräber 1936 im Nordwestteil des Palastes gefunden.

Goldfunde von Malia (Abb. 33)

Goldfunde haben der Nekropole von Malia schon früh ihren Namen gegeben: Chrysolakkos (Goldgrube). Diese Nekropole liegt in dem flachen, felsigen Küstenabschnitt im Norden des Palastes (S. 98). Die meisten Funde sind schon vor Beginn der Ausgrabungen von den Bauern der Gegend gemacht und verkauft worden. Vielleicht gehören die Kostbarkeiten dazu, die mit der Herkunftsangabe „Ägina" ins Britische Museum gelangt sind. Ein goldenes Schmuckstück aus dem beginnenden 2. Jahrtausend v. Chr., das erst bei den französischen Grabungen in dieser Nekropole zutage gekommen ist, wurde inzwischen zu einem modernen Wahrzeichen von Kreta (Abb. 33). Der einst an einer Kette getragene Anhänger mißt von der Flügelspitze der einen zur Flügelspitze der zweiten Biene 5 cm. Die beiden Bienen berühren einander oben mit den Köpfen und unten dort, wo der Stachel sitzt. Ihre Körper bilden auf diese Weise einen Kreis, in dessen Mitte eine granulierte Kugel (konvexe Scheibe) von je zwei Beinen der Tiere in symmetrischer

Ordnung umspannt und gehalten wird. Eine zweite, viel kleinere und ungranulierte Kugel (Scheibe) befindet sich in der Mitte unter den Bienenköpfen. Wie die kreisrunden Köpfe und Augen, aber auch das Weglassen der Hinterbeine zeigen, kam es dem Künstler dieses Schmuckstückes auf eine wirklich getreue Wiedergabe der Natur nicht an. Davon muß man auch ausgehen, wenn man die beiden „Kugeln" zwischen den Bienen erklären will. Ich möchte nicht glauben, daß die Bienen „an einer Honigwabe saugen"[30].

Der Darstellung der glatten kleinen und der granulierten größeren „Kugel" angemessener scheint mir eine Erklärung, die in dem granulierten Element eine Weiselzelle (Königinzelle) und in der kleinen glatten Kugel zwischen den Köpfen einen Tropfen von jenem Weiselfuttersaft sieht, mit dem die Larven der künftigen Königinnen in ihren Zellen ernährt werden. Diese Deutung des formal so vollkommenen Gebildes würde zugleich auch einen tiefen symbolischen Sinn zeigen, einen Sinn, der nicht nur auf die hohe Bedeutung der Biene in der Natur (vgl. etwa die Bienen auf dem Gewand der Ephesischen Artemis) zielt, sondern der dieses Schmuckstück auch, ähnlich wie die goldenen Blumen und Blätter aus den Gräbern von Mochlos oder eine kleine goldene Kröte aus einem der frühen Rundgräber der Mesara (Abb. 41), mit minoischen Vorstellungen vom Kreislauf des Werdens und Vergehens verbindet. War unser Bienenpaar also eine im Leben nie getragene Grabbeigabe?

Eine bereichernde Zutat des Bienenanhängers ist die offene, mit einer klappernden Goldperle gefüllte Kugel zwischen den Köpfen der Bienen und der Öse zum Anhängen des Schmuckes. Dasselbe gilt für die drei Scheiben, die an spiralig gewundenen Filigrandrähten hängen. Von der feinen konzentrisch aufgebrachten Granulation

(Filigran-appliqué) der mittleren Kugel (Königinzellen), der Augen und der Körperringe unterscheiden sich die etwas größeren Körner, die den Rand der drei hängenden, einst vielleicht mit Glaspaste ausgefüllten Scheiben bilden. Die Umrandung der in ihrer Form naturnah wiedergegebenen Flügel ist Treibarbeit. Sie hat also nichts mit der Granulationstechnik zu tun, deren älteste europäischen Zeugnisse eben solche der minoischen Goldschmiedekunst aus dem Anfang des 2. Jahrtausends v. Chr. sind. Erst die etruskischen Goldschmiede haben die altkretischen in dieser später einmal ganz vergessenen Technik noch übertroffen.

Echt minoisch ist bei unserem Schmuckstück die Verbindung von Ruhe und Bewegung, Ordnung und Freiheit. Der geschlossenen Komposition und der Ruhe im gemeinsamen Tun der Bienen steht die Beweglichkeit der angehängten Scheiben und die Bewegung der in ihrem kugelförmigen „Käfig" eingeschlossenen Goldperle gegenüber. Zur Bewegung wäre beim Tragen also auch noch leises Summen gekommen! Deshalb möchte man doch gern annehmen, daß der Bienenanhänger erst einmal von einer vornehmen Bewohnerin des ältesten Palastes in Malia getragen und dann erst der Verstorbenen ins Grab mitgegeben worden ist.

Chrysolakkos und die anderen Begräbnisplätze von Malia

Der Bienenanhänger ist 1930 von den französischen Ausgräbern in dem stattlichsten und interessantesten Teil der Nekropole von Malia gefunden worden. Etwa 500 m nördlich des Palastes liegt dieses „Totenhaus" aus dem Anfang des 2. Jahrtausends v. Chr. Es hat eine rechteckige Umfassungsmauer von 30 x 39 m und ist nur 100 m von der Küste entfernt. In dem felsigen, zerklüfteten Gelände dort sind auf eine weite Strecke hin auch noch viele andersartige Bestattungen der minoischen Epoche festgestellt worden.

Um die aus besonders harten und gut behauenen großen Blöcken gebaute Außenmauer jenes monumentalen „Totenhauses“ lief eine ungefähr 4 m breite, mit Steinplatten gepflasterte Terrasse. Durch die Baugeschichte, die zwei sich überlagernde und überschneidende Perioden erkennen läßt, vor allem aber durch die Grabräuber der Zeit vor den Ausgrabungen ist der Plan der Innenmauern teilweise unübersichtlich geworden. Von der minoischen Hausarchitektur unterscheidet sich die Anlage aber deutlich durch die meist kleinen Ausmaße der vielen stuckierten Räume, die nur von oben zugänglich waren. An Stelle eines offenen Hofes, wie er zu jeder größeren minoischen Wohnanlage gehörte, gab es außen eine Terrasse. Auf der Ostseite ist ein Raum modern geschützt, weil in ihm ein merkwürdiger niedriger Altar gefunden worden ist, dessen zylindrischer, hohler Stuckkern von einer eckigen Einfassung gehalten wird. Auf uns unbekannte Kulthandlungen (Spenden) ließen in dem betreffenden Raum auch Vertiefungen im stuckierten Boden schließen.

Zu erwähnen ist schließlich noch, daß in den einzelnen Grabkammern selbstverständlich auch Knochenreste der dort Bestatteten gefunden worden sind. Das gilt auch für die vielen anderen Gräber der Küstennekropole von Malia. Gleichzeitig ist eine ähnliche, doch viel kleinere Anlage auf dem nahen Inselchen Hagia Varvara entstanden. Die grottenartigen „Charniers“ (Beinhäuser) sind mit ihren sehr einfachen Bestattungen auch noch in der Zeit des Jüngeren Palastes von den Bewohnern der Stadt verwendet worden. Reichere, mit dem Älteren Palast gleichzeitige Gräber wurden westlich unweit der „Charniers“ gefunden. Reste einer Umfassungsmauer und eines später wiederverwendeten „Totenhauses“ erinnern dort an die Chrysolakkos-Anlage.

Wenn der sog. Ägina-Goldfund des Britischen Museums tatsächlich von einer Raubgrabung in der Nekropole von Malia stammt — und stilistisch wie technisch spricht vieles dafür —, dann sind auch diese Zeugnisse ein Beweis für reiche Bestattungen während der späteren Zeit des Älteren Palastes[31]. Die betreffenden Schmuckstücke haben kunstgeschichtlich ihren Platz nach dem Bienenanhänger (Abb. 33), wahrscheinlich aber noch vor der Leopardenaxt (Abb. 32). Die reichen Gräber der Bewohner des Jüngeren Palastes (ca. 1600—1450 v. Chr.) müßten, wenn sie von den Grabräubern der letzten Jahrhundertwende nicht ganz ausgeraubt und zerstört worden sind, noch gefunden werden. So aufwendige Gräber wie das knossische „Tempelgrab“ (S. 63 ff.) haben die Herren des Palastes von Malia jedoch wahrscheinlich nicht gebaut. Angesichts der in der spätminoischen Epoche noch größer gewordenen Bedeutung und Macht von Knossos kann es nicht wundernehmen, daß andere Zentren, wie das nahe gelegene Malia, vor den Zerstörungen des mittleren 15. Jahrhunderts nicht mehr so reich und mächtig waren wie in der ersten Hälfte des 2. Jahrtausends.

Die Stadt Malia und ihr politisches Zentrum
(Abb. 34—35)

Die aus dem weiten Stadtgebiet von Malia von den französischen Ausgrabungen mehr oder weniger zufällig erfaßten Häuser und Quartiere sind mit griechischen Buchstaben (*A*—*Θ*) bezeichnet worden. Wie schon erwähnt, ist man bei diesen Grabungen auch auf Plattenwege, Straßen und eine Agora gestoßen.

Von den Häusern sei hier ein typisches Beispiel herausgegriffen: Haus *Δα*. Die Mauern dieses besonders gut erhaltenen und deshalb in seinen Außenmauern wieder vervollständigten Hauses haben die Ausgräber im Jahre 1931/32 freigelegt. Es gehört zu einem Quartier (*Δ*) im Nordwesten des Palastes und liegt an der Kreuzung zweier Straßen, deren eine, nach Westen führende, von einem stuckierten Kanal begleitet wird und den Namen „Rue de la Mer" bekommen hat. Der in Abbildung 34 wiedergegebene Grundriß des betreffenden Hauses ist so einfach, daß er kaum noch einer Erklärung bedarf.

Den Ziffern des Planes folgend, wird man zunächst durch den Eingang ins „Vestibül" (1) und dann über einen „Korridor" (2) in das „Megaron" (3) geführt. Mit dem mykenischen „Megaron", das als der Vorläufer des griechischen Tempels gelten kann, hat dieser größte Raum unseres Hauses den rechteckigen Grundriß und die Gliederung in eine kurze Vorhalle und einen längeren Hauptraum gemeinsam. Grundverschieden ist aber der Zugang, der hier nicht von der einen (beim mykenischen Megaron der südlichen) Schmalseite, sondern von der Breitseite erfolgte. In Malia ist der Raum nicht ein selbständiger Baukörper wie das Megaron in der mykenischen Kultur, sondern fester Bestandteil des Hauses. Sein Licht bekommt er deshalb auch nicht durch eine Vorhalle von außen, sondern durch einen zum Baukörper gehörenden Lichthof von oben. Zu diesem kleinen Lichthof hin war die Vorhalle offen. Eine minoische Holzsäule in der Mitte half ihr Gebälk dort tragen. Es ist in diesem Wohnhaus also das gleiche Prinzip zu erkennen, wie in der minoischen Palastarchitektur (vgl. Abb. 9: „Halle der Doppeläxte", „Halle der Königin"). Wie gleichfalls von dort bekannt, war der Hauptraum vom Vorraum durch ein

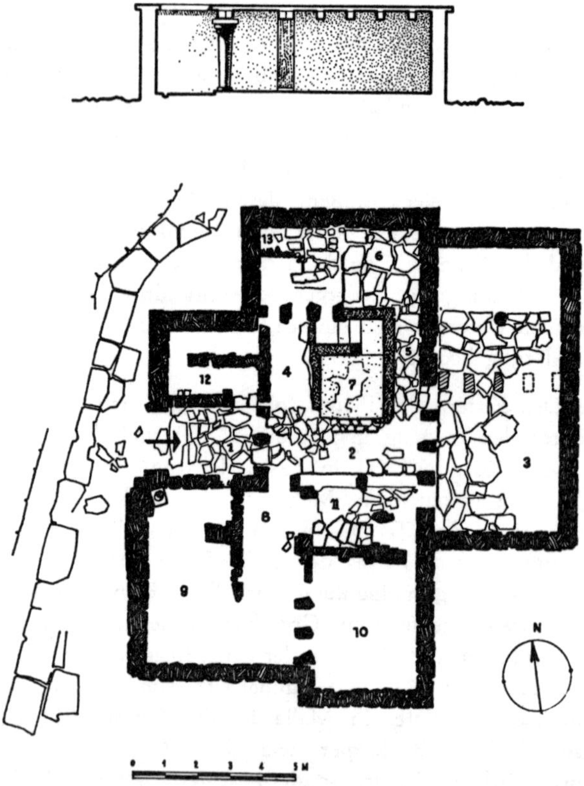

34. Grundriß eines Hauses (Δα) der Stadt Malia; oben Längsschnitt des Raumes 3

„Polythyron" (vgl. S. 42 f.) aus fünf Holzpfeilern abgeteilt. Wurden die Türen in der kälteren Jahreszeit und bei Regen geschlossen, so fiel immer noch etwas Licht in den Hauptraum durch die vier Durchgänge (ein zweites „Polythyron"), die das „Megaron" mit dem „Korridor" (2) verbanden. Das Megaron war bis auf den Lichthof, in dem eine Rinne für den Ablauf des Regenwassers sorgte, mit unregelmäßigen Steinplatten ausgelegt.

Diese Art Fußboden findet sich auch im „Vestibül" und im „Korridor", von dem man nach links (Norden) umbiegend, wiederum auf Steinplatten, in ein zweites „Vestibül" (6) und von dort in die kleine Toilette (13), vor allem aber in das stattliche Bad (7) gelangen konnte. Letzteres stimmt in seiner Anlage ganz mit den aus den kretischen Palästen bekannten „Lustralbecken" überein, zu denen man über eine rechtwinklig geführte Treppe hinabsteigen mußte. Der profane Zweck dieses im Zentrum des Hauses liegenden, verhältnismäßig großen Bassins ist offenkundig. Von hieraus gesehen, mag man deshalb an dem „lustralen" Charakter der entsprechenden Einrichtungen im Nordwest- und Südostteil des knossischen Palastes zweifeln, mit einem Totenritual oder mit kretischen Balsamierungskünsten haben diese Becken jedenfalls ganz und gar nichts zu tun.

Das vertiefte Bassin unseres Hauses gehört schon nach der Lage seines Einganges zu urteilen, zum privaten Bereich seiner Bewohner, der sich auch in einem oberen Stockwerk ausgedehnt hat (Treppe in Raum 11). Nach Aussage der Keramikfunde fällt die Errichtung des Hauses $\Delta\alpha$ in die Zeit des Jüngeren Palastes von Malia, also in das 16. Jahrhundert v. Chr.

Nicht alle wiedergefundenen Häuser der Stadt haben einen so übersichtlichen Grundriß wie das eben betrachtete. Seine Entdeckung macht darum auch die enge Verbindung von Palast- und Hausarchitektur sowie die grundsätzliche Andersartigkeit der Wohn- und Grabbauweise ganz besonders gut verständlich.

Die interessanteste Entdeckung der nach dem Zweiten Weltkrieg in Malia durchgeführten Ausgrabungen ist freilich die „Agora" und die „Crypte Hypostyle". Der Platz (Agora) mißt 30 x 40 m. Sein südlicher Zu-

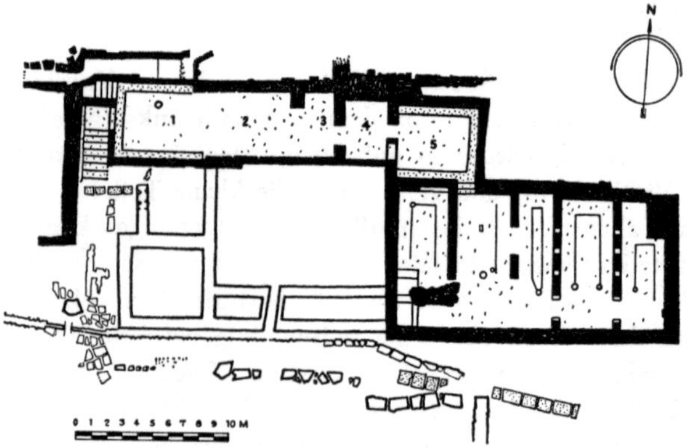

35. Grundriß der „Crypte Hypostyle", eines Ratsgebäudes der Stadt Malia an der Südwestecke der Agora

gang liegt nur etwas mehr als 30 m westlich vom Nordeingang des Palastes. Durch das Nordtor der Agora führt eine minoische „Chaussee" zu den Wohnquartieren *Γ* und *Δ* sowie zu den dahinter gelegenen Nekropolen. Der weite Platz selbst mit seinen Toren, schön gepflasterten Straßen, Einfassungen aus weißlichen Orthostaten (senkrechte Steinplatten) und einer Portikus auf der Westseite nimmt in seiner Großzügigkeit hellenistische Platzanlagen vorweg. In der archaischen und klassischen Zeit Griechenlands sind derartig regelmäßige und freie öffentliche Plätze jedenfalls unbekannt.

Die „Crypte Hypostyle", mit deren Freilegung 1957 begonnen wurde, grenzt an die Südwestecke der Agora (Abb. 35). Die oben erwähnte Portikus auf der Westseite des Marktes bildete anscheinend einen Zugang zu diesem mit besonderem technischen Aufwand (Quadermauern) errichteten Gebäude. Auf Grund der Sitzbänke an drei Wänden des langen, schmalen Hauptsaales kann es als eine Art Rathaus von Malia angesehen werden. Ebenso wie dieser Saal, in den auf der

Westseite eine fein stuckierte, breite Treppe hinunterführt, sind auch die zugehörigen Magazine etwa bis zur halben Höhe in das antike Niveau eingetieft. Das läßt auf eine obere Etage oder eine Terrasse schließen, wohin man über eine schmale Treppe in der Nordwestecke des Hauptraumes gelangen konnte.

Ein System von Rillen und kleinen runden Auffangbecken, ähnlich wie im Ostmagazin des Palastes (S. 100), zeigt, daß in den fünf Magazinräumen der „Crypte Hypostyle" Flüssigkeiten, wahrscheinlich Öl, eingefüllt und also auch gemessen worden sind. Das war gewiß eine wichtige Aufgabe, für die man analog zu entsprechenden Gepflogenheiten der griechischen Agora (öffentliche Maße) Beamte der Stadt verantwortlich machen mußte. Es handelt sich in diesem Teil der „Crypte Hypostyle" also kaum um gewöhnliche Magazine, sondern um eine Prüf- und Kontrollstelle, wie wir sie auch im Ostmagazin des Palastes vermuten dürfen.

Außer vielen Tonnäpfen sind nennenswerte Funde in der „Crypte Hypostyle" nicht gemacht worden, doch ist es ja hier, wie bei den Häusern, Straßen und bei der Agora der Stadt Malia die Anlage selbst, die von größtem Wert ist für unsere Kenntnis des Lebens in einem großen minoischen Gemeinwesen.

DIE „HAFENVILLEN" VON NIROU CHANI UND AMNISSOS

Zwei griechischen Archäologen — *St. Xanthoudides* und *Sp. Marinatos* — werden die Ausgrabungen von zwei, nur wenige Kilometer voneinander entfernten „Hafenvillen" an der Küste zwischen Knossos und Malia verdankt.

Die 1932 freigelegte Villa am knossischen Hafen Amnissos ist etwas früher gebaut und früher (um 1500 v. Chr.) zerstört worden als der Gebäudekomplex beim heutigen Nirou Chani. Der Bau von Amnissos wurde vor allem durch einen der schönsten minoischen Freskofunde (Abb. 36) bekannt. Die gleichfalls einst zweistöckige „Villa" von Nirou Chani, die auch im 15. Jahrhundert noch bewohnt war, konnte von *Xanthoudides* nach dem Ersten Weltkrieg nur zum größeren Teil freigelegt werden. Zugehörige Hafenanlagen wurden festgestellt. Die Villa selbst ist sehr interessant dank ihrer übersichtlichen architektonischen Anlage, zahlreicher Funde (vor allem Kultgegenstände, die anscheinend im Freien verwendet worden sind: vier riesige Doppeläxte aus Bronze, über vierzig tönerne Dreifußaltärchen usw.) sowie durch die vornehme Ausstattung der Räume mit Gipsstein und Fresken (Fragment mit dem „Heiligen Knoten"). Beide Villen sind nach ihrer Zerstörung nicht wieder aufgebaut worden.

Amnissos als Ort war allerdings auch noch für Homer ein besonders ehrwürdiger Platz. Die Sage von der Geburtshöhle der Eileithyia (S. 24), die gleichfalls von *Marinatos* freigelegt und archäologisch untersucht worden ist, ein wiedergefundenes griechisches Heiligtum des Zeus Thenatas über minoischen Resten auf einem uralten Wohnhügel am Meer und ein für die Schiffahrt günstiger Sandstrand (heute als Badestrand benutzt) haben die Erinnerung an diesen noch in augusteischer Zeit von *Strabon* als Hafenstadt des Minos bezeichneten Platz wachgehalten. Die Grundmauern eines minoischen Hauses werden teilweise vom Meeresspiegel bedeckt. Sie geben — wie untergetauchte minoische Grundmauern in Mochlos (S. 90) oder römische Bauten in Olous am Mirabello-Golf von der Küstensenkung der östlichen Hälfte Kretas ebenso Auskunft wie im Westen der Insel trockenliegende antike Hafeneinrichtungen (in Phalasarna) von der dort gleichzeitig, wahrscheinlich im 6. Jahrhundert n. Chr. erfolgten Hebung. Mit den Flutwellen vom Vulkanausbruch auf Thera um 1500 v. Chr. hat der betreffende Befund in Amnissos nichts zu tun, vielleicht aber eine Bimssteinschicht in der „Villa des Hafenkommandanten". Diese gab jedenfalls den Anstoß zur Thera-Grabung von *Sp. Marinatos.*

Das Lilienfresko von Amnissos (Abb. 36)

Der bedeutendste Fund, den *Marinatos* 1932 bei seiner Ausgrabung der am Ostabhang des erwähnten alten Wohnhügels gelegenen, einst zweistöckigen Villa gemacht hat, ist also das Lilienfresko aus der ersten Hälfte des 16. Jahrhunderts v. Chr. Das ca. 1,80 m hohe, im Museum von Heraklion sorgfältig restaurierte und stellenweise ergänzte Wandbild hat nach den Fundbeobachtungen, ebenso wie ein zweites, weniger gut erhaltenes Fresko, einen stattlichen Raum im Oberstock der Villa geschmückt. Erhalten ist nur ein Ausschnitt. Ursprünglich war das Bild wahrscheinlich nach beiden Seiten hin friesartig fortgesetzt.

Wir sind seit wenigen Jahren in der glücklichen Lage, das Lilienfresko von Amnissos nicht nur mit den schlecht erhaltenen Lilien auf Freskobruchstücken von Hagia Triada, sondern auch mit einer Wandmalerei von Akrotiri auf Thera vergleichen zu können, deren Entdeckung (1970) gleichfalls *Marinatos* verdankt wird. Auch die Wände des betreffenden kleinen Zimmers von Thera, die jetzt im Athener Nationalmuseum zu sehen sind, zeigen Lilien in Stauden von meist drei Stielen friesartig aneinandergereiht (Abb. 37). Die etwas kürzeren Stiele wachsen ähnlich aus grünen Staudenblättern auf. Die Zahl der mehr oder weniger weit geöffneten rotbraunen Blüten und Knospen ist kleiner; man kann aber nicht sagen, daß sie natürlicher dargestellt oder natürlicher angeordnet sind als auf unserem Fresko. Natürlicher wirken die Lilien von Thera allerdings durch die Bewegung ihrer Stiele und durch den bizarr bewegten Grund, auf dem sie wachsen. Statt aus dieser natürlich scheinenden, mit den bunten Schichtungslinien aber doch eher wie künstlich aufgeschnittenes Gestein (vgl. S. 51) gestalteten „Landschaft" wachsen die Lilien unseres Freskos auf ebenem bzw. geebnetem Grund. An Stelle der wilden, ungeordneten Natur steht eine geradlinige Ordnung.

Es sind in Amnissos also die Lilien eines von Menschenhand angelegten Beetes dargestellt und deshalb nimmt es nicht wunder, daß der zinnenartige Hintergrund als die Einfassung eines Wasserbeckens oder Beetes angesprochen worden ist. Diese Deutung ergäbe jedoch eine komplizierte Perspektive: die Lilien wären im rechten Winkel auf das Becken „aufgeklappt". Einfacher scheint mir, in dem Treppenmuster einen fries-

36. Fresko aus Amnissos. Weiße Lilien vor rotem Grund. Horizontale, Mäanderband und Blattstaude grün. Museum Heraklion. Um 1600 v. Chr. H = ca. 180 cm

37. Wand aus dem „Frühlingszimmer" in der minoischen Siedlung auf Thera (Santorin). Athen, Nationalmuseum. Zweite Hälfte 16. Jh. v. Chr. H der Wand = ca. 250 cm

artig fortlaufenden Rapport zu sehen: die geometrisch verzierte Hauswand selbst, die den Hintergrund einer davorliegenden Lilienrabatte bilden soll. Der prinzipielle Unterschied zwischen dem Lilienfresko aus Amnissos und demjenigen aus Thera liegt darin, daß der eine Maler die Natur sich gleichsam selbst überlassen hat, der andere aber die Freiheit der Natur mit dem Gesetz eines Ornaments verbinden wollte. Auch im Lilienfresko von Amnissos begegnet uns somit das Zusammenspiel von Freiheit und Ordnung, das schon aus manchen der bisher betrachteten kretischen Funde — zuletzt aus den Bienen von Malia (Abb. 33) — gesprochen hat. Das Abstrakte dieser in der minoischen Kunst bis in die Spätphase hinein so fruchtbar gebliebenen Verbindung spricht bei unserem Fresko auch aus den Farben: Weiß sind nicht nur die Blüten und Knospen sondern ebenso die Stiele der Lilien, grün ist nicht nur die Staude der Lilien, sondern auch das ornamentale Treppenband sowie die untere und die obere Horizontale. Der Hintergrund aber ist unter dem Treppenband cremefarben und darüber in dem kräftigen, warmen Rot wiedergegeben, von dem sich die in den Grund leicht eingetieften und weiß inkrustierten Lilien so besonders schön abheben.

MINOISCHE GEBÄUDE (HERRENHÄUSER) EINER STADT AUF DEM GEBIET DES HEUTIGEN TYLISSOS (Abb. 38)

Wie oben schon gesagt wurde, sind dem Entdecker des Palastes von Malia *J. Hazzidakis* auch die Ausgrabungen von Tylissos zu verdanken (Abb. 38). Die Ergebnisse dieser von 1909—1913 durchgeführten Arbeiten hat der Ausgräber im 3. Band der von der École Française d'Athènes herausgegebenen „Études Crétoises" niedergelegt. Tylissos ist auf unserem Wege die älteste griechische Grabung einer größeren minoischen Wohnanlage. Auch hier werden die drei freigelegten Gebäude als „Villen" oder „Herrenhäuser" angesprochen. Abgesehen von der Anzahl der Häuser liegt der Hauptunterschied gegenüber Nirou Chani und Amnissos zunächst darin, daß sich die betreffenden Gebäude nicht in unmittelbarer Nähe des Meeres befinden, sondern etwa 15 km von Heraklion entfernt an den letzten nordöstlichen Ausläufern des Ida-Gebirges.

Die Leute, die im 16. und 15. Jahrhundert v. Chr. in Tylissos wohnten, hatten ihren Wohlstand also nicht dem Meer und dem überseeischen Handel zu verdanken. Viele Magazine und tönerne Vorratsgefäße beweisen dagegen die wichtige Rolle landwirtschaftlicher Erzeugnisse, die hier wohl ebensowenig wie in den Palästen nur der eigenen Versorgung gedient haben. Auf der Anhöhe des auch heute stattlichen Dorfes Tylissos (der Ortsname ist minoisch) gab es schon nach der Meinung

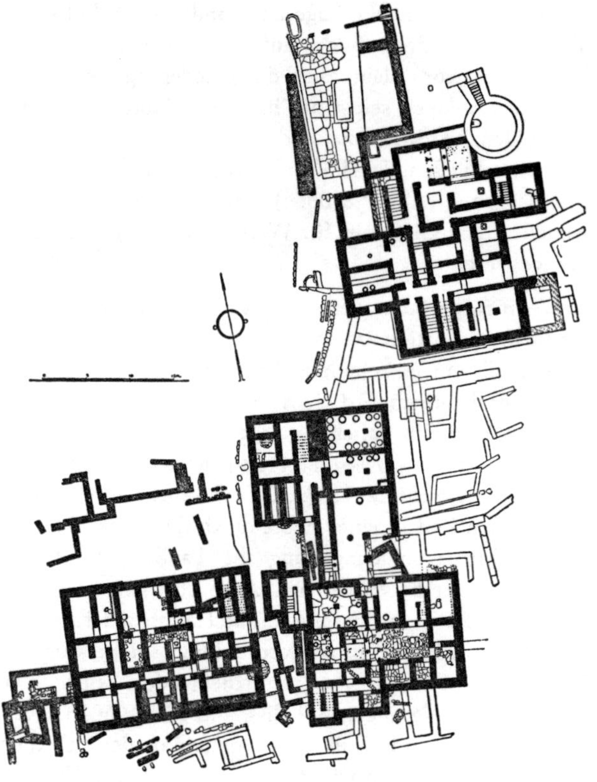

38. Grundriß der drei Herrenhäuser von Tylissos

des Ausgräbers in der letzten großen Blütezeit der minoischen Kultur nicht nur die drei großen Häuser, deren Mauern er freigelegt hat, sondern eine größere Siedlung, vielleicht eine regelrechte Stadt. Die dichte Anordnung der Gebäude legt dies ebenso nahe wie erhaltene Straßen. Außer Zweifel aber sind die freigelegten Ruinen entweder Zeugnisse besonders reicher und vornehmer Bewohner dieser Stadt oder öffentliche Gebäude. Darauf läßt die Lage am Rande der Anhöhe von Tylissos mit dem Blick auf die Küstenebene von Heraklion, vor allem aber die Gliederung der mehrstöckigen Anlagen selbst mit ihren Korridoren, Treppen, Vestibülen, Lichthöfen und repräsentativen Haupträumen schließen. Freskofunde wurden in einem Raum des Hauses C (Abb. 38 oben) gemacht[32]. Auch die Verwendung von Gipsstein für Wandverkleidungen ist dort nachgewiesen.

Wenn man eine andere politisch und ökonomisch vergleichbare Situation im minoischen Kreta sucht, so bietet sich die im einzelnen leider noch unbekannte Stadt unter der heutigen Ortschaft Archanes im Süden von Knossos und das nahebei gelegene, nach dem Zweiten Weltkrieg von *Sp. Marinatos* ausgegrabene Herrenhaus von Vathypetron an (vgl. S. 11). Auch dort machte zur gleichen Zeit in einer heute durch den Weinbau freilich fruchtbareren Umgebung die Landwirtschaft den Wohlstand der Bewohner aus. Auch dort gab es eine in jeder Hinsicht enge Bindung an die Hauptstadt Knossos, und eine wichtige Straßenverbindung spielte für die Wahl des Platzes eine entscheidende Rolle. Die minoische Straße, die von Tylissos in Richtung Ida weitergeführt hat, muß übrigens ungefähr den gleichen Verlauf gehabt haben wie die heutige Straße von Tylissos nach Anogia, die etwa 15 km nach Tylissos bei Sklavokampos einen stattlichen minoischen Umschlagplatz oder Kontrollpunkt schneidet.

Unter den Funden von Tylissos ist außer den mächtigen Bronzekesseln im Saal VII des Museums von Heraklion die 15,2 cm hohe Bronzestatuette eines betenden Mannes am besten bekannt[33]. Selbstverständlich sind hier — wie in Sklavokampos — auch zahlreiche bemalte Tongefäße sowie große Pithoi mit einfachem Reliefdekor gefunden worden. Merkwürdig muten kleine tönerne Votivkleider an, die wie Glöckchen aussehen. Unter den Kleinfunden von Tylissos ist sogar ein Siegelzylinder assyrischer Herkunft. Den Ausgrabungen von Tylissos kommt indes vor allem die Bedeutung zu, schon am Beginn unseres Jahrhunderts stattliche Wohnbauten auch abseits der damals bereits bekannten großen Zentren der minoischen Kultur gezeigt zu haben. Wenn Übereinstimmungen mit der Bauweise der „Villen" von Knossos den Ausgräber veranlaßt haben, auch in Tylissos von „Villen" zu sprechen, so sollte sich damit aber nicht die Vorstellung von isolierten, vornehmen Herrenhäusern verbinden. Gelingt es eines Tages die drei Häuser von Tylissos in einen weiteren Zusammenhang einzuordnen und größere Nekropolen dieser Stadt zu finden, dann wird auch die Stellung der „Herren von Tylissos" und ihr Verhältnis zu den Herrschern von Knossos neu zu bedenken sein.

Daß es einzeln stehende Herrenhäuser minoischer Prägung gegeben hat, zeigt die eben schon erwähnte „Villa" von Vathypetron. Wein- und Ölpressen sowie zahlreiche Magazine deuten dort auch auf eine gewisse Selbständigkeit des vornehmen Gehöftes hin. Doch war dies eben eine einheitlich in sich geschlossene, verhältnismäßig kleine und nur wenige Jahrzehnte benutzte Anlage in der Nähe einer Stadt (Archanes) und im Schutz eines gut bewachten Berges — des Juktas.

Den oben schon angeführten Argumenten zugunsten einer minoischen Stadt Tylissos — *Hazzidakis* hat auf Grund der Streufunde und Gräber in der weiteren Umgebung der „Villen" an etwa 20 000 Bewohner gedacht — sei schließlich noch die Erwähnung baulicher Überreste der mykenischen, griechischen und römischen Zeit hinzugefügt, die von *Hazzidakis* und unlängst auch von *N. Platon* im Bereich der Grabungen festgestellt worden sind (auf Abb. 38 nicht ausgezogen). Wenn noch der heutige Ort einen minoischen Namen trägt, dann spricht auch daraus die Tradition einer größeren und bekannten Siedlung. Ein bloßes Herrenhaus, wie das in Vathypetron, wurde nach seiner Zerstörung vergessen.

DIE MESARA IN MINOISCHER ZEIT

Mit dieser fruchtbarsten Ebene der Insel und den sie umgebenden Bergen sind — wie schon eingangs gesagt wurde — die ältesten archäologischen Forschungen, Grabungen und Funde auf Kreta verbunden. 1884 und in den folgenden Jahren begannen der Italiener *Federico Halbherr* und seine Mitarbeiter mit ihren zunächst vor allem auf antike Inschriften gerichteten Erkundungen. Bereits im ersten Jahr gelang *Halbherr* die glückliche Entdeckung der großen Inschrift mit dem Stadtrecht von GORTYN (S. 220 ff). Die Erfolge im Bereich der MESARA waren so groß, daß die 1898 von der italienischen Regierung gegründete „Missione Archeologica Italiana di Creta" eben dieses Gebiet zum Mittelpunkt ihrer Aktivitäten gemacht hat.

Die italienischen Forschungen richteten sich also nicht von Anfang an auf Zeugnisse der minoischen Kultur. Diese traten vielmehr auch in der MESARA erst in dem Jahr in den Vordergrund, in dem *Evans* den Spaten in KNOSSOS angesetzt hat. In diesem Jahr — 1900 — hat *Halbherr,* bald unterstützt von *Luigi Pernier* für die Grabungen in PHAISTOS, von *Luigi Savignoni* und *Roberto Paribeni* für die Arbeiten in HAGIA TRIADA sowie von dem Architekten *Enrico Stefani,* mit den Ausgrabungen in PHAISTOS und HAGIA TRIADA begonnen. Seit 1950 liegen diese Arbeiten in den Händen von *Doro Levi.*

Von den ersten Funden der italienischen Forscher soll weiter unten im Zusammenhang mit den Zeugnissen der griechischen und römischen Zeit Kretas die Rede sein. Die minoischen Funde in der MESARA aber sind am sinnvollsten in einer Reihenfolge zu betrachten, die vom Alter der Funde ausgeht.

Funde aus den Tholosgräbern der Mesara (Abb. 39—50)

Neben den Palästen waren es Gräber, die in den ersten Jahren unseres Jahrhunderts die Archäologen auf Kreta beschäftigt haben[34]. In den Jahren 1903 und 1904 haben *Halbherr* und *Stefani* in der Nähe des Palastes von HAGIA TRIADA die Überreste von zwei Rundgräbern freigelegt und in dem nicht ausgeraubten größeren Grab außer Skeletten zahlreiche Grabbeigaben gefunden. Was von den Mauern der Gräber erhalten war, kann man heute noch an Ort und Stelle sehen[35]. Die Funde aber wurden gleich nach HERAKLION gebracht. Dort lernte sie *St. Xanthoudides* kennen, und als ihm 1904, kurze Zeit nach der Freilegung des beigabenreichen größeren Rundgrabes von HAGIA TRIADA ein Bauer aus dem 10 km südöstlich von GORTYN gelegenen KOUMASA drei Siegel, einige Glieder von Halsketten aus Steatit und Kristall sowie Teile eines Bronzedolches zeigte, konnte er vermuten, daß diese Funde aus einem Grab von der Art der Rundgräber in HAGIA TRIADA stammten.

Noch im gleichen Jahr begann *Xanthoudides* mit einer ersten Ausgrabung in der Mesara. Dabei entdeckte er in KOUMASA zunächst vier Gräber, von denen drei tatsächlich auch die Rundform der Gräber von HAGIA TRIADA hatten. Bei einer zweiten Grabung im Jahre 1906 fand er einen Teil der minoischen Siedlung oberhalb der Gräber von KOUMASA, vor allem aber weitere Rundgräber: zwei in der Ebene unterhalb von KOUMASA und ein drittes in PORTI, eine halbe Wegstunde nordwestlich von KOUMASA. Im folgenden Jahr kamen an anderen Stellen der Mesara noch fünf Rundgräber und 1908 in KALATHIANA ein bereits bei Unruhen des Jahres 1854 geplündertes und teilweise zerstörtes Grab der entsprechenden Form sowie in der Nähe gefundene Hausmauern hinzu. Weitere bedeutende Grabanlagen vom Tholos-Typus konnten 1914 und 1915 in PLATANOS, ca. 4 km südwestlich von GORTYN, freigelegt werden. Ein Grab bei MARATHOKEPHALOS schloß 1917 die Reihe der Entdeckungen minoischer Rundgräber in der Mesara zunächst ab. 1924 hat *Xanthoudides* seine Funde unter dem Titel „The Vaulted Tombs of Mesara" veröffentlicht. Wie wichtig diese Publikation ist, geht daraus hervor, daß sie 1971 nachgedruckt worden ist.

Ihren vorläufigen Abschluß fanden die Funde von minoischen Rundgräbern im Bereiche der MESARA durch zwei Grabungen jüngster Zeit, deren eine *Stylianos Alexiou* und deren andere *Doro Levi* verdankt wird. Diese Funde sind deshalb besonders aufschlußreich, weil sie den gleichen Typus des Rundgrabes einmal in frühen und einmal in späten Beispielen zeigen.

LEBENA, wo *Alexiou* zwischen 1958 und 1960 gegraben hat, liegt nicht in der MESARA selbst, sondern jenseits des ASTEROUSI-GEBIRGES an der Südküste. Das interessanteste von den insgesamt vier dort freigelegten Tholosgräbern besteht im Grundriß (Abb. 39) aus einem großen und einem kleinen Kreis mit mehreren rechteckigen Annexen unterschiedlicher Größe. Alle erhaltenen Mauern setzen auf dem gewachsenen Boden auf. Der innere Durchmesser des großen Rundgrabes mißt 5 m, der des kleineren etwas mehr als 3 m. Die große Tholos war im Osten durch eine sehr niedrige, aus großen Steinplatten gebildete Türe zugänglich. Vor diesem Eingang, der mit einer weiteren Steinplatte ver-

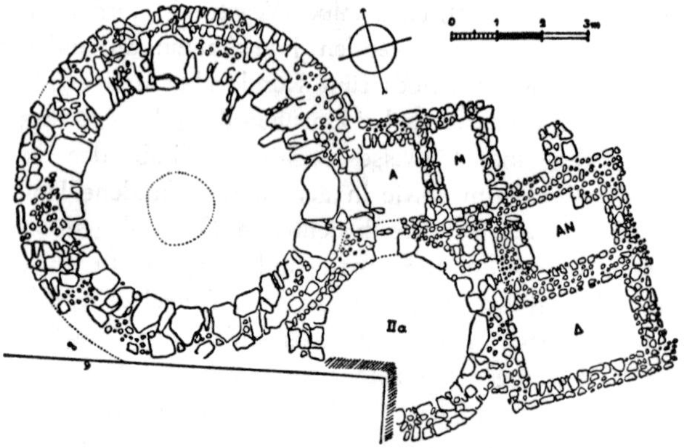

39. Grundriß einer Grabanlage bei Lebena an der Küste südlich von Gortyn

schlossen werden konnte, befand sich ein Vorraum (A), der zugleich auch Vorraum des kleinen Rundgrabes war, außerdem aber auch mit den übrigen rechteckigen Räumen zusammenhing. Letztere dienten nach den Beobachtungen des Ausgräbers zunächst kultischen Handlungen, dann aber gleichfalls der Beisetzung von Toten. Die ältesten Bestattungen gehören in die 1. frühminoische Periode, d. h. in die Zeit zwischen ca. 2600 und 2400. Über den betreffenden Skeletten und Funden lagen — im kleineren Rundgrab durch eine dicke Sandschicht getrennt — die zahllosen Bestattungen, die von der folgenden 2. frühminoischen Periode bis zum Beginn der ältesten minoischen Palastanlagen (mittelminoisch Ia = ca. 2000 v. Chr.) reichen.

Dieses stattliche Grab von Lebena ist also ein Beispiel für den Typus des vor- und frühpalastzeitlichen minoischen Rundgrabes, von dem es allein in der Mesara schätzungsweise 150 gegeben hat. Alle diese Gräber sind von Familien, bzw. Sippen viele Generationen lang, manche von ihnen bis zu 1000 Jahre benutzt und natürlich auch erweitert, ausgebessert oder erneuert worden. Bei einer Mauerstärke von 1,5 — 2,5 m und einer Höhe, die heute nur noch selten nahe an 3 m reicht, haben sie einen inneren Durchmesser zwischen 3 und 13 m. Die Hauptepoche dieser Gräber, die in der ersten Hälfte des 3. Jahrtausends v. Chr. an die Stelle älterer, d. h. spätneolithischer Höhlengräber traten, ist die Zeit zwischen 2500 und 2000 v. Chr. Es ist dieselbe Periode, aus der auch die kleinen rechteckigen Gräber auf der Insel Mochlos (S. 90), die gleichfalls rechteckigen Ossuarien in Palaikastro und die ältesten Anlagen in Archanes (S. 72 f.) stammen, während das große Grabhaus „Chrysolakkos" in Malia (S. 110 f.) schon in die beginnende mittelminoische Epoche gehört.

Das von *Doro Levi* 1958 freigelegte große und besonders gut erhaltene Tholosgrab von Kamilari (d der Tholos = 7,80 m) ist als eines der jüngsten Beispiele dieses Typus in der Mesara (2 km sw. von Phaistos) zu Beginn des zweiten Jahrtausends, also etwa gleichzeitig mit „Chrysolakkos" (S. 110 f.) errichtet und mehrere Jahrhunderte belegt worden. Nach dem Befund zu urteilen, hatte diese Tholos zweifellos eine Steinkuppel in der Technik des auch bei den Kuppelgräbern des griechischen Festlandes angewandten „falschen Gewölbes". An das Rundgrab hat man, ähnlich wie in Lebena oder bei Grab A in Platanos, auf der Ostseite mehrere rechteckige Räume angebaut.

Die Frage nach der Herkunft der minoischen Tholosgräber ist sowohl mit deren Verbreitung auf Kreta wie auch mit ihrer Bauweise verbunden. Daß die Verbreitung des Typus ihren Schwerpunkt in der Mesara und an der nahen Südküste hat, ist ebenso sicher wie die Tatsache, daß der gleiche Typus doch auch im nördlichen Kreta von Anfang an bekannt gewesen ist. Besonders die Phourni-Nekropole von Archanes (S. 72 ff.) wird hier gewiß noch manchen Aufschluß geben. Die Konzentration der minoischen Tholosgräber an der Libyschen See mußte zunächst die von *Xanthoudides, Evans* und anderen vertretene These einer libysch-ägyptischen Herkunft dieses Grabtypus nähren. Da sich die Bauweise der einst wenigstens zum Teil mit einer Steinkuppel überwölbten kretischen Tholosgräber von den vergleichbaren libyschen Gräbern jedoch ebenso unterscheidet wie das Verhältnis der Bestattungen zur Architektur (in Libyen wurden die Bestattungen erst nachträglich von einem steinernen Rundbau eingefaßt), wird die Herkunft der Tholosgräber heute eher im Bereich der Kykladeninseln und auf Kreta selbst gesucht als in Libyen oder Ägypten. Sicher bleibt, daß der Ursprung dieser Bauform nicht in der einheimischen Hausarchitektur zu finden ist. Die betreffenden Häuser hatten nämlich rechteckige Grundrisse.

Kykladisches steht neben Ägyptischem unter den importierten Funden aus den Tholosgräbern der minoischen Frühzeit kaum zufällig an erster Stelle[36]. Wichtigstes Importgut von den ägäischen Inseln war der zu Klingen etc. verarbeitete Obsidian aus Melos sowie der feinkristalline weiße Kykladenmarmor, der nicht nur in Form bereits auf den Marmorinseln gefertigter Idole, sondern auch als Rohmaterial zur eigenen Verarbeitung, u. a. auch zur Nachahmung solcher Kykladenidole, eingeführt worden ist.

Besonders qualitätvoll ist ein „echtes" Kykladenidol aus einem der Tholosgräber von Koumasa (Abb. 40). Eine nackte, 23,5 cm hohe weibliche Gestalt, deren Füße mit den Zehen nach unten gerichtet und deren Knie leicht gewinkelt sind, so daß die Figur trotz der scheinbar stehenden Haltung nicht wirklich stehen soll und kann, hat die beiden Unterarme vor der Brust verschränkt. Das auf einem hohen Hals sitzende schildförmige und einst bemalte Gesicht, von dem nur die

Nase plastisch wiedergegeben ist, scheint den Blick etwas nach oben gerichtet zu haben. Läßt es nicht auf enge Kantakte schließen, wenn die Sitte, dem Toten solche, in ihrer Eigenart unverwechselbaren Marmoridole mit in das Grab zu geben, von den Kykladeninseln auf Kreta übertragen worden ist?

Interessant für die frühen Beziehungen zu Ägypten sind die ägyptischen und wenige auf Kreta imitierte Skarabäen. Das Elfenbein, das die im mittleren 3. Jahrtausend einsetzende minoische Siegelkunst mit besonderer Vorliebe als Material für verschieden geformte Siegel und Amulette verwendet hat, wurde gleichfalls aus Ägypten oder aber aus Syrien eingeführt. Gold für Schmuckstücke kam aus dem östlichen Mittelmeer. Die meisten Goldfunde sind allerdings auch in den Tholosgräbern der Mesara schon vor den archäologischen Ausgrabungen Raubgräbern in die Hände gefallen. Silber — vielleicht aus dem westlichen Mittelmeer — ist nur ausnahmsweise für Schmuck (Nadeln) verwendet worden.

Unter den Schmucksachen, die von *Xanthoudides* und anderen Archäologen in Tholosgräbern gefunden wurden, stehen Elemente von Aufziehketten voran. Goldene konkave und zylindrische Glieder — teils mit gravierter, getriebener oder in Filigran aufgebrachter Verzierung — sind die kostbarsten Teile. In der Mehrzahl sind freilich durchbohrte Kettenglieder aus Bergkristall und verschiedenen Steinsorten in der Form dicker Mandeln. Zum Goldschmuck gehörten auch Diademe und Anhänger. Bekannter als die Goldanhänger in Form von Blättern oder Blüten ist die kleine nur 1 cm lange goldene Kröte (Abb. 41) aus dem Tholosgrab von Koumasa, die wir oben schon im Zusammenhang mit dem Bienenanhänger aus Malia erwähnt haben (S. 109). Auch dieser Schmuck aus dem späten 3. Jahrtausend v. Chr. gehört zu den ältesten minoischen Goldfunden mit Granulation. Die Goldkörner sind noch von etwas unterschiedlicher Größe und in der Art der gemeinten Warzen der Kröte mit kleinen Abständen auf den an dieser Stelle dunklen Goldgrund aufgebracht.

Auch auf ein Tongefäß (Rhyton) in Form eines Stieres, an dessen Hörnern in der Mitte ein sicher weiblicher und seitlich zwei offenbar männliche „Akrobaten" turnen, wurde oben schon hingewiesen (S. 61 mit Abb. 16). Dieses Motiv kehrt unter den figürlichen Rhyta der Mesara-Gräber ohne die weibliche Figur noch einmal wieder und zeigt uns die Bedeutung des von Menschen bezwungenen Stieres auch für den minoischen Grabkult. Kannen in stilisierter Vogelform, Tierterrakotten und ein Gefäß in Gestalt eines Menschen sind von der gleichen frischen Naivität wie die Rhyta in Stierform. Die Masse der aus den Tholosgräbern geborgenen Funde bilden aber die alltäglichen, von den Grabräubern zumeist verschont gebliebenen Tongefäße (Tassen, Kannen, „Teekannen", Schälchen, Pyxiden und zweihenkelige Krüge). Auch verschiedene, teils sehr qualitätvolle Steingefäße sind in großer Zahl gefunden worden. Sie erinnern an die entsprechenden Funde aus den Gräbern von Mochlos (S. 93 ff.).

Erstaunlich zahlreich waren daneben die kupfernen und bronzenen Dolchklingen, die nach ihrer Verwendung und Bedeutung für den Grabkult wahrscheinlich mit den fast ebenso zahlreich gefundenen Obsidianklingen gleichgesetzt werden dürfen. Nicht zu vergessen sind bronzene Werkzeuge, eine Doppelaxt aus Kupferblech sowie einzelne Axt- und Hammerköpfe aus Stein, ebenso Rasiermesser und feines, vor allem für die Damen bestimmtes Toilettengerät (kleine Spachteln und Pinzetten).

Das interessanteste Fundgut der minoischen Tholosgräber sind jedoch zweifellos die vielen Siegel. Sie sind in der Mehrzahl der freigelegten Gräber gefunden worden. Siegel und ihre Schriftzeichen waren es, die *Sir Arthur Evans* einst nach Kreta geführt haben. Weil Siegel von den Raubgräbern des schönen Materials, der vielfältigen Formen und auch der Siegelbilder wegen beachtet worden sind, wurde *Evans* auf diese Spur gebracht. Bei der Freilegung des großen Tholosgrabes von Hagia Triada durch die italienischen Archäologen konnten über 100 besonders qualitätvolle Siegel geborgen werden. Sie reichen bis in die erste Hälfte des 2. Jahrtausends v. Chr., in der die großen runden Sippengrüfte in der Mesara nach so langem Gebrauch allmählich aufgegeben worden sind.

Wenn wir die Siegelfunde aus den Tholosgräbern insgesamt betrachten, so könnten wir sie nach dem Material gliedern, aus dem sie geschnitten sind, nach den Siegelformen oder nach den eingeschnittenen Siegelbildern. Das Hauptmaterial war Elfenbein. Außerdem wurden auch verschiedenfarbige, meist schwarze Steatite bzw. Chlorite, Bergkristall, Onyx und Sardonyx verwendet. Die meist zum Anhängen durchbohrten Siegelformen sind zylindrisch (unterschiedlich hoch), platten-, pyramiden-, kegel-, spindel-, ring-, knopf- oder flaschenförmig; sie können aber auch ein dreiseitiges Prisma bilden oder ein Tier (ganz bzw. nur den Kopf oder das Bein) oder einen Menschen darstellen. Die Siegelbilder zeigen geometrische oder einfache kurvolineare Muster, für verschiedene Motive wurde die Spirale verwendet, als gegenständlich lassen sich — trotz manchmal starker Stilisierung — Darstellungen von Tieren oder Blumen bezeichnen.

Obwohl man eine zuverlässige Erklärung für den Gebrauch und die Bedeutung der minoischen Siegel nicht geben kann, deuten die auf Kreta gemachten Funde ägyptischer Siegel (Skarabäen) und deren kretische Imitationen doch daraufhin, daß die Anregung von Ägypten ausgegangen ist. Wir verfügen heute in aller Welt über minoische Siegelfunde. Zur Zeit werden sie in einem großzügig angelegten Corpus zusammengestellt und publiziert. Die im Museum von HERAKLION befindlichen Siegel aus den Mesara-Gräbern sind 1969 im Band II, 1 dieses „Corpus der minoischen und mykenischen Siegel" vorgelegt worden.

Gleichfalls schon publiziert sind die 1955 bei einer Sondage im Palast von PHAISTOS gefundenen und zunächst von *Doro Levi* veröffentlichten zahllosen Tonklumpen mit Siegelabdrücken. Ihre gute Erhaltung wird nur zum Teil einem nachträglichen Brand verdankt, der den zum Verschließen von verschiedenen Behältnissen bestimmten Ton haltbarer gemacht hat. Der höchst bedeutsame Fund dieser Tonklumpen stammt aus einer Schicht, die in das erste Viertel des 2. Jahrtausends v. Chr. (mittelminoisch Ib — IIa) datiert wird. Von den Siegeln selbst, mit denen die Abdrücke im weichen Ton hergestellt worden sind, kann man sich eine Vorstellung machen. Es wurden z. B. metallene Siegelringe, vor allem aber Elfenbeinsiegel verwendet. Diesen Fund erwähnen wir hier im Zusammenhang mit den meist etwas älteren Siegeln der Mesara-Gräber, weil er eine Möglichkeit der Siegelverwendung zeigt. Tonabdrücke von Siegeln sind auch an anderen Plätzen der ägäischen Vorgeschichte, vor allem in Lerna, gefunden worden. Was die Siegelfabrikation anlangt, so ist 1956 noch ein interessanter Fund in MALIA gemacht worden: die Werkstatt und der Laden eines Siegelschneiders aus der Zeit unmittelbar nach den Siegelabdrücken von Phaistos. Unfertige Siegel und Werkzeuge haben die Deutung gesichert. Diese Werkstatt lag nicht — wie eine ent-

•. Marmoridol kykladischer
erkunft aus einem Tholos-
·ab bei Koumasa, Mesara.
:useum Heraklion.
m 2300 v. Chr.
= 23,5 cm

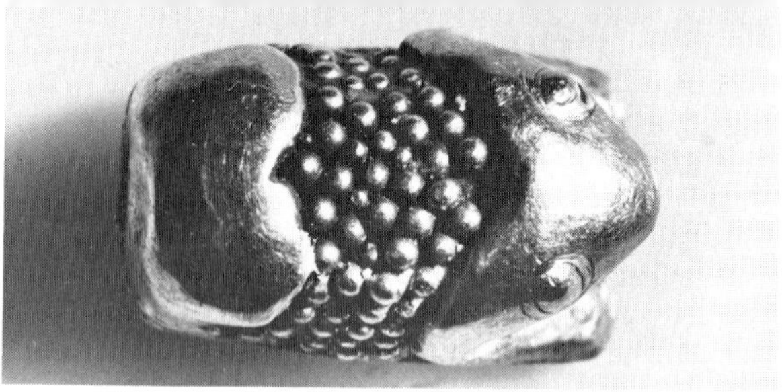

41. *Goldene Kröte aus einem Tholosgrab bei Koumasa, Mesara. Museum Heraklion. Um 2200 v. Chr. Länge = ca. 1 cm*

42. Elfenbeinsiegel in Form eines Rindes (Länge = 3 cm) und eines hockenden Affen (H = 3,4 cm). Aus einem Tholosgrab bei Platanos, Mesara. Museum Heraklion. Um 2200 v. Chr.

43.

43.—49. Elfenbeinsiegel und Abdrücke von solchen aus Tholosgräbern der Mesara (Hagia Triada, Platanos und Hagios Onouphrios). Museum Heraklion. d = 1,1 — 3,7 cm. Um 2000 v. Chr.

50. Plastische Darstellung eines Opfers. Terrakotta. Aus einem Tholosgrab bei Kamilari, Mesara. Museum Heraklion. 16. Jh. v. Chr.

sprechende Werkstatt in KNOSSOS — im Palast selbst, sondern in einem Haus in dessen Nähe.

So haben auch die Bewohner der Mesara und der Südküste, deren Tholosgräber wir sehr viel besser kennen als ihre Häuser, die Siegel bei den Siegelschneidern bestellt oder ausgesucht. Die Sitte, dem Toten Siegel mit ins Grab zu geben, läßt uns deren besonderen persönlichen, wahrscheinlich auch talismanischen Wert erkennen. Die schöne Form vieler Siegel gibt solchen Beispielen zugleich auch den Wert regelrechter Schmuckstücke. Da ein wesentlicher Zweck der Siegel darin bestand, irgendwelche Waren oder Vorräte zu versiegeln, erlauben die reichen Siegelvorkommen in der MESARA vor allem jedoch einen Einblick in Wirtschaft und Handel dieser Zeit. Vom Wohlstand der Leute dieser fruchtbarsten Landschaft Kretas legte schon der eigentliche Schmuck aus den Gräbern Zeugnis ab. Über die Handelsbeziehungen nach Ägypten und zu den Kykladen berichten importierte Materialien und Gegenstände, die Siegel aber weisen auf den Export heimischer Erzeugnisse hin.

Im folgenden sollen einige wenige Siegelfunde aus den Tholosgräbern der MESARA herausgegriffen werden. Wir beginnen dabei mit der Form der Siegel, die einige vorzügliche Werke der ältesten kretischen Miniaturplastik zeigt. Nur knapp 3 cm lang ist das elfenbeinerne Siegel mit der Darstellung eines liegenden Rindes (Abb. 42). Das trapezförmige Plättchen, das von oben wie die Basis des kleinen Tierbildes wirkt, tatsächlich aber aus dem gleichen Stück Elfenbein geschnitzt wurde, zeigt auf der Unterseite das eingetiefte Siegelbild mit zwei hintereinander schreitenden, von einem Spiralband ringsum gerahmten Löwen. Die kleine Tierplastik aber ist nicht nur durch die typische Form des flach aufliegenden Kopfes, durch die rund eingestochenen großen Augen und durch die Hörner als Rind gekennzeichnet, sondern auch durch die Hufe, die Umrisse der Hinterschenkel und die natürlich wirkende Wiedergabe des Schweifes. In dem wie selbstverständlichen Zusammenspiel einer unbefangenen und unmittelbaren Wiedergabe der Natur und strenger formaler Ordnung — hier durch den Zweck des Gegenstandes vorgegeben — zeigt sich das kleine Meisterwerk aus Elfenbein der noch kleineren goldenen Kröte (Abb. 41) und den mehr als dreimal größeren Hunden auf den Steatitpyxiden aus MOCHLOS (Abb. 26) und KATO ZAKROS nächst verwandt. Alle diese Arbeiten sind etwa gleichzeitig entstanden, doch kaum alle von Anfang an für den Grabkult bestimmt gewesen. Trotz der Entfernung der Fundorte und trotz der verschiedenen Materialien spricht aus diesen Werken dieselbe Überlegenheit über diejenigen Funde dieser Zeit, die uns nur in ihrer einfältigen Frische oder als eindrucksvolle Zeugnisse frühen minoischen Glaubens ansprechen — wie etwa das tönerne Stiergefäß mit den Akrobaten (Abb. 16).

Zusammen mit dem Elfenbeinsiegel in Form eines liegenden Rindes ist auch ein Siegel gefunden worden, das einen ebenfalls aus Elfenbein geschnitzten 3,5 cm hohen sitzenden Affen darstellt (Abb. 42). Der sitzende Affe ist bei diesem Motiv so zusammengekauert, daß er sich auf den ersten Blick kaum von anderen, abstrakten Siegelformen unterscheidet. Um so überraschender ist die Natürlichkeit dieses Tieres. Das Massige des gewaltigen Körpers und das Dumpfe des tierischen Ausdrucks geben das Wesen des nachgebildeten Affen treffend zum Ausdruck. Wieder ist man an die bereits aufgeführten Werke der frühesten minoischen Miniatur- und Kleinplastik erinnert!

Wie schon gesagt, erscheint auch die menschliche Gestalt, einem einfachen Petschaft angeglichen, unter den

Formen der Siegel. Häufiger ist die Verbindung einer abstrakten Petschaftform — etwa der „Flasche“ — mit Tierköpfen, die allerdings, ebenso wie Tier- und Menschenbeine, auch allein dargestellt werden konnten. Unter den tierförmigen Siegeln nehmen auf Grund der ägyptischen Herkunft des Motivs und der auf die Unterseite eingegrabenen echten oder nachempfundenen Hieroglyphen die gleichfalls schon erwähnten Skarabäen eine eigene Stellung ein.

Mehr als mit den Formen der Siegel hat sich die Forschung mit den verschiedenartigen Darstellungen der Siegelbilder beschäftigt. Bereits in seine erste ausführliche Abhandlung zum Thema „Primitive Pictographs and a Prae-Phoenician Script from Crete and the Peloponnese“ von 1894 hat *Evans* auch Siegelfunde aus der Mesara (Hagios Onouphrios) einbezogen. Die immer noch mehr oder weniger ungeklärten piktographischen Zeichen interessieren heute wie damals. Da sie unter den Darstellungen der Siegelfunde aus den Tholosgräbern insgesamt nur eine untergeordnete Rolle spielen, greifen wir auf den Abbildungen 43—49 einige andere Motive heraus.

Eine ganz frühe Tierdarstellung zeigt das schon erwähnte Siegelbild auf der Siegelfläche des gegen 2000 v. Chr. entstandenen Elfenbeinsiegels in Form eines lagernden Rindes (Abb. 42). Geradezu naturalistisch im Vergleich mit den stilisierten Löwen dort wirkt das Reh auf der kreisrunden Siegelfläche eines etwas späteren Elfenbeinsiegels aus dem großen Tholosgrab in Hagia Triada (Abb. 43). Wie bei einer guten Skizze sind die Formen mehr angedeutet als wirklich ausgeführt; eine Meisterschaft ganz eigener Art, wenn man den technischen Vorgang bedenkt, bei dem die Formen vorsichtig und doch bestimmt in die glatte Siegelfläche eingetieft werden mußten. Skizzenhaft wie das Reh wirken auch die Ornamente, die als Füllmotive zugleich die natürliche Umgebung des Tieres andeuten.

Präzis und scharf sind drei Skorpione in die Siegelfläche eines Elfenbeinsiegels von der Form eines geschweiften Zylinders eingeschnitzt (Abb. 44). Nach einem echt minoischen Gestaltungsprinzip hat der Siegelschneider die Tiere der Kreisform angepaßt. Diese ornamentale Ordnung scheint hier der inhaltlichen Bedeutung des Motivs übergeordnet zu sein. Dennoch wirken die drei Skorpione, obwohl sie, wie die Bienen des Goldanhängers von MALIA (Abb. 33), ein Beinpaar zu wenig und außerdem an Stelle des Stachels eine merkwürdige Verbreiterung haben, erstaunlich echt. Deutlich einen Schritt weiter ins Ornamentale führt das im gleichen Tholosgrab von PLATANOS gefundene Elfenbeinsiegel auf Abbildung 45. Gleich sind bei den hier nur zwei Skorpionen Körper und Zangen wiedergegeben, während die wiederum nur sechs Beine die typische, winkelige Form verloren haben und nur noch ornamental als gerade Striche wiedergegeben sind. Vor allem aber — und das ist das Bestimmende an diesem ornamentalen Siegelbild — ist der Schwanz beider Skorpione auf die Enden der großen, die Achse des Kreises bildende S-Spirale „aufgerollt". Dadurch sind die beiden Skorpione und die große Spirale zu einer Einheit geworden: ein in seiner Ausgewogenheit sehr ansprechendes Ornament, das nur leider wiederum nichts über seine Bedeutung für den einstigen Siegelbesitzer aussagt.

Unser nächstes Siegelbild gehört zu einem knopfförmigen Onyx-Siegel mit ringförmiger Öse (Abb. 46). Es ist ein Ornament, das mit seinen drei Spiralelementen und drei stilisierten Lilien auf schlechthin vollkommene Weise der runden Siegelfläche angepaßt ist. Wie die beiden letzten Siegelbilder, so hat auch das folgende

(Abb. 47) Parallelen in der Ornamentik der gleichzeitigen Vasenmalerei (S. 146 ff.). Das Motiv verhält sich zum Rund freilich anders als bei den schon betrachteten Siegeln. Es ist nicht kreisend bewegt, sondern statisch gegliedert mit einem Oben und Unten und einer imaginären, festen Mittelachse. Ich glaube, daß die drei „Blätter" eine Krokosblüte meinen, wie wir sie ähnlich als ein Motiv der Kamaresvasen (vgl. auch Abb. 11) kennen. Die Konturen und Binnenlinien dieser Elemente zeigen die Bewegung an, die als beseelender Atem in der minoischen Kunst stets gerade dort gern erscheint, wo das Prinzip der Ordnung stark ist. (Vgl. etwa das Lilienfresko von Amnissos: Abb. 36.)

Das Labyrinthornament von einem schönen konischen Elfenbeinsiegel aus dem großen Tholosgrab in Hagia Triada (Abb. 48) und ein Schlingenornament auf einem weniger gut erhaltenen, gleichfalls aus Elfenbein geschnitzten Siegel aus Tholosgrab A von Platanos (Abb. 49) sollen die kleine Auswahl aus dem reichen Schatz der in diesen Gräbern gemachten Siegelfunde beschließen. Beide Ornamente zeigen Bewegung und Disziplin. Vollkommen ist die Ordnung beim Schlingenmuster, interessanter ist in seiner Kompliziertheit und im Hinblick auf die Assoziation zur minoischen Architektur das „Labyrinth". Es nimmt ähnliche, unabhängig vom Kretischen entstandene und noch konsequenter gestaltete Mäanderornamente der griechisch-geometrischen Kunst des 8. Jahrhunderts v. Chr. vorweg.

Selbst ein nur knapper Überblick über die Funde aus den Tholosgräbern der Mesara muß einen Fund miteinbeziehen, der 1958 bei der italienischen Ausgrabung des großen Grabkomplexes von Kamilari, 2 km südwestlich von Phaistos gemacht worden ist. Dieser im Vorraum des Rundgrabes (Tholos) zutage gekommene Fund, der noch in die mittelminoische Periode datiert wird, besteht u. a. aus drei plastischen Miniaturdarstellungen in gebranntem Ton. Das interessanteste Exemplar zeigt von einem nicht mehr vollständig erhaltenen Raum die Rückwand mit drei Fenstern, ein rechteckiges Stück Boden und vorn links und rechts je eine Säule, die ursprünglich gemeinsam mit der Rückwand eine Decke getragen haben (Abb. 50). Diese primitive Architekturwiedergabe erinnert an das oben erwähnte, gleichfalls tönerne Hausmodell, das in ARCHANES gefunden worden ist (S. 74).

Vor der Rückwand unseres puppenstubenartigen Interieurs sitzen auf niedrigen Hockern vier Gestalten etwas unterschiedlicher Größe. Die summarische Darstellungsweise läßt ihr Geschlecht nicht erkennen. Vor den Sitzenden steht je ein spindelförmiger Gegenstand, den man als Tisch oder Altar ansprechen darf. Darauf liegt etwas (eine Opfergabe?), und dahinter knien zwei Gestalten, die deutlich kleiner sind als die Sitzenden. Der Fundzusammenhang legt es selbstverständlich nahe, die ganze Szene mit dem minoischen Grabkult in Verbindung zu bringen. Dennoch läßt es sich nicht entscheiden, ob die Sitzenden als Gottheiten oder als erhöhte Verstorbene zu verstehen sind. Den unlängst bekannt gemachten Vorstellungen von einem Grabkult in den kretischen Palästen widerspricht die Szene jedenfalls in zweifacher Hinsicht: Zum einen wird hier ein nach außen offener und noch zusätzlich durch drei Fenster beleuchteter Raum gezeigt und nichts von dem angeblichen Grabescharakter dunkler Palasträume, zum anderen sind die übergroßen Sitzenden durch die deutlichen Bewegungen ihrer Arme — vor allem der rechten, etwas nach vorn gehaltenen — handelnd dargestellt.

Als unsere Szene von einem naiven Töpfer geformt und von den Angehörigen eines Verstorbenen im Vorraum des Tholosgrabes von KAMILARI aufgestellt worden ist, gab es wenige Kilometer von diesem Grab entfernt bereits die beiden prachtvollen Paläste von PHAISTOS und HAGIA TRIADA sowie die zugehörigen Siedlungen — in PHAISTOS eine ausgedehnte Stadt (S. 154). Teile der dortigen Nekropolen sind bekannt, die Rundgräber von KAMILARI müssen also zu einer dritten, noch unbekannten Siedlung gehört haben, einer Siedlung, deren Bevölkerung besonders lang an der alten Sitte der Bestattung in Tholosgräbern festgehalten hat.

Die Auffindung und Freilegung des großen Tholosgrabes von KAMILARI durch die italienischen Archäologen hat deutlich gemacht, daß die Idee des Kuppelgrabes, dessen grandioseste Beispiele im mykenischen Griechenland des 14. Jahrhunderts v. Chr. (in Mykene und Orchomenos) einen Grundstock zur monumentalen abendländischen Architektur gelegt haben, an die Tradition der frühen kretischen Tholosgräber angeknüpft hat. Nur das Verhältnis zur Umgebung ist im Mykenischen ein anderes als im Minoischen, d. h. die Tholosgräber der Insel sind nicht — wie auf dem mykenischen Festland — in einen Hang eingetieft und dann als große Grabhügel mit Erde zugedeckt worden, sondern frei auf den gewachsenen Boden aufgesetzt.

Auch auf Kreta ist in der politisch vom griechischen Festland abhängigen Spätzeit das Kuppelgrab in seiner mykenischen Ausprägung nachzuweisen. Ein Beispiel in ARCHANES (S. 72 f.) liegt sogar in unmittelbarer Nähe von Rundgräbern des alten Typus und zeigt so am anschaulichsten die lange, in ihrer Ausstrahlung und Rückwirkung historisch höchst interessante Tradition. Auch die Grabfunde sind über die Zeiten hinweg gleichermaßen reich geblieben. Die Grabkammer des späten Kuppelgrabes von ARCHANES, die den Grabräubern entgangen war, hat mit ihrem kostbaren Inhalt an Beigaben den besten Beweis für diese Tradition geliefert.

DIE KAMARESHÖHLE

Den gewaltigen Schlund, der unter einem 18 — 20 m hohen und 33 m weiten Bogen in diese Höhle hineinführt, kann man von PHAISTOS aus unter dem rechten der beiden „Hörner" jenes zum IDAGEBIRGE gehörenden Berges erkennen, der die herrliche Kulisse im Norden der MESARA beherrscht (Abb. 59). Kein Wunder also, daß die Höhle über dem Dorf KAMARES immer bekannt blieb.

Archäologisch erforscht wurde sie aber erst im letzten Jahrzehnt des vorigen Jahrhunderts, d. h. in der Zeit, in der Kreta nach den frühen Entdeckungen der achtziger Jahre mehr und mehr in den Blickpunkt der Altertumswissenschaft gerückt ist. Nachdem es auch hier am Anfang ein Schäfer war, der dem Ephoros *J. Hazzidakis* einige Vasen und ein paar Figuren aus der Höhle nach HERAKLION gebracht hat, wurde die Höhle erstmals 1894 von dem Italiener *Taramelli* untersucht. Im Juni dieses Jahres fand er noch viel Schnee in der Höhle, von der er einen nur flüchtigen Plan angefertigt hat. Die ersten Keramikfunde (nur Scherben) wurden 1895 von dem Engländer *J. L. Myres* und 1896 von dem Italiener *Mariani* veröffentlicht. Die damals gebrauchte Bezeichnung „Kamaresvasen" hat sich für die schönste Gruppe der in der Kamareshöhle gefundenen Keramik bis heute gehalten.

R. M. Dawkins, der englische Archäologe, der mit mehreren Mitgliedern der British School at Athens im Sommer 1913 die Höhle vollständig erforscht und alle Funde geborgen hat, war zum ersten Male 1904 an Ort und Stelle. Die englischen Untersuchungen und Grabungen konnten auf den Erfahrungen aufbauen, welche die englischen Archäologen unter *D. G. Hogarth* schon im Jahre 1900 bei der Erforschung der DIKTÄISCHEN HÖHLE über der LASSITHIEBENE gemacht hatten. Günstig war der Unternehmung von 1913 ein besonders trockener Sommer. Trotz des fehlenden Schnees aber konnte *Dawkins* nach seinem eigenen Besuch von 1904, vor allem aber nach dem Bericht *Taramellis* davon ausgehen, daß die Kamareshöhle in minoischer Zeit gewiß kein Wohnplatz, sondern, wie so viele andere unter den zahllosen kretischen Höhlen, ein Heiligtum gewesen ist. Die hohe, nur schwer zugängliche Lage der großen Höhle mit ihrer PHAISTOS und der MESARA zugewandten riesigen Öffnung war für ein Heiligtum wie geschaffen, so daß *Dawkins* in seinem Bericht schrieb: "For a mountain sanctuary which should impress the inhabitants of Phaistos and the plain of Mesara it would be impossible to find a more fitting position than that of the Kamares cave."

Die englischen Archäologen, die ihr Zeltlager in der Nähe der Höhle errichten konnten, haben die „Kamaresvasen" und die viel zahlreichere, meist ganz unbemalte Keramik am inneren Rand der großen äußeren Höhle und nicht in einem viel kleineren zweiten, inneren Raum gefunden. Die Fundplätze zwischen großen Steinen gaben für die ursprüngliche Aufstellung der Gefäße nur einen vagen Anhaltspunkt, da diese fast alle nur in Scherben geborgen werden konnten. Das Fehlen der in den Tholosgräbern der MESARA so reichen Schmuck-, Siegel-, Obsidian- oder Bronzefunde ließ darauf schließen, daß die Höhle längst nach wertvollerem Gut durchsucht und dabei auf die Keramik nur wenig geachtet worden war. Nachantike Eisenstücke haben diesen Verdacht bestätigt.

Für den Archäologen und für unsere Kenntnis kretischer Kulte ist die Ausbeute der englischen Untersuchungen dennoch sehr wichtig. Zunächst sind es die „Kamaresvasen", als deren wichtigstes Zentrum heute PHAISTOS angesehen werden kann. Dann ist es der Befund, der die Hauptzeit des betreffenden Höhlenkultes in die mittelminoische Periode, vor allem deren zweite Phase (ca. 1900 — ca. 1700 v. Chr.) datiert. Außerdem konnte man aus Überresten und aus den mit einem Deckel versehenen einfachen Gefäßen darauf schließen, daß es K o r n gewesen ist, das von Bewohnern der MESARA ins hohe Höhlenheiligtum gebracht und geweiht worden ist.

In der spätminoischen Zeit (nach ca. 1550 v. Chr.) hat die Kamareshöhle nach Aussage der wenigen Funde dieser Periode keine Rolle mehr gespielt, während die oben erwähnte DIKTÄISCHE HÖHLE gerade in diesem Zeitraum zu größter Bedeutung gelangt ist. Die IDÄISCHE GROTTE (S. 179 ff.) schließlich hat aus der ganzen minoischen Epoche ein einziges Siegel und sonst nichts geliefert.

Kamaresvasen (Abb. 51—56)

Unter den Keramikfunden der Kamareshöhle sind die Kamaresvasen also nur ein verhältnismäßig kleiner Teil[37]. Nicht nur die vielen unbemalten, sondern auch einige der bemalten Gefäße aus der Höhle gehören nicht zu den Funden, die man auch heute noch als Kamaresvasen bezeichnet. Schon lange hat man sich daran gewöhnt, diesen Begriff allein mit jener besonders qualitätvollen Keramik zu verbinden, deren Dekoration weiß und rot bzw. gelb auf einem schwärzlichen Grund aufgebracht ist. Im Museum von Heraklion sind in zwei Sälen die schönsten Beispiele dieser hauptsächlich ins 18. Jahrhundert v. Chr. (mittelminoisch II) datierten Vasengattung zu sehen. Einer der beiden Säle ist den Funden gewidmet, die bei den italienischen Grabungen in PHAISTOS gemacht wurden (S. 154).

In der ersten Vitrine dieses Saales (Saal III) sind die am besten erhaltenen Kamaresvasen aus der Höhle ausgestellt. Vergleicht man diese Gefäße mit den Funden aus PHAISTOS, die in zehn anderen Vitrinen des Saales gezeigt werden, so kann kein Zweifel daran bleiben, daß alle Beispiele aus den gleichen Werkstätten kommen. Allein im Hinblick auf die Gefäßformen sondert sich die Vitrine mit den Funden aus der Kamareshöhle von den übrigen ab. Die bemalten Vasen von dort sind nämlich nicht nur fast alle gleich groß, sondern auch vom gleichen Typus: ein ausgesprochen bauchiges Gefäß auf verhältnismäßig engem niedrigem Fuß, mit zwei waagerechten, nach oben stehenden Henkeln (Abb. 53). Die Vase hat einen kurzen schnauzenförmigen Ausguß, der vom Töpfer mit dem kreisförmigen Gefäßrand verbunden worden ist. Bei den meisten Beispielen führt der Rand mit einer „Brücke" über die Schnauze hinweg. Deshalb bezeichnet man diese Form als „Brückenskyphos". Auch in den übrigen Vitrinen dieses und des vorigen Museumssaales begegnet die gleiche Gefäßform. Nur variiert sie dort viel mehr in der Größe — bis hin zu einem riesigen Beispiel, das auf dem Fußboden steht. Von dem großartigsten, in KNOSSOS gefundenen „Brükkenskyphos" soll unten noch die Rede sein (Abb. 56).

Die etwa einheitliche Größe der betreffenden Gefäße aus der Kamareshöhle muß aus deren Verwendung, d. h. von dem Inhalt her erklärt werden, mit dem sie einst in das Höhlenheiligtum geweiht worden sind. Unter den wenigen anderen Gefäßformen der aus der Höhle stammenden Kamaresvasen ist auch eine Tasse jener feinen, dünnwandigen Art, die man als „Eierschalenware" anspricht (vgl. Abb. 51). Wie für eine Kanne mit sog. Barbotineverzierung und eine „Teekanne" in gleicher Technik (plastisch aufgebrachte und meist weiß hervorgehobene „Tonzotteln"), so gibt es auch für die betreffende Tasse verwandte Beispiele nicht nur aus Phaistos, sondern auch aus Tholosgräbern der Mesara.

Die Tasse aus der Kamareshöhle ahmt mit ihrer dünnen Wandung und dem gleichfalls dünnen Bandhenkel ein Metallvorbild nach. Auch den scharfen Knick, der die Wandung der Tasse in einen konischen, nur schwarz bemalten unteren Teil und den mit einem weißen Felderornament verzierten Hauptteil in Form eines konkav geschwungenen Zylinders gliedert, hat der Töpfer von einem metallenen, am ehesten goldenen Vorbild übernommen. Neben dieser Tassenform kennt die Kamareskeramik noch andere Varianten von „Eierschalentassen". Die reichste Auswahl kommt aus dem Palast von Phaistos (Abb. 51—52).

Erstaunlich gut ist die Widerstandskraft dieser dünnwandigen Keramik, die — wie auch manche andere Gefäßtypen — im Wettstreit mit viel wertvolleren Metallgefäßen entstanden sind. Dieses Konkurrieren zwischen Metall- und Tontöpfern, zu denen sich im minoischen Kreta ja auch noch die Steintöpfer gesellt haben (vgl. S. 96), gab es in der Antike überall, wo Gefäße aus verschiedenen Materialien gemacht wurden. Weil sich unsere dünnwandigen Tassen als genauso widerstandsfähig erwiesen haben wie das andere Geschirr der Kamareskeramik, besteht nicht der mindeste Anlaß dazu, die „Eierschalenware" als einen billigeren Ersatz nur mit dem Grabkult in Verbindung zu bringen. Es war im minoischen Kreta ebenso wie im späteren Griechen-

51 a—b. Dünnwandige Tontassen, deren Dekor Konglomeratstein nachahmt. Kamaresstil, aus Phaistos. Museum Heraklion

52. Tontasse mit drei Reihen plastisch aufgesetzter Muschelnachbildungen. Kamaresstil, aus Phaistos. Museum Heraklion

53. „Brückenskyphos" aus der Kamareshöhle. Stellenweise ergänzter „Uroktopus". Museum Heraklion

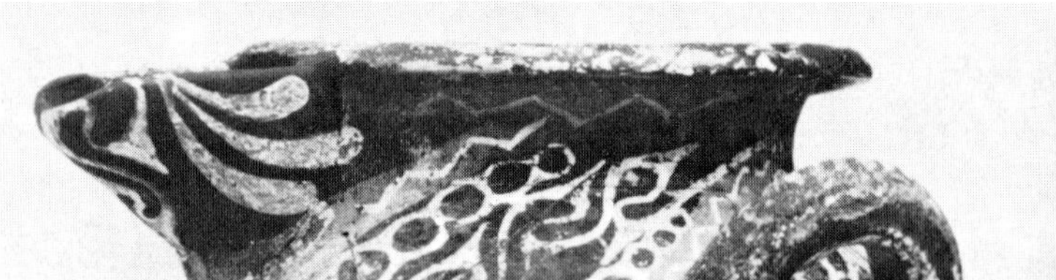

54. Zweihenkeliges Ausgußgefäß mit Kamaresdekoration im Sinne von „Torsion". Aus Phaistos. Museum Heraklion

land oder in Etrurien so, daß Metall- und Tongefäße nebeneinander sowohl für den täglichen bzw. festlichen Gebrauch als auch für den Grabkult verwendet worden sind.

Man sollte sich überhaupt hüten, Tonvasen, die sich in ihren Formen an Metall- oder Steingefäße anlehnen, als „Ersatz“ zu bezeichnen. Schon beim Vergleich der „Vasilikivasen“ mit gleichzeitigen Steingefäßen konnte gezeigt werden, daß es den Töpfern weniger um ein Ersetzen, als um eine echte künstlerische Konkurrenz ging, die aus den Anregungen auch etwas ganz Neues zu schaffen vermochte (S. 96 und Abb. 28). Der entscheidende Vorteil der Keramik war die Bemalung des Gefäßes. Die Farbigkeit und die anderen technischen Freiheiten einer solchen Dekoration brachten einen Gewinn, der größer sein konnte als die Schönheit und der Wert der für die Form gewählten Metall- oder Steinvorbilder.

Schon die Tassen geben als die kleinsten Kamaresvasen eine Vorstellung von der Variationsbreite des Kamaresdekors. Im Vordergrund stehen verschiedene geometrische Muster, die sich in ihrer Anordnung der jeweiligen Tassenform im Sinne horizontaler und vertikaler Gliederungen unterordnen. Verhältnismäßig häufig kommen bei den Tassen aber auch Muster vor, die ganz eindeutig die natürlichen Formen von Gefäßen aus Konglomeratsteinen stilisieren. Hier wird die absolut selbständige Art der Nachahmung besonders deutlich, wenn die Konglomeratmuster (wie bei Steingefäßen) zwar auch im Inneren und unter dem Boden der Tasse erscheinen, die Tassenformen selbst aber doch zweifellos auf Metallvorbilder zurückgehen (Abb 51). Reihen von plastisch wiedergegebenen kleinen Muscheln sind zur Verzierung einer Kamarestasse verwendet worden, deren gemalte Dekoration das weiß umrandete rote

Konglomeratmotiv und weiße Halbrosetten zeigt (Abb. 52). In den Bereich der teilweise pflanzlich verstandenen Voluten- und Spiralornamente gehört auch das Oktopusmotiv auf einer Kamarestasse vom Typus des oben beschriebenen Beispiels aus der Kamareshöhle.

Vom „Ur-Oktopus" — wie man das betreffende Ornament nennen möchte — gibt es im Kamarestil eine Reihe weiterer Beispiele. Am längsten bekannt ist die Darstellung auf den Fragmenten eines jener zahlreichen skyphosartigen Gefäße aus der Kamareshöhle (Abb. 53). Wie auf der eben erwähnten gleichzeitigen Tasse sind auch dort statt der acht nur sechs Arme wiedergegeben. Man könnte dies, ähnlich wie beim Bienenanhänger aus MALIA (Abb. 33) oder bei den Skorpionen der Siegel (Abb. 44—45), als eine bloße Vereinfachung verstehen, wären in diesem Ornament nicht auch Formen zu finden, die eher an Pflanzliches denken lassen als an den Oktopus, dessen schönste Darstellung in der Vasenmalerei der ersten spätminoischen Periode (Anfang 15. Jahrhundert) bei den Funden aus GOURNIA (S. 92) schon erwähnt und in Abbildung 25 gezeigt worden ist. Gemeinsam ist den Darstellungen des „Ur-Oktopus" in der Kamaresornamentik die Orientierung: Das vollkommen symmetrische Motiv ist „hängend" dargestellt. Zu freier Bewegung erwacht der Oktopus erst auf den viel jüngeren Darstellungen des „Meeresstiles".

Als Dekorationsprinzipien der Kamaresornamentik kennen wir außer den reichen Möglichkeiten einer horizontalen Ordnung also auch die senkrechte Orientierung im Sinne des „Ur-Oktopus". Durch solche Motive — häufig ist auch ein palmartiger „Baum" — wird das Gefäß in zwei oder mehr Ansichtsseiten unterteilt. Henkel und Mündung bestimmen diese Unterteilung. Manchmal ist sie aber auch noch strenger: Die Dekoration „schneidet" dann das Gefäß regelrecht in

55. Kamaresamphora aus Phaistos (Höhe = 46 cm)

zwei oder mehr gleichgroße Abschnitte. Selten zeigt der Kamaresstil das in der minoischen Kunst häufige Prinzip der Torsion (Abb. 54), d. h. einer einfachen oder sich wiederholenden schräg umlaufenden Dekoration, wie sie in der Keramik (etwa bei Barbotinegefäßen) ebenso zu beobachten ist, wie bei bestimmten Siegeln[38]. Dieses Prinzip liegt dennoch in vielen Kamaresornamenten mehr oder weniger verborgen, so vor allem in verschiedenen Spiralformen. Dabei kann diese schräge Bewegung auch eingefangen sein in einen Kreis, für den selbst wiederum die Gefäßform mit ihren Henkeln etc. einen festen Platz vorgegeben hat (Abb. 55).

Das Beispiel, das wir für dieses Prinzip herausgreifen, veranschaulicht mit den in das Rund eingeschriebenen Ornamenten zugleich auch die enge Verbindung zwischen der Kamaresornamentik und Dekorationsformen vieler etwa gleichzeitiger Siegelbilder (vgl. Abb. 45).

56. „Brückenskyphos" aus Knossos (Höhe = 22 cm)

Noch deutlicher wird diese Verwandtschaft allerdings bei Schalendekorationen der Kamareszeit.

Abschließen wollen wir den kurzen Überblick über die Kamaresvasen, die zweifellos zu den großartigsten keramischen Funden der ganzen Antike gehören, mit der Betrachtung des bereits erwähnten „Brückenskyphos" aus Knossos (Abb. 56). Gewiß haben die Funde von Phaistos längst auch andere Beispiele der Kamareskeramik gebracht, die an die hohe künstlerische Qualität dieses Gefäßes heranreichen; das Geheimnis der Verbindung von Bewegungen und Gegenbewegungen zu einer Einheit ausgewogenster Form offenbart sich jedoch nirgends eindrucksvoller. Man kann Tage allein damit zubringen, der Entstehung dieses schönen Kamaresornamentes nachzugehen. Doch wird man den Arbeitsgang nie zuverlässig sicher nachvollziehen können. Eine derartige Vollkommenheit ist nur zum kleinsten Teil Routinesache eines geschickten Vasenmalers. Ohne re-

Klärung dieser historisch ungemein wichtigen Fragen verhelfen.

In Hagia Triada, dessen antiker Name noch unbekannt ist, war die von den Ausgräbern vorgefundene Situation anders als in Phaistos. Die bei den dortigen Grabungen zu Beginn unseres Jahrhunderts freigelegten Gebäude einer besonders stattlichen, palastähnlichen Villa stammen vorwiegend aus der Zeit der Jüngeren Paläste, d. h. aus dem 16. Jahrhundert v. Chr. Ältere Anlagen früherer Bewohner, die ihre Toten in den erwähnten Tholosgräbern (S. 128 ff.) bestattet haben, wurden bei der Errichtung dieser Villa beseitigt, jüngere Bauten aber auf eine so selbständige Weise errichtet, daß die minoischen Hinterlassenschaften nicht ganz abgeräumt, sondern nur zugedeckt und so zum Teil konserviert worden sind.

Diesen Umständen und primär natürlich dem Reichtum der Bewohner der Villa von Hagia Triada werden einige der schönsten und kostbarsten Funde der minoischen Kultur verdankt. An erster Stelle sind hier die zauberhaften Freskofragmente aus dem Westtrakt der Villa zu nennen. Sie wurden vor einigen Jahren im Museum von Heraklion neu zusammengesetzt und ergänzt („Katzenfresko“: Abb. 61). Auch der Sarkophag von Hagia Triada, den man in einem einfachen, mit Steinplatten ausgelegten rechteckigen Grab in der Nähe der Villa gefunden hat (S. 69 ff. mit Abb. 19), ist mit gleichzeitigen und noch jüngeren Freskofunden Zeugnis für eine lange Tradition dieser Kunstübung in Hagia Triada, eine Tradition, für die im nahegelegenen Phaistos, vielleicht nur aus Gründen der schlechteren Erhaltung, fast gar keine Zeugnisse gefunden worden sind.

Außer mit den Freskofunden ist Hagia Triada als Fundort mit einem Archiv von Linear-A-Täfelchen, mit

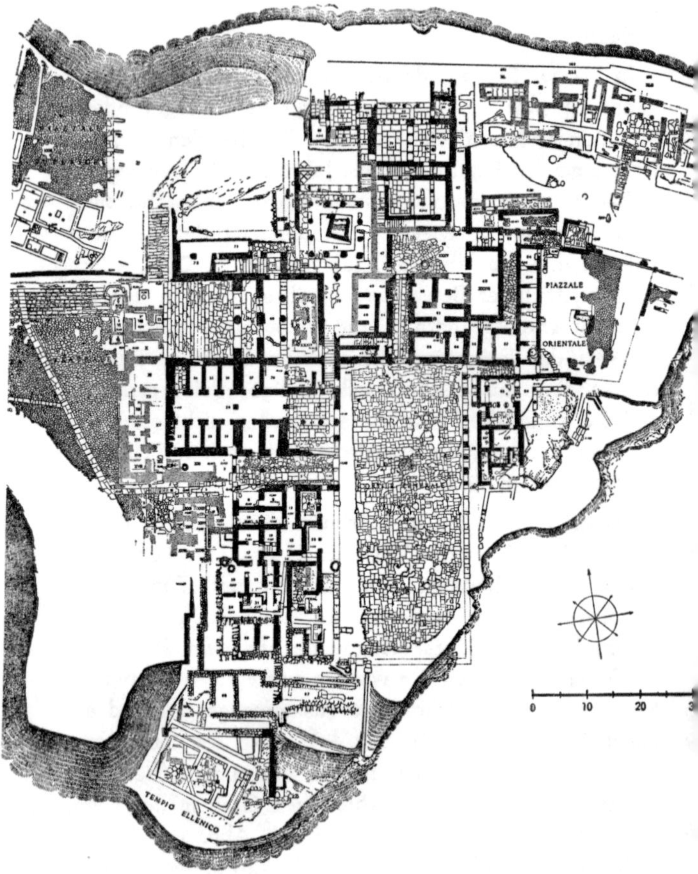

57. Grundriß des Palastes von Phaistos
(Zentralhof ca. 52 × 23 m)

einem „Schatz" von 19 großen Bronzebarren (vgl. Kato Zakros), vor allem aber mit einigen Reliefgefäßen aus Steatit (bzw. Chlorit) verbunden. Das „Boxerrhyton", der „Prinzenbecher" und die „Schnittervase" gehören zu den bedeutendsten Funden der minoischen Vergangenheit Kretas. Weiter unten kommen wir auf sie und die Fresken von HAGIA TRIADA zurück.

Zunächst aber soll noch der architektonische Befund von PHAISTOS erörtert und mit den bereits betrachteten minoischen Anlagen verglichen werden (Abb. 57). Wir können uns dabei kurz fassen, denn das Prinzip der minoischen Bauweise ist selbstverständlich auch hier nicht anders als in KNOSSOS, MALIA oder KATO ZAKROS. Doch spielt, wie an jedem dieser Fundplätze, auch bei den großen Anlagen am westlichen Ausgang der MESARA die topographische Situation eine entscheidende Rolle für die bauliche Gestaltung und damit für den Eindruck, den die freigelegten Ruinen auf den heutigen Besucher machen.

So ist der Palast von PHAISTOS unter den großen Palästen Altkretas der einzige, der sich wie eine griechische Akropolis hoch auf einer Anhöhe beherrschend über seine Umgebung erhebt. Auf dem abgetreppten Ostende eines langgestreckten und unterschiedlich hohen Bergrückens konnte für den Palast eine Terrasse von etwa 150 x 120 m geschaffen werden. Die in KNOSSOS so großartig entwickelte Hangbauweise ließ sich an dem steilen Abfall der Ostseite nicht anwenden. Sie spielte nur auf der Südwestseite eine gewisse Rolle (vor allem in der Älteren Palastzeit), weil das Gelände dort zum Westhof hin mehrere Meter abfällt.

Auch die auffallendste Eigenheit des Palastes von PHAISTOS, die besondere Stellung von Westhof und Westfassade, läßt sich einleuchtend aus der topographischen Situation erklären. In KNOSSOS und MALIA befindet sich der Hauptzugang zum Zentralhof und zum Westflügel, d. h. dem offiziellen Teil des Palastes, im Süden. Der heutige Zustand läßt in PHAISTOS nicht mehr erkennen, wie weit im Süden vom Gelände her die Möglichkeit für einen Zugang bestanden hätte. Der Südostteil des

Palastgebietes ist nämlich mit der betreffenden Ecke des Zentralhofes irgendwann einmal abgebrochen und abgerutscht. Das Gefälle des Westhofes nach Süden und die hohe Fundamentierung des auf der heutigen Südspitze gelegenen Unterbaus eines frühen griechischen Tempels zeigen die schwierigen Geländeverhältnisse allerdings auch jetzt noch sehr deutlich. Tatsächlich scheinen die minoischen Architekten des Phaistos-Palastes also weder in der Älteren noch in der Jüngeren Palastzeit den Versuch gemacht zu haben, den Hauptzugang im Süden anzulegen.

Deshalb bekam die Westfassade (Abb. 58) mit ihrem schönen Sockel aus einer bankartig vorspringenden Fundamentschicht und darauf gestellten, die spätere griechische Bauweise vorwegnehmenden Orthostaten eine besondere Bedeutung. Verwandt ist diese Westfassade mit der entsprechenden Palastfront in Knossos und Malia nämlich nur in der Mauertechnik sowie durch die Vor- und Rücksprünge im Grundriß. Grundsätzlich anders aber ist sie dadurch, daß sie von Anfang an einen direkten Einlaß in den Palast gegeben hat. Aus der Älteren Palastzeit ist ein kleinerer und ein großer späterer Zugang von jeweils monumentaler Art freigelegt worden. Für die Neugestaltung des Palastes im 16. Jahrhundert hat man diesen zweiten Durchgang durch einen neuen, vom Westhof geradeaus etwa in die Mitte des Zentralhofes führenden Eingang ersetzt. Vor allem aber hat der Architekt jetzt etwas weiter nördlich eine fast 14 m breite Freitreppe aus der Fassade ausgespart und in ein großes Propylon des Westflügels geführt. Dieser Freitreppe mit ihrem unmittelbaren Zugang zum Piano Nobile des Westflügels entsprechen in Knossos und Malia die Freitreppen, die vom Zentralhof aus, in Knossos auch vom Prozessionskorridor her, in die entsprechenden Repräsentationsräume geführt haben.

Die vornehme Freitreppe in PHAISTOS gehört für uns, die wir das ursprüngliche Aussehen der minoischen Paläste in ihrer Gesamtheit freilich nicht gültig beurteilen können, zu denjenigen Zeugnissen, welche die minoische Architektur als die älteste europäische Baukunst im eigentlichen und wahren Sinne des Wortes erscheinen läßt. Die ganze Westfront des Palastes von PHAISTOS geht auf einen großzügig angelegten und durchdachten Plan zurück, der nach der Zerstörung des älteren Palastes zugunsten eines vergrößerten und in seinem Niveau um ca. 1 m angehobenen Westhofes den Westflügel des Palastes um 7—8 m verkürzt hat, während der Zentralhof seinen alten in der jüngsten Phase des älteren Palastes festgelegten Platz fast unverändert behalten konnte.

Der Besucher von PHAISTOS bewundert heute vom Westhof aus aber nicht nur die erwähnte Freitreppe in der Westfront, sondern auch eine zweite, noch viel breitere und ganz selbständige Treppenanlage, die im rechten Winkel zur Freitreppe verläuft und mit der obersten ihrer flachen, tiefen Stufen an eine stattliche Terrassenmauer stößt (Abb. 58). Wie das großteilige Steinpflaster des Hofes, die „Gehsteige" darauf und der schöne Mauersockel auf der Ostseite des alten Hofes wurden bei der erwähnten Neugestaltung des Palastes im 16. Jahrhundert mit der Erhöhung des Hofniveaus auch noch die unteren Stufen dieser Schautreppe zugeschüttet, und es entstand ein ganz neuer größerer Westhof ohne Steinpflaster. Für die Zuschauer kultischer Veranstaltungen stand außer den oberen Stufen der alten Schautreppe und der neuen großen Freitreppe noch eine weitere, schmale Treppe zur Verfügung, die von der Nord-Ost-Ecke des vergrößerten Hofes zum „oberen Platz" (Piazzale superiore) geführt hat (Abb. 57).

Wer das Stierspringen in Knossos mit der dortigen „Theatral-Area“ und der „Royal Road“ in Verbindung bringen möchte (vgl. S. 61 ff.), der wird auch die „Area Teatrale“ im Westhof des Palastes von Phaistos mit diesen Spielen verknüpfen, zu deren eindrucksvollsten Zeugnissen ein steinernes Reliefgefäß aus Hagia Triada („Boxerrhyton“) gehört (S. 170 ff.).

Außer der Westfassade bezeugt auch die nördliche Schmalseite des Zentralhofes die großzügige und wohldurchdachte Baugesinnung der Bauherren und Baumeister des neuen Palastes von Phaistos (Abb. 59). Während der Westseite dieses Hofes anscheinend der ausgesprochen repräsentative Charakter fehlte, der sich für diese Hoffassade in Knossos und Malia aus dem baulichen Befund erschließen und durch das eine der Miniaturfresken (S. 52 ff. mit Abb. 12) ergänzen läßt, zeigt das, was die Ausgräber von der Nordfront des Zentralhofes noch gefunden haben, eine Architektur, die ihre nächste Parallele erst in der prunkvollen Toranlage des sog. Atreusgrabes von Mykene hat[39]. Von dem stattlichen Tor in der Mitte dieser nördlichen Hoffront sind die mächtigen Pfosten knapp mannshoch restauriert. Auch die einst hölzernen Halbsäulen, von denen das Tor — wie beim „Atreusgrab“ — flankiert wurde, sind auf den antiken Basen modern angesetzt. Gewiß darf man über dem Tor aber noch nicht den steilen Giebel des aus der festländisch-mykenischen Architektur bekannten „Entlastungsdreiecks“ ergänzen. Wo die Eingangsfront des „Atreusgrabes“ durch die Mauern des langen Dromos begrenzt wird, nimmt die symmetrische Gliederung der Nordfassade des Palasthofes von Phaistos ihren Fortgang mit zwei Nischen, in denen sich Freskoreste gefunden haben.

Wie gern wüßte man noch mehr von dieser stolzen Fassade, deren so bedeutende architektonische Reste

58. Palast von Phaistos. Westhof mit Schautreppe und Pflaster des älteren Palastes; rechts Freitreppe des jüngeren Palastes

59. Palast von Phaistos. Blick auf die Nordfassade des Zentralhofes. Im Hintergrund der „Hörnerberg" des Ida

heute von der grandiosen Kulisse des Idagebirges überschattet werden. Wenn man behaupten kann, daß der Entwurf der Nordfront des Zentralhofes im Phaistos-Palast nicht nur die nächste große Leistung der europäischen Architektur — eben das „Atreusgrab" vorwegnimmt, sondern auch schon auf viel spätere, dem Boden der römischen Baukunst erwachsene Zeugnisse vorauszuweisen scheint, dann wird man sich angesichts dieser majestätischen Naturkulisse mit dem regelmäßigen „Hörnerberg" in der Achse des Hofes fragen, ob nicht auch sie an der Entstehung dieses Entwurfs beteiligt war. Man denkt aber auch an viele andere Schöpfungen der minoischen Kunst, von denen hier zum Teil schon die Rede war: an das symmetrische Zusammen der Bienenköniginnen von MALIA (Abb. 33), an die abgemessenen Zinnen im Lilienfresko von AMNISSOS (Abb. 36) oder an die geheimnisvolle Ordnung vieler Kamaresornamente (Abb. 56). Ob sie alle wirklich schon vorausweisen auf römisches Bauen, Ordnen und Schmücken? Gewiß haben Ägypten und der Orient ihren Anteil an dieser besonderen Leistung, mit der die kretische Kultur die Brücke weitergebaut hat hinüber auf das griechische Festland zu den indogermanischen Trägern der mykenischen Kultur.

Die weit verbreitete Vorstellung, daß das Geordnete, das Symmetrische im künstlerischen Gestalten nicht kretisch sondern festländisch-griechisch sei, wird durch die Nordfront des Palasthofes von Phaistos und die minoischen Denkmäler von gleicher Gesinnung jedenfalls unmißverständlich widerlegt.

In HAGIA TRIADA auf dem westlichsten Ausläufer desselben langen Höhenzuges, dessen Ostende Palast und Stadt PHAISTOS trug, sind von den italienischen Archäologen außer palastartigen Gebäuden gleichfalls Wohnhäuser, ja sogar die Agora einer minoischen und

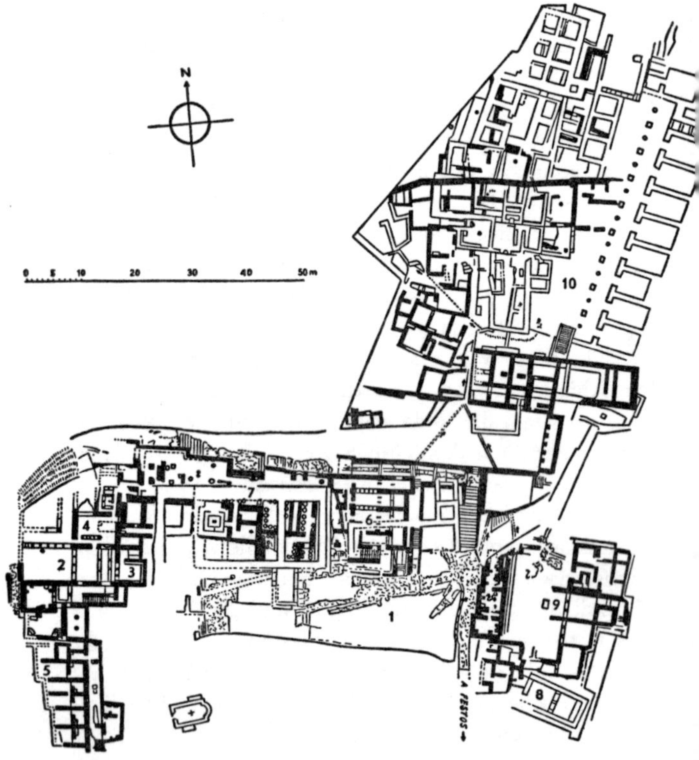

60. Grundriß der „Villa“ von Hagia Triada (1: großer Hof; 2–4 und 6: Wohnräume; auf die Magazine (7) gebaut: großes mykenisches Megaron; 8: spätminoisches Heiligtum; 10: Agora; westlich davon: minoische Siedlungen

mykenischen Stadt (Abb. 60) freigelegt worden. Obwohl die Ausgrabungen abermals nur einen Teil der einstigen Anlagen herausgeschnitten haben, so ist doch deutlich geworden, daß diese kleiner waren als in PHAISTOS. Der „Palast“ ist ostwestlich orientiert und hat anscheinend keinen Zentralhof gehabt. Der Vorteil von HAGIA TRIADA bestand darin, daß man fast unmittelbar am Meer war; denn die Küste ist erst in nachminoischer Zeit so weit hinausgeschoben worden.

Angesichts der engen Nachbarschaft von Phaistos und Hagia Triada darf man auch auf eine sehr enge Beziehung der Bewohner schließen. Ob in dem Zimmer mit dem „Katzenfresko" (S. 164 ff.) und in den anderen vornehmen Räumen zu bestimmten Jahreszeiten oder Anlässen die Herrscher von Phaistos gewohnt haben („Sommerresidenz"), oder ob die Bewohner der „Villa" in gewissen Graden unabhängig waren, läßt sich nicht sagen. Der typisch minoische Verzicht auf jede Art von Befestigung und Sicherung, im mykenischen Griechenland kaum denkbar, bescheinigt zumindest eine ausgesprochen friedliche Art des Zusammenlebens, während die reichen Funde zeigen, daß man in Hagia Triada während der Blütezeit des 16. Jahrhunderts an Wohlstand und Luxus Phaistos keinesfalls nachstand.

Ein riesiges mykenisches Megaron über den minoischen Grundmauern des Nordflügels (Abb. 60) und andere Gebäude der „Nachpalastzeit" (eine mit dem Megaron gleichzeitige Portikus, ein Heiligtum, die Agora usw,) veranschaulichen, daß sich im 14. und 13. Jahrhundert das Schwergewicht von Phaistos zugunsten der Hafenstadt Hagia Triada verschoben hat. An diesem wichtigen Hafen der Südküste hatten die in der Zwischenzeit vom griechischen Festland gekommenen mykenischen Herren offensichtlich ein besonderes Interesse. Der vornehme Tote, der bald nach 1400 v. Chr. in dem bemalten Kalksteinsarkophag in Hagia Triada bestattet worden ist, war nach Aussage der Darstellungen (S. 69 ff. mit Abb. 19) noch ein echter Minoer. Erst danach scheint die Stadt die neuen mykenischen Herren bekommen zu haben.

Der Brand der „Villa", der die minoischen Fresken in Mitleidenschaft gezogen hat, wurde von den Ausgräbern freilich schon mit jener Zerstörungswelle um die Mitte des 15. Jahrhunderts in Verbindung gebracht, der von Hagia Triada bis Kato Zakros so viele minoische Bauten zum Opfer gefallen sind. An der Nord- und Ostküste Kretas stehen die betreffenden Zerstörungen vielleicht mit einem schweren Ausbruch des Thera-Vulkans in Zusammenhang. Der Anlaß gleichzeitiger Katastrophen in Phaistos und Hagia Triada ist unbekannt. Erste Streifzüge mykenischer Krieger sind im Gefolge einer Naturkatastrophe allerdings durchaus denkbar. Nach dieser Zerstörung und vor dem Wechsel der Herren muß, wie der minoische Sarkophag von Hagia Triada zeigt, das minoische Leben in dieser Stadt noch einmal fortgesetzt worden sein.

Das „Katzenfresko" von Hagia Triada (Abb. 61)

Das „Katzenfresko" haben während dieser Epoche also schon die Trümmer des verbrannten Westflügels bedeckt. Nach den Ausgrabungen wurde in Aquarellzeichnung vor allem jenes schöne Fragment dieses Freskos bekannt, das in der Mitte einen Efeubusch auf einer Felsnase, rechts Vorderbein, Schulter und Kopf einer Katze, links aber — von der anschleichenden Katze abgewandt — einen großen, stolzen Vogel (Fasan) zeigt. Wie schon gesagt, hat man im Museum von Heraklion erst in jüngster Zeit alle zugehörigen Fragmente dieses verhältnismäßig großen Wandfreskos sorgfältig zusammengetragen und teilweise (in blassen Farben) ergänzt. So erhält der Betrachter wenigstens eine gewisse Vorstellung von der überquellenden Phantasie und der bravourösen Kunst des betreffenden Freskomalers (Abb. 61).

Leider sind die Farben durch die Hitzeeinwirkung des Brandes sehr beeinträchtigt und auch in ihren Farbwerten verändert worden. Der heute dominierende Braunton täuscht also. Außerdem haben die zarter aufgetragenen Farben in der Gesamtwirkung gewiß stärker mitgesprochen. Die erwähnte alte Aquarellzeichnung gibt von solchen Feinheiten, etwa der marmorartigen Struktur der kleinen Erd- oder Felsnase mit den Efeuzweigen, mehr wieder als die Photographie des Originals. Wir müssen, um der ursprünglichen Schönheit des Katzenfreskos näherzukommen, vergleichbare, aber besser erhaltene Wandbilder wie das etwas ältere Lilienfresko von Amnissos (Abb. 36) oder Freskofunde von Knossos ansehen.

Willkommen für solche Vergleiche sind aber auch die schönen, mit dem Katzenfresko etwa gleichzeitigen Neufunde aus der gegen 1500 v. Chr. von einem Vulkanausbruch zerstörten Stadt auf Thera, die in einem sehr engen Kontakt zum minoischen Kreta gestanden hat. Dort wachsen die Lilienstauden auf dem vom Ausgräber „Frühlingsfresko“ (Abb. 37) genannten Bild aus entsprechenden marmorierten Erd- oder Felsnasen (vgl. S. 120). Die „Marmorierung“ ist einerseits durch den Wechsel roter, blaugrauer und brauner (einst grüner?) Farbabschnitte, andererseits durch kräftige, konzentrisch geführte Maserungslinien bewirkt. Wir haben schon beim „Krokospflücker“ (S. 50 ff. mit Abb. 11) darauf hingewiesen, daß die minoischen Freskomaler hier tatsächlich eine Art Marmorierung zeigen, die ihre Anregung den natürlichen Schichtungslinien der Wandplatten aus Gipsstein verdankt. Und doch hat dieses Motiv nichts mit der absichtlich nachahmenden Marmorierung bestimmter Abschnitte einer Wanddekoration zu tun, wie sie etwa auf dem Sockelstreifen des „Greifenfreskos“, freilich aber nicht nur in Kreta, sondern fast überall und bis heute in den dekorativen Künsten zu belegen ist.

Deshalb wurden oben (S. 51) lieber Hodlers „aufgeschnittene" Berglandschaften verglichen.

Die Naivität dieser kretischen Darstellungsweise landschaftlicher Elemente, die bei vielen der betreffenden Bilder auch das Oben und Unten sorglos vermischt, findet jedoch eine einfache Erklärung, wenn man annimmt, daß die eigene schöpferische Phantasie der kretischen Künstler überhaupt einen Bund mit den natürlichen Vexierbildern der großen und kleinen Gipssteinplatten eingegangen ist. Diese sind gerade auch in PHAISTOS und HAGIA TRIADA in reichem Maße für Wände und Böden verwendet worden. *Lionardo da Vinci* hat im „Trattato della Pittura" eindringlich auf den Wert natürlicher und zufälliger Bilder für die künstlerische Phantasie des Malers aufmerksam gemacht. Und schon in der Spätantike schrieb Prokop von Caesarea beim Bewundern der Säulen und Steine in der Hagia Sophia: „Man glaubt, man sei auf eine Blumenwiese in voller Blüte geraten" ... und: „wo die Natur wie ein Maler die verschiedenen Farben miteinander mischt." Auch der griechische Künstler, der jenen Achat des Königs Pyrrhos geschnitten hat, in dessen natürlichem Bild man Apoll und die neun Musen sehen wollte, weiterhin Chinesen, die natürliche Steinbilder durch Unterschriften benannt haben, oder in der Barockzeit die Verfertiger von sog. „Ruinenmarmor", sie alle führen zu der Annahme, daß die minoischen Freskomaler nicht nur das Geländemotiv mit seinen so eindeutigen Schichtungslinien, sondern auch die ganze merkwürdig sorglose Gestaltung vieler ihrer Bilder im Sinne des Prokop von Caesarea und des Lionardo da Vinci aus den zauberhaften Maserungen der Gipssteinplatten herausgelesen haben (Abb. 62). Angesichts eines solchen Zusammenhanges wundert es auch nicht mehr, wenn beim „Katzenfresko" wie beim

„Krokospflücker“ und anderen „Landschaftsbildern“ die „Landschaft“ (Fels- oder Erdnasen) auch von oben in das Bild herunterhängt.

Auf den wiedergefundenen Fragmenten des „Katzenfreskos“ sind die scheinbar hängenden Partien recht gut über dem Buckel der Katze zu erkennen (Abb. 61). Hier kann man auch auf der Photographie sehen, wieviel „selbstverständlicher“ diese Geländenase wirkt als die entsprechenden, allzu künstlich stilisierten Elemente auf dem theräischen „Frühlingsfresko“ (Abb. 37). Übrigens gibt es dort auch nicht die Wiederholung der Landschaftsmotive von oben. Erst einmal auf die Unterschiede aufmerksam geworden, verliert das so gut erhaltene Fresko in Thera im Vergleich mit den unvollständigen und durch den Brand beeinträchtigten Fragmenten des „Katzenfreskos“ überhaupt recht viel von seinen anfänglichen Reizen. Warum ist das Gelände so merkwürdig hoch und warum so viel vom hellen Bildgrund unbemalt gelassen?

Beim „Katzenfresko“ und bei anderen kretischen „Landschaftsbildern“ ist der ganze Grund dicht überzogen. Das Auge des Betrachters gerät in eine faszinierende Bewegung, wenn es den zahllosen Efeuzweigen und dem botanisch nicht sicher zu bestimmenden und doch so natürlich wirkenden Blumenmotiv (am rechten Rand unserer Abb. 61) folgt. Spüren wir hier nicht ein ganz anderes, ein ursprünglicheres Temperament und in diesen rastlosen Bewegungen auf dem Bild nicht die Rastlosigkeit der natürlichen Maserungen des Gipssteines? Auf Thera gab es diesen Stein nicht. Hilft sein Fehlen dort jenen trotz der munteren Schwalben vergleichsweise nüchternen Stil des „Frühlingsfreskos“ erklären? Ganz erklären gewiß nicht, doch trägt es vielleicht zum Verständnis des Unterschiedes mit bei.

Noch eines aber bietet sich beim Betrachten des m. E. originellsten und faszinierendsten der kretischen Fresken an: ein Vergleich mit dem Jugendstil.

„Katzenfresko" und Jugendstil (Abb. 63)

Dieser Vergleich ist sehr interessant, weil er sich nicht auf ein beliebiges, mehr oder weniger gut vergleichbares kunstgeschichtliches Phänomen bezieht, sondern auf die bedeutendste europäische Stilrichtung eben der Zeit, in der die Funde der minoischen Kultur bekanntgeworden sind. Es liegt hier jene in der Kunstgeschichte gelegentlich wiederkehrende Situation vor, die den Eindruck erweckt, als müsse die Begegnung mit einer bestimmten vergangenen oder doch fremden Kunst just in dem Augenblick erfolgen, in dem eine Affinität zwischen dem eigenen Wollen und den betreffenden fremden künstlerischen Äußerungen besteht. Die Archäologen haben diese Verwandtschaft zwischen dem Jugendstil und dem Minoischen schon bald zur Kenntnis genommen, dabei aber nicht berücksichtigt, daß sie lange genug selbst mit den Augen des Jugendstils gesehen haben.

Und doch wirkt auch jetzt noch etwa ein Farbholzschnitt von *Peter Behrens* (Abb. 63) auf den ersten Blick geradezu wie die moderne Interpretation eines minoischen Bildes. Um so interessanter ist es zu wissen, daß Behrens, als er den Holzschnitt kurz vor der Jahrhundertwende gemacht hat, noch keine Zeugnisse der minoischen Kunst gekannt haben konnte. Entscheidende Anregungen gingen zu dieser Zeit vielmehr von der japanischen Kunst aus, deren Artverwandtschaft mit stilistischen Phänomenen des Minoischen freilich ganz erstaunlich ist.

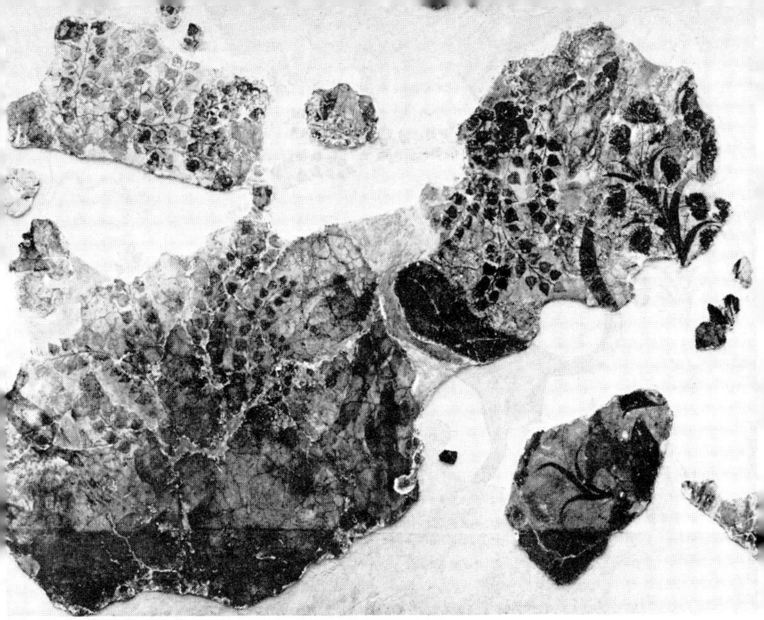

61. *Das „Katzenfresko" von Hagia Triada. Museum Heraklion. 16. Jh. v. Chr. H = ca. 83 cm*

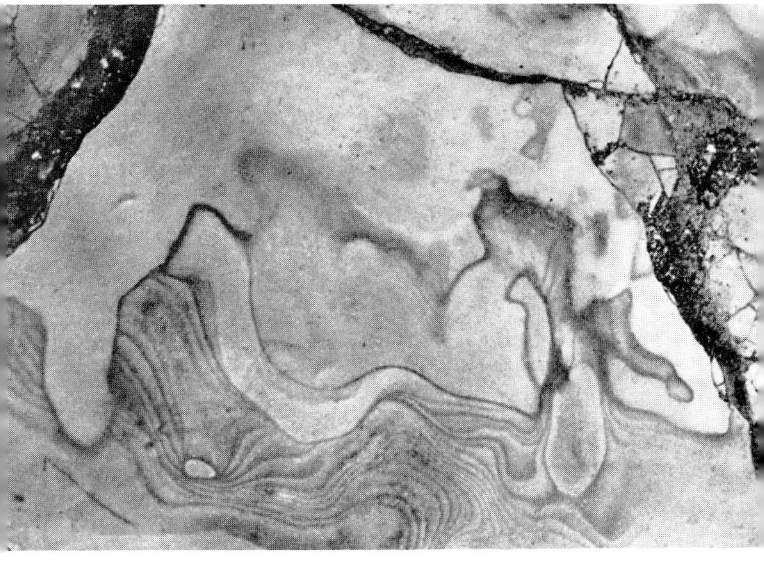

62. *Gipsstein-Bodenplatte im Palast von Phaistos*

63. Peter Behrens, „Bach". Farbholzschnitt. Berlin, Kunstbibliothek der Staatlichen Museen

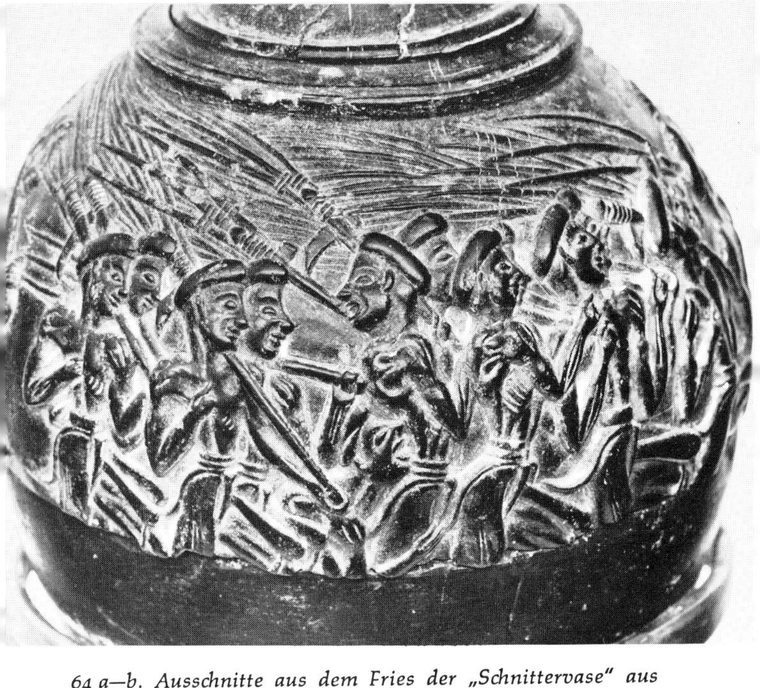

64 a—b. Ausschnitte aus dem Fries der „Schnittervase" aus Hagia Triada. Chlorit, wahrscheinlich einst vergoldet. Museum Heraklion. 16. Jh. v. Chr. H des Frieses = ca. 6 cm

Die *Behrens*'sche Landschaft (Abb. 63) täuscht, so flächig ihre einzelnen Schichten auch gestaltet und so hauchdünn sie „aufeinandergelegt" sind (Rahmen, Blattzweige, Baumstämme, Ufer, Bach, Ufer und Wolken), einen Durchblick in eine unbestimmte Ferne vor. Diese Illusion des Durchblicks kann man auch beim „Krokospflücker" (Abb. 11) und bei anderen kretischen Darstellungen haben, die den hauptsächlichen Bildgegenstand mit anderen Motiven ähnlich umgeben, wie *P. Behrens* den Bach mit den Blattzweigen im Vordergrund umgeben hat.

Auch das „Katzenfresko" mit den Erdnasen, Efeubüschen und Blumen, die das dargestellte Bildthema (Katzen und Vögel) von allen Seiten umschreiben, ist immer wieder im Sinne einer beabsichtigten räumlichen Illusion betrachtet und beschrieben worden. Gewiß hat auch die illusionistische römische Wandmalerei mitgewirkt, wenn man unser Fresko auf der Wand des betreffenden Zimmers in der Villa von Hagia Triada als einen Ausblick und Durchblick in die Natur sehen wollte. Zugrunde lag aber zugleich eine Sehweise, die der Transparenz etwa des *Behrens*'schen Holzschnittes entsprach.

Kretisch im Sinne der Schichtungslinien des Gipssteines muten bei *Behrens* vor allem das Rahmenmotiv und die stilisierte Wiedergabe der Bewegungen des Baches an. Diese und andere Motive sind beim Holzschnitt zur Vorstellung unbestimmter Tiefe gestaffelt worden. Die von den Vexierbildern der Gipssteinplatten inspirierten minoischen Maler haben dagegen alle Motive in einem gleichwertigen Nebeneinander und Umeinander gesehen und — wie mir scheint — ohne den leisesten Versuch einer irgendwie gearteten räumlichen Illusion auf die Wandflächen gebracht. Nicht einem

Durchblick oder Ausblick, nicht schattenbildhaft durchsichtigen Raumschichten galt ihre Phantasie, sondern einerseits den schönen Bewegungen und Farben ihrer Formen, andererseits dem thematischen Gegenstand.

Unser Vergleich sollte also zeigen, daß das Verhältnis zwischen minoischer Kunst und Jugendstil differenzierter ist, als es zunächst den Anschein hat, und daß gewisse verwandtschaftliche Züge keinesfalls dazu verleiten dürfen, die hinter den vergleichbaren f o r m a l e n Phänomenen stehenden künstlerischen Absichten in beiden Epochen unter gleichen Voraussetzungen zu sehen.

Die steinernen Reliefgefäße aus Hagia Triada (Abb. 64)

„Schnittervase", „Boxerrhyton" und „Prinzenbecher" aus Hagia Triada waren bis zu dem in Kato Zakros gemachten Fund des prächtigen Rhytons mit dem Bergheiligtum (Abb. 22) die bekanntesten und am besten erhaltenen Beispiele einer eigenen minoischen Gattung kunstvoll mit Reliefdarstellungen verzierter Steingefäße[40]. Wie schon gesagt, wird das etwa schiefergraue Material heute nicht mehr als Steatit oder Speckstein, sondern als Chlorit bezeichnet. Der Fund von Kato Zakros legt mit den Resten eines ursprünglichen Blattgoldüberzuges nahe, daß alle betreffenden Gefäße einmal auf diese Weise vergoldet gewesen sind. Es handelt sich bei den Reliefvasen, von denen in Knossos auch zahlreiche, zum Teil nur kleine Fragmente gefunden worden sind, um Prunkstücke der minoischen Schatzkammern. Für uns bieten sie einen gewissen Ersatz für entsprechende Prunkvasen aus Edelmetall. Die bekannten goldenen Vaphio-Becher im Athener Nationalmuseum sind zwar Arbeiten eines minoischen Künstlers, doch wurden sie nicht auf Kreta, sondern in der Nähe von Sparta im

Kuppelgrab eines reichen mykenischen Fürsten gefunden. In den Schachtgräbern von Mykene kamen gleichfalls sehr feine Reliefgefäße aus Edelmetall zutage.

Vielleicht wartet auch Kreta selbst noch einmal mit entsprechenden Funden auf. Seine Goldschmiede hatten ja — wie der Bienenanhänger von MALIA (Abb. 33) zeigt — schon am Anfang des 2. Jahrtausends eine besonders hohe Kunstfertigkeit erreicht. Die in den Palästen von HAGIA TRIADA, KNOSSOS und KATO ZAKROS gefundenen Reliefvasen aus Stein sind indes nicht eigentlich ein billigerer Ersatz für Goldgefäße, sondern eine eigene, in den Werkstätten von Steintöpfern (vgl. S. 94) und in Nachbarschaft auch mit den Siegelschneidern beheimatete Gattung. Ihr hoher Rang innerhalb des minoischen Kunsthandwerkes ist nicht nur durch die hervorragende Qualität der Darstellungen, sondern auch durch deren inhaltliche Bedeutung gesichert. Das Bergheiligtum auf dem Rhyton von KATO ZAKROS (Abb. 22) hat das schon sehr anschaulich gezeigt (S. 82).

Nicht minder interessant ist die inhaltliche Aussage der drei vielleicht aus ein und derselben Werkstatt stammenden Reliefgefäße von HAGIA TRIADA. Die Darstellungen berichten von militärischem Zeremoniell („Prinzenbecher"), vom Alltag auf dem Lande („Schnittervase") sowie von Stieren und Boxkämpfen („Boxerrhyton"). Reiche Auskünfte erhalten wir auch über Tracht, Waffen und Geräte sowie über Formen und Äußerungen des Lebens. Doch gehen die Bilder dank ihrer Lebendigkeit und Frische soweit, daß der Betrachter glauben mag, an den dargestellten Situationen und Augenblicken sogar unmittelbar Anteil zu nehmen.

Das gilt für die tragische Situation eines von einem dahinstürmenden Stier regelrecht aufgespießten Stierspringers, für die unterlegenen Boxer, vor allem aber für eine Reihe von Figuren auf der „Schnittervase", mit deren Darstellung wir uns im folgenden etwas näher beschäftigen wollen (Abb. 64).

Der erhaltene obere Teil dieser „Vase" besteht aus dem schön gedrechselten spindelförmigen „Kopf" mit einer Öffnung zum Einfüllen und aus der oberen Hälfte des eiförmigen Gefäßkörpers, der als Rhyton in der Mitte unten ein kleines Loch zum Ausfließen des Inhalts (Wein?) hatte. Bei einer erhaltenen Frieshöhe von nur ca. 6 cm und einem Umfang von ca. 36,5 cm an der Bruchstelle sehen wir 27 Figuren meist bis in Kniehöhe erhalten. Dreierlei Typen von Männern sind dargestellt: ein Anführer mit langen Haaren, einem glockenförmigen, knielangen Schuppengewand, aus dem nur der rechte Arm mit einem geschulterten langen Krummstab heraussieht, vier Sänger mit weit geöffnetem Mund, die sich von der Gruppe der 22 „Schnitter" durch das Fehlen einer Kopfbedeckung unterscheiden. Der Vorsänger mit einem „Sistrum" (Klapperinstrument ägyptischer Herkunft) in der Hand zeigt auch nicht die Wespentaille der „Schnitter" und trägt statt der minoischen „Phallustasche" eine Art Schurz, während die Körper der drei Mitsänger von einem schildförmigen Instrument (Tamburin?) verdeckt werden.

An den schlanken „Schnittern" fällt außer der knappen Kopfbedeckung und dem Erntegerät, das sie schultern, noch ein kolbenförmiger Gegenstand auf, der am Gürtel befestigt, über dem im Marschschritt erhobenen Oberschenkel dargestellt ist. Wahrscheinlich gehört dieser Kolben als Wetzstein oder Dreschflegel gleichfalls zu dem Erntegerät, an welchem außer dem dreizinkigen Oberteil auch noch eine Sichel (Haumesser?) befestigt ist. Es ist also anscheinend ein gut durchdachtes Mehrzweckgerät. Kriegerisch, wie man einmal vermutet hat, ist es gewiß nicht. Dagegen spricht nicht nur das Gerät selbst, sondern auch der unkriegerische Anführer im Schuppenmantel.

Ob die Männer von einer Getreide- oder einer Olivenernte zurückkehren; sie waren jedenfalls in einem landwirtschaftlichen Einsatz und marschieren von diesem in Zweiergliedern äußerst diszipliniert nach Hause. Nur an einer Stelle ist die Disziplin durchbrochen, dort nämlich, wo gegen Ende des Zuges einer der Männer stöhnend zusammenbricht. Sein Kopf mit dem geöffneten Mund erscheint in Höhe der Taille des Vordermannes, an dem er sich zu halten sucht, und der selbst den Kopf unwillig zurückwendet. Der Vorschlag, daß es sich hier um ein obszönes Intermezzo — es wäre das einzige in der minoischen Kunst — handle, ist angesichts der Drastik des Motivs kaum ernsthaft zu diskutieren (Abb. 64 b).

Der Einfall zu einer Auflockerung kam zunächst wohl aus einem kompositionellen Grund: Die Kette der 14 gleichartigen „Schnitter" sollte an dieser Stelle unterbrochen werden. Solches Auflockern des Frieses durch ein deutliches Verlassen der Isokephalie (gleichhohe Anordnung der Köpfe) läßt sich auch an anderen Stellen beobachten, besonders deutlich bei der Gruppe der Sänger oder bei dem Zug gleich hinter dem Anführer. Dort muß auch in der leider verlorenen Geländedarstellung ein Anstieg gewesen sein. Je länger man den Fries betrachtet, desto unerschöpflicher scheint er in den Feinheiten der Details und der Komposition. Wieder ist es das Zusammenspiel von Ordnung und Freiheit, das den Stil bestimmt.

Wie gern wüßte man, ob die beiden Rhyta und der „Prinzenbecher", die alle in der Villa von Hagia Triada gefunden worden sind, um 1500 v. Chr. an Ort und Stelle oder — wie jetzt vorgeschlagen — in Knossos entstanden sind (vgl. auch S. 84 f.). Tatsächlich gibt in Griechenland erst die archaische Kunst des 6. Jahrhunderts v. Chr. wieder so lebendige Einblicke in wirkliches Geschehen; und doch scheint selbst dort die Bindung an den Zeitstil fester gewesen zu sein. Was das minoische Relief überhaupt so schwer vergleichbar macht, das sind die Freiheiten, die allen plastischen Gestalten in dieser Kunst von Anfang an eigen waren. Wir sind hier auf mehrere solcher Funde eingegangen und haben die Betrachtung minoischer Kunstwerke absichtlich etwas ausführlicher mit dem faszinierend lebendig erfaßten Relief der „Schnittervase" abgeschlossen. Nur ein ganz andersartiger und bisher einmaliger Fund aus Phaistos sei noch angeschlossen, bevor wir uns Funden des 1. Jahrtausends zuwenden.

Der Diskos von Phaistos (Abb. 65—66)

Diese nur 2 cm dicke Scheibe aus gebranntem Ton (d 16 cm) wurde bei den Grabungen *Perniers* im Jahre 1903 gefunden. Der „Diskos" kam ohne nennenswerte Beschädigung in einem kleinen Raum zutage, der nordöstlich vom Zentralhof an eine Reihe von sieben schmalen Kammern grenzt (Abb. 57, XL). Eine Linear-A-Tafel, die man in der Nähe des „Diskos" fand, bekräftigt ebenso wie die Gestalt der erwähnten Kammern die Vermutung, daß es in diesem Bereich der nördlichen Palastperipherie Archive gegeben hat. Durch die Fundschicht ist der „Diskos" in den Anfang des 16. Jahrhunderts, d. h. in den Beginn der jüngeren Palastzeit datiert.

In die beiden ebenen Flächen des „Diskos" sind vor dem Brand mit 45 verschiedenen kleinen Stempeln Bildzeichen eingedrückt worden. Deutlich rechtsläufig führt

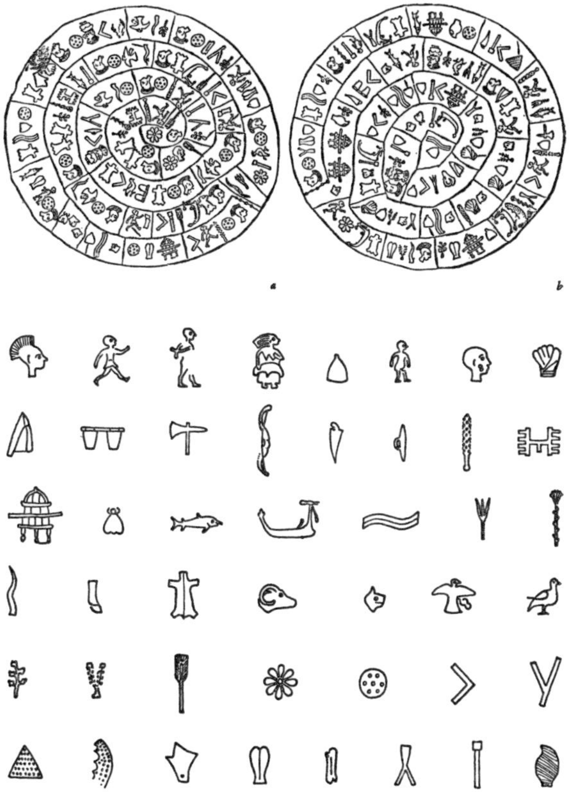

65. Der tönerne „Diskos von Phaistos“ und seine Schriftzeichen (vgl. Abb. 66 a—b)

ihre Anordnung vom Zentrum aus zum Rand. Die Schriftzeilen sind durch Ritzlinien verdeutlicht: unregelmäßig spiralförmige zur Unterscheidung der Zeilen, und senkrechte zur Abgrenzung von 30 bzw. 31 einzelnen aus 2 bis 7 Zeichen bestehenden Einheiten. Singulär im Bereich der minoischen Kultur ist die Scheibenform und die „Drucktechnik“. Zweiseitig beschriebene Tontäfelchen gibt es auch sonst aus dem minoischen Kreta, auch lassen sich dort vereinzelt gleiche oder ähnliche Schriftzeichen nachweisen. Ein Goldring aus Mavro Spileo zeigt sogar die gleiche Spiralschreibweise (Linear-A). Die „Drucktechnik" des „Diskos" wird jedoch mit vollem Recht als ein vereinzelter, früher Vorläufer der Buchdruckerkunst bezeichnet; die einzelnen Stempel mit den Bildzeichen stehen dabei für die modernen Buchstabentypen.

Leider ist es in den 70 Jahren seit dem Fund des „Diskos" nicht gelungen, seiner Entzifferung näherzukommen. Einflüsse vor allem aus Ägypten sind eindeutig zu erkennen, doch sind unter den Bildzeichen auch eigene, kretische Motive, die eine selbständige Abwandlung und Verwertung der fremden Anregungen zeigen. Dargestellt sind Menschen (männlich und weiblich, laufend, schreitend, Köpfe), Tiere (fliegende und hockende Vögel, Fisch, Insekt, Köpfe, Felle und Gliedmaßen von Vierbeinern), Waffen und verschiedene Geräte, stilisierte Pflanzen und Früchte sowie abstrakte, nicht sicher zu deutende Zeichen.

Es gibt die Verdoppelung eines Zeichens innerhalb einer Einheit und Wiederholungen gleicher Zeichengruppen. Im letzteren Falle treten zwei oder drei Zeichen mehrmals (bis zu zwölfmal) auf einer Seite des „Diskos" gekoppelt (selten in vertauschter Reihenfolge) auf. Außerdem begegnen auch Wiederholungen ganzer Einheiten — einzelner und mehrerer (bis zu drei hintereinander). Nicht alle Zeichen kehren auf beiden Seiten des „Diskos" wieder, und die Wiederholungen ganzer Einheiten finden sich mit einer Ausnahme nur jeweils auf einer Seite. Inhaltlich waren beide Seiten also zweifellos verschieden.

Was auch immer der Inhalt der 30 bzw. 31 Einheiten von durchschnittlich vier Zeichen auf den beiden Seiten des „Diskos" gewesen sein mag (eine Art Monatskalen-

66 a—b. „Diskos von Phaistos". Terrakotta. Museum Heraklion. Um 1600 v. Chr. d = ca. 16 cm

der?), die Wiederholungen von Zeichengruppen, Einheiten und vor allem von ganzen Sequenzen sprechen gegen eine einfache Aufzählung und am ehesten für einen rituellen Text. Im Hinblick auf den Wert der einzelnen Zeichen selbst wird man Buchstabenbedeutung ausschließen dürfen und einer Bilderschrift mit Haupt- und Zusatzzeichen den Vorzug geben. Am Schreibtisch scheint sich die Entzifferung dieses hochinteressanten Fundes nicht klären zu lassen, doch werden hoffentlich neue Funde eines Tages das Rätsel um die Herkunft und Bedeutung auch dieser Bilderschrift lösen.

FUNDE DER „IDÄISCHEN" EPOCHE

Die Idäische Grotte und ihre Funde · Tongefäße der „idäischen" Epoche · Die Sphyrelata von Dreros · Funde von Prinias und Gortyn

Auf die mykenische Epoche, die in Kreta am eindrucksvollsten durch das große Megaron in HAGIA TRIADA repräsentiert ist, folgte vom 11. Jahrhundert an auf der Insel wie auf dem griechischen Festland mit den dorischen Einwanderern die eigentlich griechische Zeit. In PHAISTOS ist die Kontinuität der Besiedlung gut zu erkennen. Wie eingangs schon gesagt worden ist, sind in dieser Epoche alte Siedlungen aber auch aufgegeben und neue an einem sichereren, hoch gelegenen Ort gegründet worden. Die Funde lassen nach dem Ende der minoischen und mykenischen Kultur Kretas zunächst einen „subminoischen" (11. Jh.), dann — wie in Griechenland selbst — einen „protogeometrischen" (vor allem 10. Jh.), einen „geometrischen" (9. und 8. Jh.) und einen „orientalisierenden" Stil (7. Jh.) unterscheiden. Aufschlußreich für die erste dieser Phasen sind die Funde — vor allem Terrakotten, Tongefäße und Bronzen —, die das Festhalten am minoischen Formengut auf eine ergreifende Weise zum Ausdruck bringen. Interessant ist die Auseinandersetzung mit den neuen griechischen Elementen in den protogeometrischen und geometrischen Funden (Tongefäße, Terrakotten, Bronzen), die nie ganz zu der Klarheit der Formen und Dekorationen gefunden haben, die als Ausdruck dieser Zeit aus den Funden vom griechischen Festland, vor allem aus Athen und Attika spricht. Die subminoischen, protogeometrischen und geometrischen Funde Kretas stammen aus Siedlungen und von verschiedenen kleinen Heiligtümern, besonders aber aus Gräbern, die auch für die folgende orientalisierende Epoche die meisten Funde geliefert haben.

In dieser orientalisierenden und der unmittelbar folgenden früharchaischen Zeit (spätes 8. bis frühes 6. Jh.) hat Kreta, wie wir gleichfalls schon in der Einführung angedeutet haben, noch einmal und tatsächlich zum letzten Mal eine entscheidende Rolle in der Kunstgeschichte Griechenlands gespielt. Die Insel wurde in dieser kurzen Spanne eine wichtige Mittlerin zwischen dem Orient und Griechenland. Nicht die Anzahl sondern die Verschiedenartigkeit der Funde läßt innerhalb der orientalisierenden Periode auf Kreta eine „idäische" und eine „dädalische" Epoche unterscheiden. Von der Benennung der dädalischen Kunst nach einem neuen, d. h. nicht mehr minoischen sondern griechischen Künstler *Daidalos* war bereits die Rede (S. 16). Die Bezeichnung „idäischer" Stil oder „idäische" Epoche ist hier aber noch nicht gefallen. Der von *A. Rumpf* eingeführte Begriff „idäisch", den wir hier für die vielschichtige vordädalische Kunst übernehmen, geht von den Funden der „IDÄISCHEN GROTTE" oder „Grotte der Zeusgeburt" (Zeus-Grotte) hoch oben im Idagebirge aus.

Die Idäische Grotte und ihre Funde (Abb. 67—69)

Das mächtige Tor dieser in 1400 m Höhe liegenden Grotte öffnet sich über einer Ebene, die wie die Oberfläche eines großen Bergsees ringsum von einer Bergkrone umgeben ist. Die südliche Seite führt hoch über der Grotte zu dem Grat, unter dem sich jenseits in fast gleichgroßer Entfernung und gleicher Höhe die Kamareshöhle (S. 144) auftut. Auf diese Hochebene kommt man normalerweise freilich nicht von Süden, nicht von der Mesara und von Kamares her, sondern von Norden, d. h. von der höchst gelegenen größeren Ortschaft Kretas Anogia.

Einzige Bewohner im Umkreis der „Nidha" genannten Hochebene sind Schafhirten, die seit Menschengedenken während der wärmeren Jahreszeit in steinernen Rundhütten (Mitata) leben und ihren Käse zubereiten, in Rundhütten übrigens, die in einer besonders haltbaren Technik ohne jedes Bindemittel ein „falsches Gewölbe" aufweisen, wie man es in gleicher Weise bei den eingestürzten Tholosgräbern der Mesara (S. 128 ff.) ergänzen darf. Eine Tradition von den minoischen Tholoi zu den Mitata der Nidha-Hochebene läßt sich weder nachweisen noch ausschließen.

In der riesigen Höhle haben Schäfer schon vor etwa hundert Jahren archäologische Funde gemacht, die zunächst in Privatbesitz, später in das Museum von Heraklion und ins Athener Nationalmuseum gekommen sind. *Ernst Fabricius* hat die Höhle dann sehr bald als die sagenhafte Idäische Zeushöhle erkannt und 1885 eine Weihinschrift veröffentlicht, die den Zusammenhang sichert. Im gleichen Jahr führten der Italiener *Halbherr* und der Grieche *Aerakis* in der Höhle Ausgrabungen durch. Diese erste Höhlengrabung auf Kreta — die nächste galt der Diktäischen Höhle (1896 ff.) — hat nun die besonders reichen und hoch interessanten Funde gebracht, die, von einem einzelnen minoischen Zeugnis abgesehen, mit ihrem Schwergewicht zeitlich an jene der Diktäischen Höhle anschließen und die uns zur Benennung einer eigenen „idäischen" Epoche veranlassen. Sie wurden 1888 von *Halbherr* und von *Orsi* im „Museo Italiano" veröffentlicht. Eine erschöpfende wissenschaftliche Vorlage der wichtigsten Funde ist freilich erst 1931 von *Emil Kunze* erfolgt[41].

Von diesen „kretischen Bronzereliefs" greifen wir im folgenden drei Beispiele heraus, die eine Vorstellung von der Sonderheit des „idäischen" Stils und den aus diesem Befund abzulesenden geschichtlichen Verhältnissen vermitteln können. Auf den Abbildungen 67—69 sind zwei kleine bronzene Schilde (d 31 bzw. 34,5 cm) und eine Bronzescheibe (d 55 cm) wiedergegeben. Bei den größeren Schilden des Fundes (d 50—70 cm) war das Bronzeblech ursprünglich über einen „Kern" aus Holz und Leder gespannt. Die Schilde aus der Zeusgrotte und verwandte Schilde von anderen Fundstellen Kretas (Phaistos, Aphrati, Palaikastro) und vom griechischen Festland (Delphi, Dodona) wurden nie im Kampf verwendet. Der Typus kehrt in Griechenland sonst auch nicht wieder. Es sind Weihgeschenke, sinnvoll vor allem, wenn die Gottheit, der sie geweiht wurden, auch eine kriegerische Eigenart hatte. Für den griechischen Zeus ist dieser Zug auch archäologisch gut belegt. In der Idäischen Grotte, die als Geburtsstätte dieses Gottes verehrt worden ist, hatte kriegerisches Lärmen noch einen ganz besonderen Sinn. Die „Kureten" führten es aus, um damit das schreiende Zeuskind zu übertönen, das so, im Versteck der Höhle verborgen, als einziges der Kronoskinder vom Vater nicht verschlungen wurde.

Sicher nicht als Schild ist die flache Bronzescheibe anzusprechen (Abb. 69). Sie wird meist als „Tympanon" bezeichnet, kann aber kein richtiges Schallbecken gewesen sein, weil das Blech durch die Treibarbeit des Reliefs nicht mehr schwingen konnte. Dennoch wird man mit ihr wohl Geräusche gemacht haben, wie sie zum orgiastischen Kult in der Zeusgrotte gehörten. Die im Reliefbild des Tympanon dargestellten vier Scheiben, die von den beiden bärtigen Flügeldämonen berührt werden, meinen wahrscheinlich den gleichen Gegenstand.

Seit der ersten Publikation der Funde aus der Zeusgrotte ist gerade über das Tympanon, seinen Zweck und die Bedeutung seiner Darstellung viel nachgedacht und geschrieben worden. Man hat erkannt, daß die Deutung des Bildes von der Bedeutung der Motive abhängt, die sämtlich orientalischen Ursprungs und doch in dieser Zusammenordnung bis jetzt in keiner auf orientalischem Boden gefundenen Darstellung nachzuweisen sind. Das Rundbild des Tympanon zeigt in einem Kreis, der aus einer Guirlande von Knospen und einem größeren Mittelornament gebildet wird, eine bärtige Hauptgestalt mit kurzem Gewand und Gürtel. Diese wendet Oberkörper und Gesicht dem Betrachter zu, setzt einen Fuß auf den Nacken eines unter diesem Druck in die Knie gehenden Stieres und spannt über dem Kopf zwischen beiden Händen den bogenförmigen Leib eines mit dem Rücken nach unten wiedergegebenen Löwen. Flankiert wird die mächtige Gestalt durch die beiden bereits erwähnten Flügeldämonen oder Genien.

Ornament, Tiere und Figuren lassen sich auf letztlich assyrische Vorbilder zurückführen. In der Forschung der letzten Jahre wurde die Ausführung des Tympanonreliefs aber mit einer nordsyrischen Werkstatt des späten 8. Jahrhunderts v. Chr. verbunden, deren Arbeiten sich auch im Zeusheiligtum in Olympia und in vornehmen etruskischen Gräbern fanden[42]. Eine griechische Werkstatt auf Kreta, wie *Kunze* glaubte, kann es nach der heute geltenden Meinung also nicht gewesen sein, in der das Tympanon entstanden ist. Doch gibt es einen diskutablen Kompromißvorschlag: *J. Boardman* glaubt auf Grund einer inhaltlichen Verbindung des Tympanonbildes mit dem Kult der Zeusgrotte, daß in diesem Fall ein Toreut aus jener oben erwähnten, nicht näher zu lokalisierenden nordsyrischen Bronzewerkstatt auf Kreta selbst gearbeitet hat, ein Künstler, der den mitgebrachten orientalischen Formenvorrat den Vorstellungen seiner griechisch-kretischen Auftraggeber anzupassen verstand[43]. Aus dem orientalischen Helden Gilgamesch mit dem triumphierend erhobenen Löwen, wie er etwa auf einem assyrischen Rollsiegel aus dem Anfang des 1. Jahrtausends im Britischen Museum dargestellt ist[44], wäre nach dieser Interpretation nicht — wie *Kunze* wollte — unter den Händen eines griechischen, sondern eines nach Kreta gewanderten und dort vielleicht seßhaft gewordenen nordsyrischen Meisters eine ganz eigene und einzigartige Darstellung des kretischen Zeus entstanden. Mit dem besiegten Stier unter den Füßen wird die Deutung auf Zeus schon lange gestützt. Die assyrischen „Flügelgenien", die auf den orientalischen Denkmälern (u. a. wieder auf Rollsiegeln) in der gleichen Haltung einen Baum flankieren, den sie mit ihren Händen befruchten, wären dann am ehesten als kretische Kureten zu verstehen.

Eine Verbindung zum Idäischen Zeuskult, d. h. die Deutung des „Helden" oder „Herren der Tiere" auf Zeus hat der Vorschlag *Boardmans* also gemein mit der Deutung von *Kunze* und anderen, die den „Zeusschild" (wie das Tympanon seiner Darstellung wegen genannt worden ist) nicht einer orientalischen, sondern einer unter orientalischem Einfluß stehenden griechischen Werkstatt auf Kreta zuschreiben wollten. Trotz der stilistisch überzeugenden Verbindung des Tympanons mit den erwähnten Funden aus Olympia und Etrurien bleibt der Inhalt unserer Darstellung in der Tat so eigen innerhalb der orientalischen Überlieferung und andererseits so gut vereinbar mit dem, was literarisch vom kretischen Zeuskult überliefert ist, daß man *Boardmans* These gern beipflichten und am Ende des 8. Jahrhunderts für kürzere oder längere Zeit wenigstens e i n e n orientalischen, in diesem Falle wahrscheinlich nordsyrischen Toreuten auf Kreta vermuten möchte.

Nun werden heute aber auch die Bronzeschilde aus der Zeushöhle nicht mehr sämtlich, wie noch von *Kunze*, griechischen sondern zum größeren Teil gleichfalls orientalischen Künstlern zugeschrieben. Dabei verwundert, daß der Stil des Tympanonreliefs unter den Schilden nicht wiederkehrt; sie müßten demnach aus anderen orientalischen „Kunstlandschaften" — vielleicht aus Phönikien — stammen. Die Entstehung der Schilde erstreckte sich freilich auch auf einen längeren Zeitraum, woraus sich stilistische Unterschiede innerhalb der Gruppe wenigstens teilweise erklären lassen.

Sind also auch Schildschmiede aus dem Orient nach Kreta gekommen, haben sie sich dort vielleicht sogar niedergelassen, um mehr oder weniger bald auch einheimisch-kretische Bronzeschmiede mit ihrer Technik und ihren Darstellungen vertraut zu machen? In letzterem Falle müßte der Stil dieser Reliefs im Laufe der Zeit immer freier und unabhängiger von der orientalischen Formensprache geworden sein. Die beiden Schilde, die hier aus der Fülle der Funde herausgegriffen werden, könnten Meisterstücke angelernter kretischer Künstler gewesen sein. Jedenfalls sind sie von der griechischen Kunst der orientalisierenden Epoche her gesehen ein gutes Stück weniger fremd als viele andere der kretischen Schilde mit ihren mächtig aus dem Zentrum vorspringenden Löwen- oder Adlerköpfen und mit den Darstellungen merkwürdiger Krieger, nackter Göttinnen, großer Sphingen und Tiere.

Einen plastisch herausgetriebenen Löwenkopf hat allerdings auch der eine unserer beiden Schilde (Abb. 67), und nicht jeder Betrachter wird ohne weiteres zustimmen, daß dieses Löwengesicht gleichsam „menschlicher" ist als das anderer erhaltener Löwenköpfe auf kretischen Schilden. Leichter mag es fallen, die mit gesenktem Kopf

67.—68. Kleine Bronzeschilde aus der Idäischen Grotte. Museum Heraklion. Anfang 7. Jh. v. Chr. d = 31 cm u. 34,5 cm

69. Bronzenes Tympanon aus der Idäischen Grotte. Museum Heraklion. Spätes 8. Jh. v. Chr. d = 55 cm

schreitenden Stiere des äußeren Ringfrieses und die springenden Steinböcke der zweiten Zone mit entsprechenden Darstellungen der orientalisierenden griechischen Kunst des 7. Jahrhunderts v. Chr. in Verbindung zu bringen. Die Stiere kann man mit dem Stier des Tympanon (Abb. 69) vergleichen und wird sofort des großen stilistischen Unterschiedes gewahr. Von der Breite der künstlerischen Fähigkeiten und Mittel der Schildschmiede aber erhalten wir einen Eindruck, wenn wir die Steinböcke des einen mit den Hirschen des anderen Schildes (Abb. 68) verglichen, das statt des Löwenkopfes im Zentrum nur einen einfachen, großen Buckel zeigt. In der Größe sind diese beiden Schilde ungefähr gleich (31 und 34,5 cm), also ausgesprochen klein im Verhältnis zu den fremdartigen großen Beispielen des gleichen Fundes.

Die Steinböcke des Löwenkopfschildes sind in ihrer Haltung so einheitlich, als wären sie alle aus ein und derselben Form geprägt. Die Hirsche, bei denen die Treibarbeit sehr viel besser zu erkennen ist, wirken im Ganzen wie im Detail viel individueller. Der Hauptunterschied zeigt sich jedoch in der Bewegung der Tiere. Hier steht dem schnellenden, federnden „Galopp" der Steinböcke das vergleichsweise schwerfällige Laufen der Hirsche gegenüber. Was bei den Hirschen orientalischer Anteil ist, das scheint bei den „galoppierenden" Steinböcken ein Stück minoischen Erbes zu sein. Als die kretischen Schilde im 8. und 7. Jahrhundert geschaffen worden sind, lag die Blütezeit der minoischen Kunst allerdings weit zurück. Doch Minoer waren ebenso wie manche der künstlerischen Techniken, die sie beherrschten, und wie die formale Ausdrucksweise, zu der sie in der Blütezeit des 2. Jahrtausends gefunden hatten, nicht ganz ausgestorben auf Kreta. Schon importiertes orientalisches Kunsthandwerk, noch viel mehr aber orientalische Künstler auf der Insel selbst, mußten etwas von solchen alten, in der langen Zwischenzeit mehr oder weniger verschütteten Kräften mobilisieren und dazu beitragen, daß die orientalisierende Kunst gerade auf Kreta geschickte und willige aber auch eigenwillige Nachahmer gefunden hat. Zufallsfunde aus der minoischen Vergangenheit der Insel sind in dieser Zeit des Übergangs selbstverständlich auf einen besonders fruchtbaren Boden gefallen.

Wir verwenden hier den auf die Funde aus der Zeusgrotte gestützten Begriff „idäisch" auf Kreta also für eine zeitlich nicht ganz fest abgegrenzte Epoche zwischen der geometrischen und der dädalischen Zeitstufe. Es soll damit eben jene kunstgeschichtlich wie historisch bedeutsame Situation angesprochen und festgehalten werden, in der Kreta durch einen regen und nicht nur auf Kunst und Kunsthandwerk ausgerichteten Verkehr mit verschiedenen Zentren der orientalischen Nachbarländer verbunden war. Wenn es orientalische Künstler, vielleicht sogar ganze orientalische Werkstätten auf Kreta gegeben hat, dann muß diese Insel in der Wende vom 8. zum 7. Jahrhundert und auch noch im 7. Jahrhundert v. Chr. überhaupt eine wichtige Rolle als Mittlerin zwischen dem Orient und Griechenland gespielt haben.

Das Ende des idäischen Stils zeichnet sich gegen die Mitte des 7. Jahrhunderts in den Funden getriebener Bronzearbeiten deshalb sehr deutlich ab, weil danach in den toreutischen Werkstätten, vor allem den Rüstungsschmieden, eine ganz neue Formensprache zum Durchbruch kommt: die Formensprache der dädalischen Epoche. Doch bevor von den Funden dieser Epoche zu sprechen ist, sollen noch einige Tongefäße und rundplastische Werke betrachtet werden, die stilistisch besser „idäisch" als „dädalisch" zu nennen sind:

Tongefäße der „idäischen" Epoche (Abb. 70—73)

Unter den vielen und interessanten kretischen Gefäßfunden aus der ersten Hälfte des 7. Jahrhunderts v. Chr. sollen drei Beispiele herausgegriffen werden: eines zur Vasenmalerei, eines zur Reliefkeramik und schließlich eine sog. plastische Vase.

Vielfältigkeit der Dekorationsmotive und auch Buntheit in der äußeren Erscheinung folgt in der griechischen Vasenmalerei der orientalisierenden Epoche auf die disziplinierte „geometrische" Kunst. Die verschiedensten orientalischen Motive, von den Mischwesen über die wilden Tiere bis zur Palmette und Rosette, wurden dabei auch in den keramischen Dekor aller griechischen Landschaften aufgenommen und in eine jeweils eigene Formensprache „übersetzt". Am leidenschaftlichsten haben sich die Vasenmaler in Athen und Attika, also dort, wo der geometrische Stil seine klassische Ausprägung erfahren hat, den fremden Anregungen hingegeben. Besonders konzentriert und kontrolliert war die Auseinandersetzung der korinthischen Vasenmaler (sog. protokorinthischer Stil) mit den fremden Vorbildern. Man könnte sagen, daß die Vasenmalerei Kretas zu Beginn und während der ersten Hälfte des 7. Jahrhunderts eine Art Zwischenstellung zwischen der kaum gezügelten attischen und der besonders strengen korinthischen Form einnahm.

In *Ernst Buschors* „Griechische Vasen" lesen wir (S. 48) zur kretischen Vasenmalerei dieser Zeit: „Breite zungenförmige Blätter, Flechtbänder und Spiralwellen hatten sich schon im späten achten Jahrhundert neben den geometrischen Motiven Platz geschaffen; jetzt werden sie üppiger und phantastischer ausgebaut, oft mit »minoischer« Naturfreudigkeit, so daß sich zum Beispiel statt der großen Geschlinge regelrechte von Vögeln belebte Gebüsche ausbreiten, oder daß die Volutengebilde sich mit insektenartigen Ansätzen bereichern oder auch vollends in Bienen verwandeln, oder daß die Spiralwellen das Aussehen gefleckter Panther annehmen." Das Besondere, „Idäische" dieser Dekorationskunst liegt also in der Verbindung dessen, was Buschor die »minoische« Naturfreudigkeit genannt hat, mit den orientalischen, hier und da auch altkretischen Motiven.

Greifen wir für die Vasenmalerei ein 43 cm hohes, eiförmiges Gefäß (Abb. 70) heraus, das unten auf drei henkelförmigen Schlaufen steht, auf der „Schulter" zwei waagerechte sowie zwei senkrechte Henkel hat und obenauf einen Deckel, der die Eiform abschließt. Als Griffknauf trägt der Deckel zusätzlich die Nachbildung einer kleinen Weinkanne mit kleeblattförmiger Mündung. Unser Gefäß, das man griechisch am besten als eine große „Pyxis" bezeichnet, wurde zusammen mit einer Reihe nächst verwandter Beispiele als Urne verwendet und in einer Nekropole beim Dorf Fortezza oberhalb von Knossos ausgegraben. Es steht zusammen mit den anderen Funden in einer der farbenfrohesten Vitrinen des Museums von Heraklion (Saal XII). Diese Gefäße sind zum Teil also polychrom bemalt. Man erkennt auf Anhieb weiße, schwarze bzw. blaue und rote Farbtöne. Die Farben sind keineswegs aufdringlich, vielmehr wohltuend — im ganzen von einer ähnlichen Wirkung wie die Malereien auf dem spätminoischen Kalksteinsarkophag von Hagia Triada (Abb. 19).

Auf unserer Abbildung (70) sehen wir zwischen den Henkeln eine von zwei schmalen, geometrisch verzierten Feldern gerahmte „Metope" (so bezeichnet in Anlehnung an die entsprechenden Felder in der Tempelarchitektur). Man erkennt dort ein Vogelornament, das trotz aller Abstraktion nur e i n e n Körper jedoch z w e i Hälse und Köpfe erkennen läßt. Gewiß ist damit kein fabelhaftes Vogelwesen angesprochen; der Maler zeigt

70. Schwarzblau und rot bemalte tönerne Aschenurne aus einer Nekropole bei Knossos. Museum Heraklion. 1. Hälfte 7. Jh. v. Chr. H = 43 cm

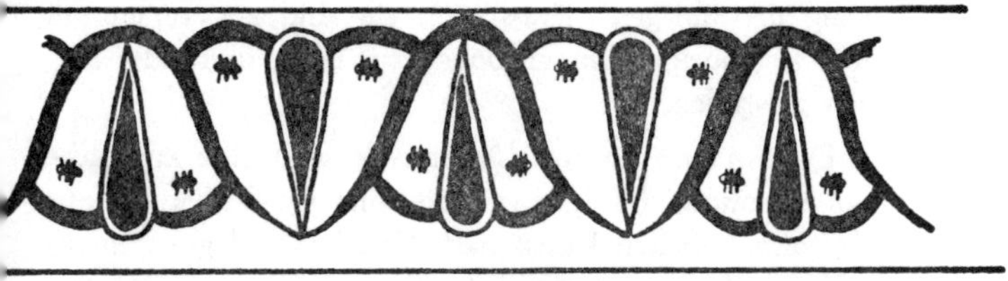

71. Stilisiertes Ornamentband aus Blüten und Knospen. Von dem polychromen Deckelgefäß auf Abb. 70.

uns nur, wie frei er zugunsten einer ausgewogenen Komposition dieses kleinen Bildfeldes mit der in abstrakte Formen (Körper, Flügel, Schwanz des Vogels) umgesetzten Natur umgehen durfte. Ähnlich zu verstehen, doch noch interessanter ist das Ornamentband unter der Vogelmetope (Abb. 71).

Dieses Ornament setzt sich aus drei Elementen zusammen:

1. den Knospen, die abwechselnd mit der Spitze nach oben und nach unten weisen,
2. einem Wellenband, das oben breit und gleichmäßig geführt ist, unter den Knospenspitzen aber dünn und spitz wird, und
3. den kurzen Bögen, die das obere, dicke Ende der hängenden wie der stehenden Knospen mit dem Wellenband verbinden.

Welchen Eindruck hat der Vasenmaler mit dieser einfachen, man kann zunächst ruhig sagen, geometrischen Verbindung der drei Elemente erreicht? Allein durch das Zuspitzen des Wellenbandes sind hängende Blüten entstanden. Die hängenden Knospen zwischen diesen Blüten bleiben Knospen, die mit den Blüten zu einer „Blüten-Knospenguirlande", einem in unzähligen Variationen aus der orientalisierenden griechischen Ornamentik bekannten Motiv verbunden sind. Anders die Deutung der übrigen „Knospen"; sie sind zusammen mit den zugehörigen kurzen Bögen zur Blattfüllung der Blüten geworden.

Die Analyse unseres Ornaments zeigt eine zweifache Abstammung des Motivs: Die eine Quelle ist die aus der orientalischen Kunst nach Griechenland gekommene „Blüten-Knospenguirlande", die andere das einfache, zunächst noch nicht benennbare „geometrische" Ornament aus Knospen, Wellenband und verbindenden Bögen. Der Charakter dieses „geometrischen" Motivs spricht viel weniger für eine Erfindung in der Vasenmalerei als für eine Herkunft aus einem bestimmten Zweig der Textilkunst: der vor allem auf dem Balkan bis heute lebendig gebliebenen „Schnürchenstickerei". Diese hatte offensichtlich einen bedeutenden Anteil schon an der Entstehung von älteren Streifenornamenten, wie dem Mäander und seinen Varianten.

So führt uns der Fund der schönen polychromen Aschenurne aus Fortezza bei Knosssos nicht nur ein Stück der Adaptation orientalischer Formen im griechisch gewordenen Kreta auf der Schwelle vom geometrischen zum orientalisierenden Stil vor Augen, sondern er gibt uns mit diesem Ornament und vielleicht sogar mit der Farbigkeit des Gefäßes auch einen Hinweis auf die wichtige Rolle, die gerade in jener Zeit den verschiedenen Techniken der Textilkunst zukam.

Von der auf Kreta sehr reich vertretenen Gattung der sog. Reliefpithoi geben einige Beispiele im Museum von Heraklion eine Vorstellung. Einen besonders intensiven Eindruck von den betreffenden Funden hat 1970 die Ausstellung „Dädalische Kunst" im Hamburger Museum für Kunst und Gewerbe vermittelt. Vom Typus her sind diese durchschnittlich 1,5 m hohen Gefäße mit ihrem zylindrischen Hals, einer kantigen Lippe und zwei großen, senkrecht gestellten Henkeln mehr mit der griechischen „Amphora“ als mit dem minoischen Pithos zu verbinden. Jene alten Pithoi waren nämlich nicht nur viel größer als die Beispiele des 7. Jahrhunderts, sondern sie hatten stets auch eine Vielzahl meist in mehreren Reihen angebrachter Henkelschlaufen (für Seile zum Heben und Transportieren). Ähnlich ist freilich das Relief, das meist auch hier und dort den ganzen Gefäßkörper überzieht. Von den Motiven ist wenigstens das Wellenband auf den minoischen und den orientalisierenden Reliefpithoi zu finden. Figürlicher Reliefschmuck war bei den minoischen Beispielen ausgesprochen selten, doch ist in einem Falle (aus Tylissos) ganz deutlich auszumachen, daß ein zwischen den Henkeln in Vorderansicht wiedergegebener Stierkopf nicht frei auf die Gefäßwand aufmodelliert, sondern aus einer Negativform gewonnen wurde — genauso wie das bei den figürlichen Darstellungen und den meisten Ornamenten der kretisch-griechischen Reliefgefäße der Fall ist.

Die Mehrzahl dieser Reliefpithoi wird in die zweite Hälfte des 7. Jahrhunderts datiert, doch gehen die Anfänge weiter zurück in die erste, die idäische Jahrhunderthälfte, mit der wir uns eben beschäftigen. Wir wollen nun statt einen der vollständig erhaltenen Pithoi ein Fragment betrachten (Abb. 72), einen Fund aus Prinias (s. unten S. 201), weil er mit einem seiner Motive aufs anschaulichste die Verbindung mit dem minoischen Formengut des 2. Jahrtausends zeigt. Das Bruchstück bringt das betreffende Ornament auf einem niedrigen Band zwischen zwei weitgehend verlorenen Zonen mit großen Volutenornamenten. Durch die Palmette zwischen den beiden kräftigen Voluten macht das Motiv zunächst einen pflanzlichen Eindruck. Die Verbindung mit den Sphingen links und rechts sagt über seine Bedeutung wenig aus. Das am linken Rand nur noch teilweise erhaltene zweite Ornament scheint freilich eine jener von

Buschor für die Vasenmalerei bezeugten Mischformen zu zeigen, bei denen sich „Volutengebilde mit insektenartigen Ansätzen bereichern oder sich vollends in Bienen verwandeln". Und das Palmettenornament, auf das unser Interesse zielt, gehört in der Tat ebenfalls zu diesen Gebilden, die gleichsam im Zustand der Metamorphose dargestellt sind. Der insektenartige Körper, aus dem Voluten und Palmette wachsen, geht wahrscheinlich — gemeinsam mit den beiden kräftigen Voluten und den zwei dünnen, schräg nach unten geführten Spiralen — auf einen mißverstandenen minoischen Oktopus oder Tintenfisch (Sepia) zurück.

Woher kannte der Töpfer, der die einzelnen Negativformen für den Reliefschmuck dieses Pithos gemacht hat, das minoische Oktopus-Motiv? Zu dieser Frage läßt sich eines mit Sicherheit sagen: Eine kontinuierliche Tradition aus dem Minoischen ist deshalb unwahrscheinlich, weil zwischen dem Ende des Minoischen (subminoische Epoche) und dem Beginn der idäischen Epoche die rund 200 Jahre des geometrischen Stils lagen. Außerdem aber hat bereits innerhalb des Minoischen das Oktopus-Motiv derart starke Veränderungen erfahren, daß es am Ende dieser Zeitspanne sogar unkenntlicher war als das so viel jüngere Motiv auf dem Fragment aus PRINIAS (vgl. S. 91 f.). Unser Töpfer oder ein anderer für ihn vorbildlicher Künstler, der im orientalisierenden 7. Jahrhundert v. Chr. diese interessante Mischform aus Oktopus und Pflanze fixiert hat, fand, besaß oder kannte demnach eine minoische Oktopus- oder Sepiadarstellung (Ton- oder Steingefäß, Siegel, Tonsarkophag), die er auf diese originelle Art in seine eigene Formensprache umgesetzt hat. Der Fund aus PRINIAS gibt also in Ergänzung zu dem, was die „Blüten-Knospenguirlande" (Abb. 71) zur schrittweisen Adaptation eines orientalischen Motivs gezeigt hat, Einblick in den Prozeß

72. *Bruchstück von einem Reliefpithos aus Prinias. Museum Heraklion. 7. Jh. v. Chr.*

der Umformung eines auf einem minoischen Fundstück jener Zeit dargestellten Motivs.

Die kleine, nur 10,5 cm hohe und auf ockerfarbenem Grund dunkelgrau bemalte plastische Vase, von der im folgenden die Rede sein soll (Abb. 73), wurde auf Kreta gefunden. Sie gehört seit 1881 der Antikenabteilung der Berliner Museen. Dieser Fund ist schon im Hinblick auf das Format ein Meisterwerk der antiken Töpferkunst. Derart kleine Väschen — wie auch in unserem Falle meist für Salböl bestimmt— gab es in der ersten Hälfte des 7. Jahrhunderts in Griechenland vor allem auf dem korinthischen Töpfermarkt, der seine Gefäße über weite Teile des Mittelmeergebietes vertrieben hat. Von diesen korinthischen Salbgefäßen (Lekythoi), die trotz eines kleineren Formates noch viel reicher verziert sein können als das Berliner Gefäß, ist unser kretischer Fund jedoch unabhängig. Kreta scheint mit ähnlichen, noch früheren Salbgefäßen (s. unten) sogar umgekehrt auf die korinthischen Töpfereien eingewirkt zu haben.

Uns interessiert indes die Frage nach dem Verhältnis des Berliner Salbgefäßes zu orientalischen bzw. ägyptischen Vorbildern. Das maskenartige Gesicht und die strenge Strähnenfrisur, dazu der Anhänger des Halsbandes rufen bei diesem Fund ja mehr als bei vielen anderen der orientalisierenden griechischen Kunst einen fremden, in diesem Falle vorwiegend ägyptischen Eindruck hervor.

Da nicht nur die kugelige Form des Gefäßkörpers, sondern in Verbindung mit dieser auch die aufgemalte Verzierung mit großen konzentrischen Kreisen einen minoisch-kretischen Ursprung hat, könnte man zunächst auch bei diesem Fund an ein Nach- oder Wiederaufleben minoischen Formengutes auf Kreta denken. Tatsächlich ist diese Form auf Kreta in der langen Zwischenzeit auch nie ganz verloren gegangen; sie hat sogar schon am Ende des 2. Jahrtausends und vielleicht angeregt von dem verwandten Typus der gleichfalls runden, doch flachen „Pilgerflasche" den Wechsel von der ursprünglich zweihenkeligen zur richtungweisenden einhenkeligen Form vollzogen. Nun bestand aber schon von Anfang an, d. h. seit dem 14. Jahrhundert v. Chr. auf Cypern ein besonderes Interesse an der kugeligen Flasche und ihrem Dekor mit konzentrischen Kreisen. Zunächst wurden solche Gefäße auch aus Kreta importiert, dann aber gingen sie auf Cypern in den Besitz des eigenen Formen- bzw. Dekorationsgutes über — und dieses Phänomen läßt sich erklären. Die kugelige Flasche hat auf Cypern nämlich eine längere Geschichte als auf Kreta, und sie begegnet dort schon von Anfang an mit konzentrischen Kreisen. Freilich sind diese cyprischen Beispiele aus der frühen Bronzezeit mit ihrer fußlosen, etwas unregelmäßigen Form und der eingeritzten, weiß inkrustierten Dekoration technisch sehr viel primitiver als die in der Formgebung perfekten (Körper aus zwei Halbkugeln zusammengesetzt) bemalten kretischen Beispiele der zweiten Hälfte des 2. Jahrtausends. Der Vorgang, der ein Licht auf die auch sonst bekannten engen Beziehungen zwischen Kreta und Cypern wirft, bestand also aus einem Geben und Nehmen der cyprischen Töpfer.

Aus diesem Prozeß und der cyprischen Vorliebe für Form und Kreisdekor unseres Salbfläschchens erklärt sich also die Meinung, daß der kretische Töpfer Anregungen von cyprischen Gefäßen gleicher, bzw. sehr ähnlicher Form aufgenommen und in dieses eigene, „idäische" Kunstwerk umgeformt habe. Was an der plastischen Gestalt des Gefäßkörpers idäisch-kretisch ist, lehrt ein Vergleich mit der so viel größeren polychromen Aschenpyxis aus Fortezza (Abb. 70); es ist hier und dort derselbe gleichsam organische Rhythmus, weit entfernt von der gleichmäßigen, spannungslosen Monotonie cyprischer Gefäßformen.

Die Verbindung eines Salbfläschchens mit einem Frauenkopf ist im griechischen 7. Jahrhundert auch aus Korinth überliefert. Doch muß gesagt werden, daß weder dort oder bei anderen vergleichbaren plastischen Vasen, noch überhaupt in der griechischen Terrakottaplastik dieser Zeit die ägyptisierenden Züge so stark sprechen wie bei unserem kretischen Fund. Ägyptisch wirkt, wie schon gesagt — in erster Linie die Strähnenfrisur des langen und nach unten an Masse zunehmenden Haares. Mit der schachbrettartigen Unterscheidung heller und dunkler Strähnenabschnitte erinnert diese Frisur an die entsprechende plastische Gliederung des ganzen Haares (oder auch nur eines unteren Abschnittes) ägyptischer Bildwerke. Ägyptisch sind aber auch die breit aufgemalten Augenbrauen, der Schnitt der Augen selbst und die fast ganz verdeckte Stirn. Da die Nasenspitze bestoßen ist, könnte man sich verleiten lassen, das ägyptische Vorbild auch in der breit wirkenden Nase erkennen zu wollen.

Indes wissen wir schon lange, daß die ägyptischen Einflüsse im 7. Jahrhundert v. Chr. anders als im 2. Jahrtausend, nicht direkt nach Kreta und in das übrige — selbstverständlich auch das östliche — Griechenland gelangt sind, sondern in der Regel vermittelt durch das Kunsthandwerk der am ganzen Mittelmeerhandel entscheidend beteiligten Phöniker (vgl. oben S. 20). Daß auch der Frauenkopf unseres Salbkännchens nicht direkt nach einem ägyptischen, sondern nach einem wahrscheinlich über Cypern vermittelten phönikischen Vorbild entstanden ist, das läßt sich zunächst damit beweisen, daß der offensichtlich zum Frauenkopf gehörige Halsschmuck nordsyrisch-phönikisch ist. Zum Beispiel aus Tamassos und Sendschirli, sowie — importiert — aus Milet, Rhodos oder Vulci, aber auch aus Cypern kennt man verschiedenartige Anhänger aus Gold oder Bronze, die alle die alten, nicht nur auf orientalischen Siegeln, sondern von dort übernommen auch auf kretisch-mykenischen Goldringen dargestellten Himmelssymbole Halbmond und Sonne zeigen. Obwohl der Halbmond in unserem Falle zu einem steifen Bogen und die runde Sonnenscheibe etwas in die Länge gezogen wurde, ist an der formalen Verbindung mit diesem syrischen Symbol kein Zweifel möglich — und deshalb ist unser Frauenköpfchen über phönikische Vermittler von den originalen ägyptischen Darstellungen getrennt.

Phönikische Darstellungen sind es denn auch, die für die Form und Anordnung der Haare, für das strenge, breite Gesicht und sogar für das gepunktete Halsband die nächste Parallele bieten: Wir meinen hier vor allem jene bekannten phönikischen Elfenbeinarbeiten, die einst zur Verzierung kostbarer Möbel dienten. Das Landesmuseum in Karlsruhe konnte unlängst einen größeren Schatz solcher Elfenbeinschnitzereien erwerben (Abb. 74)[45]. Lehrreich sind nun aber wiederum die Unterschiede zwischen den phönikischen Köpfen und dem idäischen. Der phönikische Elfenbeinschnitzer hat die Augenbrauen sowie Iris und Lidränder der Augen eingetieft; sie waren — wie im Orient seit alters — aus anderem Material eingelegt und haben dem ganzen Gesicht zweifellos einen sehr viel intensiveren Ausdruck gegeben. Unser kretischer Töpfer hat gerade diesen Details sehr viel Gewicht gegeben und dadurch seine Bereitschaft zur Nachahmung gezeigt. Auffällig ist es jedoch, daß beim phönikischen Kopf die Ohren deutlich gezeigt werden, beim kretischen aber nicht. Ein weiterer Unterschied liegt in der Führung und Bewegung der Haare, die beim phönikischen Kopf leblos und hart sind, während der

'3. Tonkännchen mit
;gyptisierendem Frauenkopf.
3erlin (F 307).
Erste Hälfte 7. Jh. v. Chr.
H = 10 cm

'4. Phönikische Elfenbein-
chnitzerei. Landesmuseum
Karlsruhe. Um 700 v. Chr.

kretische Künstler dort möglichst frei und lebendig gestaltet hat. Der entscheidende Anhaltspunkt dafür, daß das Salbgefäß in Berlin nicht — wie einige der idäischen Bronzeschilde — von einem phönikischen, sondern von einem griechisch-kretischen Meister stammt, ist das Gesicht, dessen ungemein prägnante Formen (Brauen, Lippen, Kinn und ursprünglich auch Nase) einen ungleich klareren und festeren Aufbau zeigen als die unbestimmten, weichen und sogar verschwimmenden Formen des phönikischen Vorbildes.

So fügt sich das plastische Väschen, auf dessen wohlabgewogenen orientalisierenden Dekor nicht mehr eingegangen werden soll, in unsere Kenntnis der „idäischen" Epoche der ersten Hälfte des 7. Jahrhunderts als ein Baustein, der das, was die bisher gezeigten Funde zur Auseinandersetzung dieser Zeit mit den fremden und den altkretischen Anregungen beitragen konnten, dank der Gegenüberstellung mit den phönikischen Elfenbeinarbeiten auf das willkommenste ergänzt. Ob mit dem Kopf des Salbgefäßes eine Göttin gemeint ist? Von *Roland Hampe* wurde in anderem Zusammenhang eine „Aphrodite als Herrin der duftenden Öle" in die Diskussion gebracht[46].

Die Sphyrelata von Dreros (Abb. 75)

Sphyrelaton (= mit dem Hammer — Sphyra — getrieben) heißen Bildwerke, die aus einem hölzernen Kern und einer auf diesem befestigten Oberfläche aus getriebenem Bronzeblech bestanden. Die von *Pausanias* mehrfach erwähnte Technik hat ihren Ursprung vielleicht in Kreta gehabt. Der Holzkern ist beim Auffinden solcher Arbeiten selbstverständlich vergangen und das Bronzeblech meist stark verdrückt. Bei den drei kleineren Statuen aus Dreros war die „Bronzehaut" aber so gut erhalten, daß man den Figuren heute im Museum von

Heraklion das Fehlen der einstigen Holzkerne gar nicht ansieht. Bis auf unwesentliche Ergänzungen und die einst aus anderem Material eingelegten Augen sind die beiden gleichartigen, mit langem Chiton, kurzem Mantel und „Götterkrone" bekleideten weiblichen Figuren (H = 40 und 45 cm) vollständig erhalten. Der entschieden größeren männlichen Gestalt (ursprüngliche Höhe = ca. 80 cm) fehlen die Füße, die rechte Hand, die wahrscheinlich einen Bogen trug, der größere Teil des linken Armes, die Ohren, ein großes Stück des Halses sowie das Glied. Auch sie hatte eingelegte Augen. Merkwürdig fremd mutet die dicke Haarkappe mit ziselierten Lockensträhnen an, von deren horizontalem Abschluß nur hinten ein langer, dünner Schopf in den Nacken fällt. Auf dem Leib der Figur ist vielleicht eine für sich gearbeitete bronzene Mitra zu ergänzen, d. h. ein etwa halbmondförmiger Schutz, den der Krieger an dieser Stelle tragen konnte.

Diese Götter-Trias mit Apollon, Leto und Artemis — die einzigen fast vollständig erhaltenen griechischen Kultbilder, die bis zur archäologischen Ausgrabung in ihrem Tempel geblieben sind! — fand *Sp. Marinatos* 1935 im antiken Dreros auf einem Berg der Höhenzüge (Ausläufer des Kadiston), die das Tal von Neapolis auf der Ostseite begleiten. Dreros liegt nordöstlich von Neapolis etwa auf halbem Wege zwischen Malia und Hagios Nikolaos (Abb. 1). Ausgegraben wurden dort vor allem die Überreste der an eine Agora im Sattel des Stadtberges grenzenden Gebäude — darunter das annähernd nordsüdlich orientierte und aus kleineren Steinen gebaute Tempelhaus von 10,90 x 7,20 m, in dem die Sphyrelata zutage kamen. Es war dies ein ganz bescheidener Bau, der vielleicht schon stand, als um 700 v. Chr. die apollinische Trias auf einer Steinbank in der Südwestecke aufgestellt worden ist. Neben der Steinbank fand sich noch ein merkwürdiger Altar: eine Art Steinkiste mit Ziegenhörnern gefüllt. Im Mittelpunkt des Kultes stand ein Herd, dessen rechteckige Steineinfassung noch teilweise erhalten ist. Zwischen zwei Holzsäulen (eine runde Steinbasis ist erhalten), welche die über dem Herd vielleicht offen gelassene Decke zu tragen hatten, bildete dieser Herd die Mittelachse des kleinen Raumes, in dem sich die Kultgemeinschaft versammelte. Man hat diese Art früher Tempel, die auf Kreta auch noch in GORTYN (ältestes „Pytheon"), STA LÉNIKA („Aphrodision") und PRINIAS (Rhea?-Tempel) nachzuweisen sind, „Versammlungstempel" genannt[47]. Der betreffende Typus geht allem Anschein nach auf das mykenische Megaron zurück, in dessen Zentrum gleichfalls der große Herd eine bestimmende Rolle gespielt hat. Das Aufstellen von Votiv- und Kultstatuen auf einer Bank unmittelbar vor einer Wand des Kultraumes ist — wie Funde in KNOSSOS, HAGIA TRIADA, GOURNIA, MYKENE, KEOS etc. zeigen — im ägäischen Bereich gleichfalls älter als die griechisch-dorische Zeit.

Für DREROS ist in diesem Zusammenhang der Fund einer „Bilingue" interessant, einer Inschrift in griechischer und in eteokretischer Sprache. „Eteokretisch" („Eteokreter" werden schon von Homer erwähnt) sprach die Bevölkerungsgruppe auf der Insel, die sich als wirklich (eteos) kretische, in unserem Sinne also minoische Gruppe vor den dorischen Griechen besonders in den Osten der Insel, etwa nach PRAISOS zurückgezogen hat. Die „Bilingue" zeigt also, daß man in Dreros mit solchen Eteokretern zu tun hatte. Ein gleichfalls in Dreros gefundener Stein erinnert mit einer eingeritzten Darstellung an eine Szene auf dem spätminoischen Sarkophag von HAGIA TRIADA (S. 69 ff.).

Die Verbindungen zum Minoischen, bzw. Mykenischen sind in DREROS demnach nicht nur durch die Anlage des

„Versammlungstempels" oder die Aufstellung der Sphyrelata vor einer Innenwand angezeigt. Deshalb darf man auch bei den Sphyrelata selbst fragen, ob sie nicht etwas von den Eigenarten der vorangegangenen kretischen Epochen bewahrt haben. Tatsächlich ist schon eine größere zwischen zwei kleineren Figuren etwa im spätminoischen „Heiligtum der Doppeläxte" in Knossos belegt. Die betreffenden, meist weiblichen und bis zu ca. 80 cm hohen Figuren (Abb. 76) bestehen aus gebranntem Ton und können vom Ende der minoischen über die subminoische Zeit kontinuierlich bis in die protogeometrische Epoche verfolgt werden. Beim Apollon erinnert vor allem die Frisur mit ihrem hohen und waagerechten Abschluß, mit der eigentümlichen Wiedergabe des Nackenhaares und mit den merkwürdig frei gelassenen Ohren an solche älteren Bildwerke aus Terrakotta. Im Profil fordert sogar die ganze, fast zylindrische Kopform mit der weit vorstoßenden Nase zum Vergleich mit Tonköpfen wie einem protogeometrischen von Kalochorio auf. Auch die freie Beweglichkeit der Arme des Apoll ähnelt den erhobenen Armen der älteren Göttinnen, von denen sich Leto und Artemis unserer Kultgruppe mit ihren fest an den Körper gepreßten Armen jedoch grundsätzlich unterscheiden. Bei ihnen überwiegt der orientalische Einfluß die spät- und nachminoischen Reminiszenzen. Statt der reich geschmückten Diademe der älteren Terrakotten krönt der aus dem Orient übernommene „Polos" das Haupt. Die Frisur weist auf die dädalische Form voraus, und im Aufbau der Figur erinnert allenfalls die Andeutung der Brüste an die großen Tonstatuetten des späten 2. und frühen 1. Jahrtausends.

Von den Funden aus Dreros ist schließlich noch eine archaische Inschrift mit dem ältesten kretischen Gesetzestext zu erwähnen. Dreros war eine der zahlreichen

75. *Kultbildgruppe mit Apollon, Leto und Artemis, aus Dreros. Museum Heraklion. Getriebenes Bronzeblech (Sphyrelaton). Erste Hälfte 7. Jh. v. Chr. H des Apollon = ca. 80 cm*

76. Terrakottaidol aus Gazi bei Heraklion. Museum Heraklion. 13. Jh. v. Chr. H = 77,5 cm

77. Terrakottastatuette der Athena aus Gortyn, Mesara. Museum Heraklion. Schild und Lanze fehlen. Erste Hälfte 7. Jh. v. Chr. H = 36,2 cm frühgriechischen Bergstädte auf Kreta, die selbst sicher und versteckt gelegen, doch alle denkbaren Verbindungen auf der Insel selbst wie auch nach außen hin unterhalten haben.

Funde von Prinias und Gortyn (Abb. 77)

Schon in Sichtweite von DREROS lag in nordwestlicher Richtung bei ANAVLOCHOS eine andere, bisher noch kaum erforschte Bergstadt. Nach Süden ist nur etwas weiter entfernt die mit vielen Hausmauern, dem Rest eines Tempels und den Zeugnissen der Agora am besten erhaltene dorische Stadt Kretas: das auf einem gleichfalls versteckten, östlichen Ausläufer der Lasithi-Berge gelegene LATO, von dem man bereits auf den Golf von MIRABELLO sehen kann. Es ist ein Sattelberg ähnlich dem von DREROS. Nennenswerte Einzelfunde sind in LATO, das wenigstens bis ins 7. Jahrhundert v. Chr. zurückreicht, bisher aber noch nicht gemacht worden.

Auch in dem hoch gelegenen PRINIAS, dem griechischen Rhizenia, von dessen bollwerkartigem Felsplateau sich die Paßstraße von KNOSSOS zur MESARA beherrschen ließ, sind bei italienischen Grabungen von *E. Stefani* 1906—08 dicht nebeneinander die Grundmauern von zwei kleinen Tempeln gefunden worden. Stattliche Überreste vom einstigen, aus Kalkstein gearbeiteten Skulpturenschmuck des größeren Tempels (Tempel A) befinden sich im Museum von HERAKLION. Es sind dies zwei stark ergänzte sitzende Göttinnen (H = 67 cm) über einem gleichfalls ergänzten Relieffries mit Panthern und Hirschen, der als Türsturz auch auf der Unterseite eine Darstellung der sitzenden Göttin zeigt, und schließlich ein längerer Relieffries mit klein wiedergegebenen, gerüsteten Reitern auf hochbeinigen Pferden. Trotz der altertümlichen Züge müssen diese Funde schon in die dädalische Epoche, d. h. in die zweite Hälfte des 7. Jahrhunderts datiert werden. Beide Tempel in Prinias haben mit einem großen, rechteckigen Herd in der Mitte den Typus des „Versammlungstempels“ von Dreros beibehalten. Der mit Relief und Rundplastik geschmückte größere Tempel hat außerdem auch die vorgriechische Bank vor einer der Innenwände bewahrt.

Anders als in Dreros oder Lato, sind in Prinias aber auch Zeugnisse gefunden worden, welche auf die späteste minoische Periode zurückweisen: Terrakottastatuetten von jenem Typus, den wir bereits oben mit den Sphyrelata von Dreros verglichen haben (Abb. 76). Wie die Kult- und Votivbilder auf der Bank im sog. Rhea-Tempel von Prinias aussahen, wissen wir nicht. Von einem etwa lebensgroßen Sitzbild aus bemaltem Kalkstein ist jedoch auf der Akropolis von Gortyn der untere Teil gefunden worden. Das Erhaltene — im Museum von Heraklion aufgestellt — läßt auf eine hervorragende künstlerische Qualität schließen. Der Fund gehörte zu einem Tempel, von dessen Bedeutung auch weitere Funde zeugen.

Im folgenden soll ein verhältnismäßig bescheidener, doch interessanter Fund aus einem Votivdepot unterhalb der Akropolis in Gortyn herausgegriffen und beschrieben werden. Es ist eine weibliche Terrakottastatuette, die jetzt gleichfalls im Museum von Heraklion aufbewahrt wird (Abb. 77). Die 22 cm hohe Statuette, die im Mittelteil des Körpers — zuverlässig — ergänzt ist, trägt ein langes Gewand, das unterhalb des breiten Gürtels glockenförmig herabfällt, und dessen unterer Saum zugleich die Standfläche abgibt. Der Kopf mit dem langen, auf Rücken und Schultern fallenden Haar ist geradeaus gerichtet. Die Augen sind übermäßig groß, die Lippen voll, die Nase aber verhältnismäßig klein wiedergegeben. Beide Arme hat der Bildner vom Körper gelöst und im Ellenbogen gewinkelt. Die durchbohrte rechte Hand hielt ursprünglich eine Lanze, die linke einen Schild. Kein Zweifel also, daß Athena gemeint ist. Deshalb gehört zu unserer Statuette wahrscheinlich auch ein genau aufpassender, für sich gearbeiteter Terrakottahelm mit langem, spitzem Wangenschutz und hohem Helmbusch.

Wenn sich in der vom Haar maskenartig begrenzten U-Form des Gesichtes auch schon die orientalisch beeinflußte dädalische Form des mittleren 7. Jahrhunderts ankündigt, so gehört die Athena-Statuette von Gortyn insgesamt doch noch in jene unmittelbar voraufgehende „idäische“ Epoche, in der auf dem dorisch gewordenen Kreta Händler und Handwerker aus dem Orient mit ihren kunsthandwerklichen Erzeugnissen zugleich eine Wiederbelebung der eigenen, kretisch-vorgriechischen Vergangenheit bewirkt haben. Mehr noch als das hoch gelegene Prinias hatte Gortyn eine ins zweite Jahrtausend zurückreichende Tradition. Unter dem ältesten und bedeutendsten Tempel der Stadt, dem einst mit vielen Inschriften versehenen „Pythion“, das mit seinen hellenistischen und römischen Umbauten sowie einer in der kaiserzeitlichen „Apsis“ von den Ausgräbern wiederaufgestellten späten Kultstatue des Kithara spielenden Apoll in der Nähe des Prätoriums zu besichtigen ist, wurden Reste eines minoischen Gebäudes (u. a. auch Fußbodenplatten aus Gipsstein) gefunden. Eine Art „minoische Renaissance“ ist in Gortyn selbstverständlich aber auch aus der Nähe zu Phaistos und Hagia Triada und der dortigen Siedlungskontinuität zu verstehen.

Tatsächlich wird niemand beim Betrachten unserer mit Helm, Schild und Lanze dargestellten Athena daran zweifeln, daß dieses eindrucksvolle Kunstwerk nicht nur von orientalischen, sondern auch von altkretischen Anregungen gefördert worden ist. Ein vergleichender Blick auf eine der großen Terrakottastatuetten aus einem spätminoischen Heiligtum in Gazi bei Heraklion (Abb. 76) macht diesen Zusammenhang deutlich, ja er lenkt den Blick sogar noch viel weiter zurück: bis zur „Schlangengöttin" von Knossos (Abb. 13).

Der Vergleich zeigt aber auch das Neue, das Griechisch-Dorische des Fundes von Gortyn. In bezug auf das Dädalische hat *G. Lippold,* ein hervorragender Kenner der griechischen Plastik, sehr prägnant und treffend gesagt: „Der dädalische Stil bringt eine bewußte Regulierung der Natur, eine Unterwerfung unter selbst gewählte Gesetzmäßigkeiten." *Lippold* hat auch betont, daß sich dieses Besondere und Neue bereits vor dem eigentlichen dädalischen Stil, d. h. vor der Mitte des 7. Jahrhunderts, nach unserer Definition also im „idäischen" Stil durchsetzte, und daß die davor entstandene Plastik „demgegenüber freier, fast naturalistisch, erscheint"[48].

Die „selbst gewählten Gesetzmäßigkeiten" äußern sich in dem geradezu architektonischen Bau unserer Athena, der den Oberkörper nicht mehr weiblich schmal, die Taille nicht mehr betont eng und den Kopf nicht mehr frei auf einem schlanken, hohen Hals darstellt, sondern alle Teile zusammendrängt, fest aneinanderpaßt und mit einer ganz neuen Strenge ordnet und gliedert. So gesehen, ist es also vor allem noch der breite Gürtel und die glockenförmige untere Hälfte des Athena-Gewandes, die den Betrachter an die betreffenden minoischen und die in die geometrische Epoche reichenden subminoischen Darstellungen (Abb. 76) erinnern. Und gerade hier zeigt sich in der bewegten Umrißführung des glockenförmigen Gewandes der Athena etwas, was sich entschieden von den harten, stereometrischen Formen des Spät- und Subminoischen unterscheidet und viel eher zurückzuweisen scheint auf die elegante Formensprache der minoischen

Blütezeit (Abb. 13). Gern zitiere ich auch hier noch einen Satz von *Lippold,* der die Zusammenhänge weniger typologisch als vom natürlichen minoischen Erbe her erklärt: „Dazu (gemeint sind die dorischen Elemente einer ‚straffen Tektonik und Gliederung') tritt das Erbgut der minoischen Epoche als belebender, erregender Faktor." Erst die Wiederentdeckung eines fast vergessenen eigenen, minoischen Rhythmus konnte bei den Kretern die tradierten und die von außen (aus dem Orient) kommenden Formen gemeinsam mit dem griechischen Geist der Zeit zu einer neuen Einheit verschmelzen. Die Athena von Gortyn ist ein Fund, der dieses faszinierende Phänomen anschaulich macht.

FUNDE DER „DÄDALISCHEN“ EPOCHE
(Abb. 78—82)

Die „Göttin von Auxerre“ · Der Widderträger · Zeichnerische Darstellungen auf Bronze und auf Tongefäßen

In denselben achtziger Jahren des vorigen Jahrhunderts, in denen sich das Interesse einer erst allmählich beginnenden archäologischen Erforschung Kretas der IDÄISCHEN ZEUSGROTTE und ihren Funden zuwandte, gelangten die ersten Funde auch der dädalischen Epoche der zweiten Hälfte des 7. Jahrhunderts v. Chr. in europäische Museen. Zwei Bronzearbeiten, von denen die eine 1880 von den Berliner Museen, die andere zur gleichen Zeit vom Louvre erworben wurde, sollen vorgestellt werden. Doch sei der Anfang mit einer bekannten 65 cm hohen Kalksteinfigur gemacht, die erst zu Beginn unseres Jahrhunderts von dem französischen Archäologen *M. Collignon* im Museum von Auxerre entdeckt wurde und dann in den Louvre kam:

Die „Göttin von Auxerre“ (Abb. 78)

Wie die Statuette nach Auxerre gelangt ist, das südöstlich von Paris an der Yonne liegt, weiß man nicht. *Collignon* konnte 1908 nicht einmal mehr in Erfahrung bringen, wann und von wem sie dem dortigen Museum anvertraut worden ist. Auxerre ist eine Station auf dem Weg von Paris an die französische Mittelmeerküste — und umgekehrt; mehr läßt sich nicht sagen. Wir müssen also zugeben, daß die „Göttin von Auxerre“ nicht ohne weiteres zu den kretischen Funden gerechnet werden kann. In der archäologischen Literatur erscheint sie freilich bereits lange — mit und ohne Fragezeichen — als ein kretisches Meisterwerk des dädalischen Stils. Schon *Collignon* schrieb: „Sans aucun doute une œuvre de style crétois." Die besonders reiche Ausbeute an Funden dieses Stils bei den Ausgrabungen, die von italienischen Archäologen in jüngster Zeit im Bereich der Akropolis von GORTYN durchgeführt worden sind (vornehmlich Terrakotten, aber auch der schon erwähnte untere Teil eines qualitativ hervorragenden Sitzbildes aus Kalkstein), hat diese alte, auf die kretische Daidalos-Tradition (vgl. S. 16) gestützte Zuweisung nun soweit erhärtet, daß es gewagt werden darf, die „Göttin von Auxerre" in unseren Zusammenhang einzubeziehen. Da es sich um eines der qualitätvollsten Zeugnisse der gesamten dädalischen Plastik handelt, ist die Bestimmung der Herkunft sehr wichtig für unsere Kenntnis der Rolle, welche die kretischen Werkstätten tatsächlich in dem weit verzweigten Verband der dädalischen Bildhauerschulen gespielt haben.

Die dädalische Form der plastischen Wiedergabe des Menschen, die von unserer „Göttin" musterhaft repräsentiert wird, findet sich nämlich ohne wesentliche Unterschiede auch einerseits in lebensgroßen Statuen, andererseits in winzigen figürlichen Darstellungen auf Goldschmuck wieder. Sie war in der zweiten Hälfte des 7. Jahrhunderts aber auch nicht nur in den dorischen Landschaften Griechenlands, d. h. auf der Peloponnes (Korinth, Sparta, Argos etc.) und auf den dorischen Inseln (Kreta, Thera, Melos, Rhodos etc.) verbreitet, sondern sie hatte einen wichtigen Anteil sogar an der gleichzeitigen Kunst der Insel Samos, die uns aus dem folgenden 6. Jahrhundert die schönsten Plastikfunde eines rein ionischen Stils überliefert hat.

Um die hohe künstlerische Qualität der Statuette im Louvre würdigen zu können, sei diese zunächst kurz beschrieben. Was das Werk als griechisch-dädalische Arbeit vom „Idäischen" des 8. und frühen 7. Jahrhunderts unterscheidet, sollen dann Vergleiche mit den hier bereits vorgestellten Funden der betreffenden Zeit beleuchten. Leicht zu erkennen und in der Vorstellung zu ergänzen sind die verhältnismäßig wenigen beschädigten Teile der Figur. Sehr viel schwerer fällt es uns, ein Bild von der ursprünglichen Farbigkeit zurückzugewinnen. Der Kalkstein, aus dem die Figur mehr geschnitten als gemeißelt ist, war — wie wir von anderen Beispielen wissen — ein gut geeigneter Farbträger. Von der Verteilung der Farben vermitteln zum Glück noch die Ornamente einen gewissen Eindruck. Sie sind als Borten auf Gewand und Umhang, als große Felderornamente auf das bis zu den Füßen bzw. auf den „Boden" reichende Gewand unter und als Schuppen über dem breiten, kunstvoll gestalteten Gürtel eingeritzt. Die beiden Armreife waren ursprünglich gleichfalls farbig hervorgehoben. Im Gesicht muß die Farbe auf den Augen, den Brauen und den Lippen eine selbst ohne die Farbe noch sprübare Lebendigkeit entschieden gefördert haben. Das gleichfalls bemalte Haar bildete einen kulissenhaften Kontrast und unterstrich das Drängende und den Betrachter Herausfordernde des U-förmig umschriebenen maskenartigen Gesichtes, das uns an das Köpfchen des älteren plastischen Väschens in Berlin (Abb. 73) erinnert.

Zu den Charakteristika, die im 5. und 4. Jahrhundert v. Chr. von griechischen Dichtern den Werken des griechischen *Daidalos* zugeschrieben wurden, gehörte an erster Stelle der lebendige Blick. Dieses Urteil läßt sich am Beispiel der „Göttin von Auxerre" nachvollziehen. „Bewegte Arme und Beine", von denen diese Quellen

78. *Dädalische Kalksteinstatuette von Auxerre im Louvre (Inv. Nr. 3098). Mitte 7. Jh. v. Chr. H (ohne Basis) = 65 cm*

79. *Dädalische Bronzestatuette eines Widderträgers. Berlin (Misc. 7477). Ende 7. Jh. v. Chr. H = 18,1 cm*

im gleichen Zusammenhang sprechen, hat unsere Figur freilich nicht. Und doch war für den Griechen des 7. Jahrhunderts die Bewegung des rechten Armes unserer Statuette nicht nur ausdrucksvoll, weil sie mit der Berührung der Brust etwas bedeutet hat, was sich uns nicht mehr ganz erschließt, sondern auch lebendig. Das wird unmittelbar deutlich, wenn man die beiden Göttinnen der älteren Kultgruppe von Dreros (Abb. 75) vergleicht. Bei dieser Gegenüberstellung erstaunt sogar die relativ freie Wiedergabe des linken Armes bei der Pariser Statuette.

Vom Körper gelöste Arme kennen wir vom Apoll aus Dreros (Abb. 75), von der Athena aus Gortyn (Abb. 77), aber auch schon von den viel älteren Tonstatuetten aus Gazi (Abb. 76). Doch welch eine ganz andere Auffassung von Bewegung ist dort wiedergegeben! Sie kommt nicht aus dem Körper der Figur selbst, sondern sie ist von außen — wie bei einer Marionette — gleichsam „gezogen". Hat man sich erst einmal in diesen so wesentlichen Unterschied vertieft und in die neue, vom dargestellten Körper selbst getragene Bewegung dädalischer Werke eingefühlt, dann glaubt man ahnen oder sogar verstehen zu können, warum sich diese tatsächlich umwälzende Erfahrung der dädalischen Bildhauer unter den Griechen bis in die klassische Epoche als etwas Außergewöhnliches gehalten hat. Bis in diese Zeit, in der man doch so ungleich freier zu gestalten verstand, sind die bereits erwähnten Beschreibungen weitergegeben worden, die von solchen Statuen teilweise sogar berichten, daß sie aussähen, als könnten sie sich bewegen. Der etwas jüngere Widderträger (Abb. 79), vor allem aber die zeichnerischen Darstellungen, von denen weiter unten die Rede sein soll (Abb. 80—82), machen diese Überlieferung verständlicher als unsere Kalksteinstatuette allein.

Bei ihr ist die „Unterwerfung unter selbst gewählte Gesetzmäßigkeiten“ (vgl. S. 204) so bestimmend, daß man heute die neuen Freiheiten in der dädalischen Darstellung des Menschen nur noch — wie wir es oben schon taten — durch Gegenüberstellungen mit älteren Arbeiten herausspüren kann. Kommen wir noch einmal auf den Vergleich mit der Athena von GORTYN (Abb. 77) zurück, so zeigt sich freilich auch, was auf der anderen Seite verlorengehen konnte, d. h. was die dorische Strenge des dädalischen Stils beschnitten, ja aufgegeben hat: eine gewisse Fülle und einen geschmeidig bewegten Umriß als Ausdruck eines Lebensgefühls, das man zur Unterscheidung von der neu erworbenen „körperlichen“ Auffassung mit „vegetabilisch“ umschreiben könnte.

Beziehen wir in unseren Vergleich auch noch einmal die beiden Göttinnen von DREROS (Abb. 75) mit ein, so wird deutlich, daß die Komponente „Gesetzmäßigkeit“ gleichfalls älter ist als der dädalische Stil der Statuette im Louvre, und daß diese nicht nur einen griechischen, sondern auch einen orientalischen Ursprung hat (vgl. S. 200). Die Figuren von DREROS zeigen also eine andere Strecke aus dem Wegebündel, das von minoischen, orientalischen und dorisch-griechischen Ausgangspunkten kommend um die Mitte des 7. Jahrhunderts zusammentrifft und sich in der großartigen Leistung des dädalischen Stils vereinigt. Diese Vereinigung aber muß das Verdienst einer bestimmten Landschaft, vielleicht auch einer bestimmten Persönlichkeit gewesen sein. Durch die hervorragende Qualität kretischer Funde, zu denen wir die „Göttin von Auxerre“ rechnen dürfen, bekommt die alte Überlieferung von der führenden Bedeutung der kretischen Plastik dieser Zeit offensichtlich recht — gleich, ob man nun einen neuen *Daidalos* anerkennen will oder nicht.

Wir haben die Pariser Statuette als „Göttin" bezeichnet, weil diese Darstellung eher eine Gottheit als eine Sterbliche meint. Leider aber läßt sich die Frage nach dem Namen der Göttin nicht sicher beantworten. Von den Göttinnen des griechischen Olymp kann mit Gewißheit nur Athena ausgeschlossen werden. Die Haltung des rechten Armes mit dem Berühren der Brust läßt aber an eine derjenigen Göttinnen denken, die mit Natur und Fruchtbarkeit verbunden waren: an Artemis, Demeter oder Aphrodite. Auch Hera als Gattin des Zeus wird man angesichts der Zeuskulte auf Kreta einbeziehen und von den Nicht-Olympierinnen die Kreterin und Dionysos-Braut Ariadne.

Der Widderträger (Abb. 79)

Die Bronzestatuette eines Widderträgers, der wir uns nun zuwenden, ist mit ihrer merkwürdigen, aus dem Gußverfahren zu erklärenden, zweistöckigen Basis nur ca. 18 cm hoch. Sie wurde, wie schon gesagt, 1880 von den Berliner Museen erworben und ist heute — gleich dem „idäischen" Salbgefäß mit dem ägyptisierenden Frauenkopf (Abb. 73) — in der Antikenabteilung in Charlottenburg ausgestellt. Das kleine, um 620 v. Chr. im Vollguß hergestellte Werk steckt so voll Leben, daß man mit der Vorderansicht nur einen Teil des Ganzen erfaßt (Abb. 79). In seiner nach allen Seiten drängenden Ausdehnung wird man diesem „Kriophoros" (Widderträger) nur gerecht, wenn man ihn auch nach allen Seiten drehen kann.

Besonders großes Gewicht kommt dem von der Last des Widders ein wenig gesenkten Kopf des Jünglings zu, von welcher Seite man ihn auch sieht. Die weiten Augen (das rechte deutlich größer als das linke) und die schweren breiten Lippen reden eine Sprache, die an das Gesicht der idäischen Athena von Gortyn (Abb. 77) erinnert. Der Ausdruck des Apoll von Dreros (Abb. 75) wirkt geradezu hoheitsvoll neben diesen fast ungestümen Formen, die auch noch durch eine schwere, vom Mittelscheitel im Bogen hinter die Ohren geführte Haarkappe unterstrichen werden. Dabei spielt freilich, wie noch auszuführen sein wird, nicht nur der Größenunterschied sondern auch die andere Technik eine Rolle. Außerdem muß der kräftige Hirte, der hier einen Widder zum Opfer bringt, ohnehin anders aussehen als der göttliche Bogenschütze Apoll.

Wenn der Kopf des Kriophoros auch unverhältnismäßig groß ist, so stehen doch die anderen Körperteile nicht nach an Kraft und Volumen. Allein die Arme mögen einem, zumal angesichts der Aufgabe, die ihnen zukommt, etwas zu schwach erscheinen. Die großen Hände, mit denen der Jüngling die Beine des Widders an seine Brust preßt, gleichen das jedoch wieder aus. Der Widderträger ist nackt bis auf einen kurzen Schurz, der von fern an ähnliche Schurze der minoischen Epoche erinnert. Doch da ist der ganz andere, flache und breite griechische Gürtel, dem beim Kriophoros die gleiche gliedernde Bedeutung zukommt wie bei der „Göttin von Auxerre", mit der wir unsere Bronze nun noch etwas eingehender vergleichen wollen.

Selbst unter Berücksichtigung des viel kleineren Formates und des quasi ländlichen Sujets kann dem Kriophoros nicht dieselbe künstlerische Qualität zugesprochen werden wie der Kalksteinstatuette. Technisch wäre manches Detail wohl tatsächlich präziser darzustellen gewesen (etwa die ungleichen Augen, die Ohren, Hände, Kniescheiben und Füße). Auch könnte der Aufbau selbst dieses Motivs der Festigkeit und Sicherheit der „Göttin von Auxerre“ näher stehen. Mindestens zum Teil läßt sich der unterschiedliche Wuchs und Stand indes aus einer unterschiedlichen Tradition erklären. Wie oben schon gesagt, wirken alle Formen der Kalksteinstatuette im Louvre mehr geschnitzt als gemeißelt, und die antike Überlieferung weiß in der Tat auch von vielen alten und uralten geschnitzten Holzbildern (Xoana) zu berichten. Wenn wir versuchen wollen, eine Vorstellung vom Stil solcher geschnitzten Holzstatuen des 7. vorchristlichen Jahrhunderts zu gewinnen, so ist die „Göttin von Auxerre“ fast ebenso aufschlußreich wie eine vor einigen Jahren im samischen Heraion gefundene, besonders kostbare Holzstatuette der Hera und wenige andere Holzfunde, die sich im feuchten Grund desselben Heiligtums erstaunlich gut erhalten haben[49].

Auch die Sphyrelaton-Technik der Trias von Dreros (Abb. 75) geht mit ihrem verlorenen, einst aber vollständig ausgearbeiteten Holzkern mehr auf eine Holz- als eine Bronzetechnik zurück. Der Vollguß unseres Widderträgers setzt jedoch als ersten Arbeitsgang eine Tonstatuette voraus — und deshalb kann es auch nicht verwundern, daß sich seine schweren, etwas zähen Formen besser mit einer Terrakottastatuette wie der Athena von Gortyn (Abb. 77) vergleichen lassen als mit der prägnanten Schnitzkunst der Kalksteinfigur im Louvre. Mit dieser Beobachtung einerseits und der besonderen, die Strenge der etwas älteren „Göttin von Auxerre“ wieder ein wenig vergessenden sinnlichen Lebendigkeit andererseits kommen wir abschließend zu der Feststellung, daß eine letztlich minoische Auffassung vom menschlichen Körper während der dädalischen Epoche in der Terrakottaplastik und im Bronzeguß länger nachleben konnte als beim Schnitzbild und seinen Übertragungen in Stein.

Zeichnerische Darstellungen auf Bronze und auf Tongefäßen (Abb. 80—82)

Nachdem das wichtigste architektonische Zeugnis im Kreta der dädalischen Epoche, der Tempel A in PRINIAS, und sein skulpierter Schmuck oben (S. 201 f.) schon erwähnt worden ist, sollen zur Abrundung des Bildes dädalischer Funde auf Kreta noch einzelne zeichnerische Darstellungen auf Bronze und auf Tongefäßen herausgegriffen werden.

Den betreffenden Bronzearbeiten (Abb. 80) gebührt der Vorrang, weil sie zu einer in Griechenland sonst nicht vertretenen Gattung gehören. Mit der Zeichnung verbindet sich ein extrem flaches Relief. Die betreffenden Figuren, die wie Scherenschnitte „ausgeschnitten" sind, waren einst — als Appliken — auf einem anderen Material (Holz) befestigt. Die auf Abb. 80 wiedergegebene Gruppe von zwei Jägern ist 18 cm hoch. Bei der Feinheit der Darstellung nimmt die Vollständigkeit der Erhaltung wunder. Der ursprünglichen Befestigung dienten die drei Löcher zwischen der niedrigen Standleiste und den drei fest aufgesetzten Füßen. Das außergewöhnlich Graziöse und Bewegte der Darstellung wird dem Betrachter bewußt, wenn er auf die angehobene rechte Ferse des bärtigen Jägers achtet. Doch auch die Knie dieses etwas größeren Mannes zeigen die gleiche Beweglichkeit. Als Jäger ist er durch den Bogen ausgewiesen, den er in der Linken hält. Mit der Rechten faßt er — zum Gruß oder Dank? — den Unterarm des jüngeren, bartlosen Jägers. Dieser trägt als Jagdbeute auf der Schulter einen Steinbock. Die vier Beine des Tieres sind unter den Kniegelenken so zusammengebunden, daß sie eine den Kopf des Jünglings einschließende Zangenform ergeben. Beide Jäger haben das gleiche, durch Löckchen bezeichnete Fellgewand an, das unter einem Gürtel schon an den Oberschenkeln abschließt.

Offenbar ist der mit dem Bogen ausgestattete Bärtige, der sich auch durch ein kreuzweise gebundenes Kopftuch von dem Jüngeren unterscheidet, die Hauptfigur der Darstellung. Der Jüngling aber soll nicht ein einfacher Jagdgehilfe sein, sondern, wie das Gewand zeigt, ein Gleichgestellter. Die Begegnung der beiden Männer macht mit den hohen, schlanken Gliedmaßen ihrer Körper und der Zartheit der sorgfältig wiedergegebenen Knie- und Ellenbogengelenke zunächst vielleicht einen merkwürdig „höfischen" Eindruck, der nicht ohne weiteres zu unserer Vorstellung vom dorischen Griechentum zu passen scheint.

Wie ganz anders wirkt da der Widderträger (Abb. 79), der dem Jüngling mit dem erlegten Steinbock motivisch doch ganz nahe steht! Von der Entstehungszeit her läßt sich dieser Unterschied nicht erklären, denn man datiert beide Arbeiten in dieselbe Zeit (um 620 v. Chr.). Auch die kretische Herkunft ist in beiden Fällen unumstritten. Handelt es sich also bei dem gravierten Flachrelief um die Arbeit eines herausragenden Meisters? Gegen eine qualitative Abwertung des Widderträgers haben wir uns schon eben beim Vergleich mit der Kalksteinstatuette von Auxerre ausgesprochen. Wie wir dort die schwerfälligeren Formen der Bronzestatuette in erster Linie aus dem Arbeitsgang des Bronzegusses erklärt haben, so scheint auch beim jetzigen Vergleich der unterschiedliche technische Prozeß die richtige Beurteilung zu ergeben. Gegossen wurde auch die Gruppe der Jäger und die anderen Beispiele dieser kretischen Gattung von Bronzeappliken. Nach diesem Guß, einem sog. Herdguß, der nur die Silhouette der Figuren und das flache Relief der Ansichtsseite ergeben hat, setzte bei den Appliken die eigentliche Arbeit jedoch erst ein: die Kunst des Gravierens, die ein besonderer Zweig der Zeichenkünste ist. Wegen dieser überwiegend zeichnerischen Technik werden die Bronzeappliken hier auch im Zusammenhang mit anderen kretischen Zeichnungen erwähnt.

Bevor wir uns jedoch einem Vergleich der Jägergruppe mit Darstellungen der Vasenmalerei zuwenden, soll noch erwähnt werden, daß Funde, die unserer Applike im Louvre entsprechen, sowohl in der Idäischen Höhle als auch am Südhang des Dikte-Gebirges gemacht worden sind. Die mit diesen Bronzeappliken verzierten, vermutlich hölzernen Gegenstände waren also auf Kreta weiter verbreitet. Auf Grund der stilistischen Verwandtschaft der bekannten Stücke scheint die ganze Gattung freilich ein und derselben Werkstatt zu entstammen. Diese Werkstatt hat sicherlich auch andere Bronzearbeiten der Relief- und Ziselierkunst hervorgebracht — wahrscheinlich aber keine im Vollguß hergestellten Statuetten wie unseren Kriophoros (Abb. 79). Von den hervorragenden kretischen Waffenschmieden der dädalischen Epoche war oben schon die Rede: Helme, Brust- und Rückenpanzer sowie Mitren (zum Schutz des Unterleibes) sind in diesen Werkstätten mit besonders feinen Reliefs und mit reicher Ziselierarbeit verziert worden. Wie allein die Hamburger Ausstellung „Dädalische Kunst" gezeigt hat, ist von diesen Rüstungen, zu denen selbstverständlich auch noch Schilde gehört haben, erstaunlich viel gefunden worden. Die besten dieser Arbeiten reichen in der Qualität von Relief und gravierter Zeichnung an die gleichzeitige Gruppe der Appliken heran, von deren bekanntestem Beispiel (Abb. 80) zuletzt die Rede war.

Zwei kretische Vasenbilder sollen im folgenden zeigen, daß die Zeichenkunst der Gravur auf Bronze und die Borstenzeichnung auf den Vasen den gleichen Duktus haben und dieselbe formale Aussage widerspiegeln. Es handelt sich um eine 32 cm hohe bauchige Weinkanne aus Arkades, deren Maler auf den zylin-

80. Dädalische Bronzeapplike im Louvre (Br. 93). Jägergruppe. Ende 7. Jh. v. Chr. H = 18 cm

81. Halsbild einer 32 cm hohen Weinkanne aus Arkades. Liebespaar. Museum Heraklion. Zweites Viertel 7. Jh. v. Chr.

drischen Hals ein Liebespaar gezeichnet hat (Abb. 81), und um das Fragment eines großen flachen Tellers aus Praisos (d ca. 35 cm), der auf der Innen- und Unterseite bemalt ist (Abb. 82). Das Bild auf dem Kannenhals steht ganz am Anfang des dädalischen Stils, der Teller ist jüngerer Entstehung, ungefähr gleichzeitig mit unserer bronzenen Jägergruppe.

In der Komposition verwandt, fordert das Liebespaar (Abb. 81) zum Vergleich mit der Bronzegruppe (Abb. 80) auf. Vergleichbar ist nämlich nicht nur das dichte Beisammen der beiden Gestalten und die Schrittstellung des Jünglings, sondern auch das gegenseitige Verschränken der Arme. Alles ist bei der Bronzegruppe komplizierter und doch sicherer geworden. Auch die Proportionen haben sich gestreckt. Die Formensprache aber ist die gleiche geblieben. Die Zeichnung des Gesichtes und der Knie des Jünglings auf dem Vasenbild lassen den bis in den abstehenden Gewandzipfel gehenden Gleichklang der Umriß- und Linienführung sehr deutlich werden. Dem Liebespaar auf der Tonkanne und der Jägergruppe der Bronzeapplike ist aber auch eine Bewegung von rechts nach links gemeinsam. Mehr noch als dem bärtigen Jäger kommt dem werbenden Jüngling die aktive Rolle zu. Der weite Schritt dieses Jünglings muß sich auf dem Vasenbild freilich auch besonders klar von dem ruhigen Stand der mit Frisur, Gürtel und langem, engem Gewand an die „Göttin von Auxerre" erinnernden Frau abheben. Bei der Bronzegruppe hat der Meister die stärkere Bewegung des Bärtigen und damit die Richtung von rechts nach links durch dessen „federnden" Schritt zum Ausdruck gebracht.

Die ungemeine Beweglichkeit in der dädalischen Zeichnung — auch den „Peleus" des Tellers (Abb. 82) dürfen wir hier schon einbeziehen — mag den Betrachter daran erinnern, was in der griechischen Literatur über die Be-

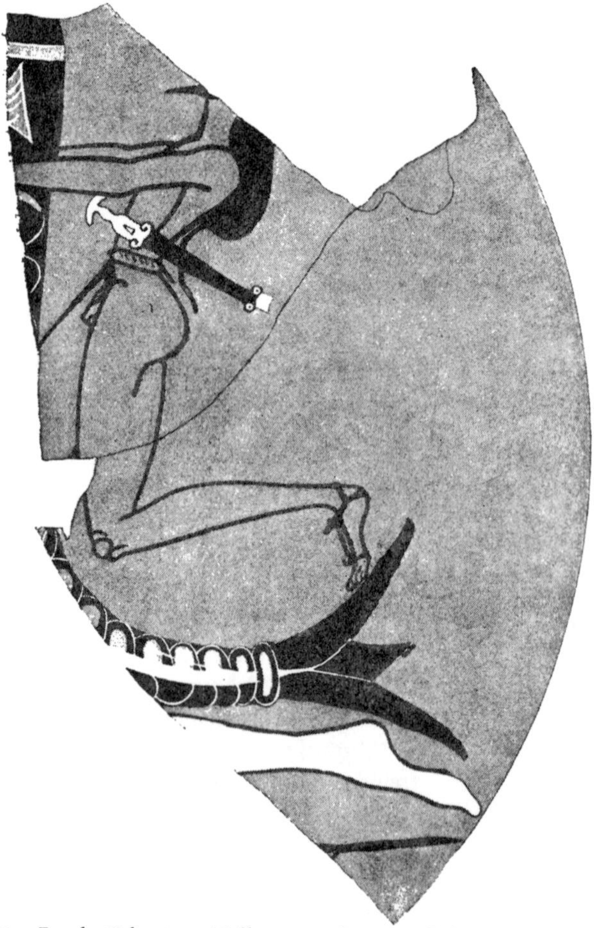

82. Bruchstück eines Tellers aus Praisos: Peleus ringt mit der sich verwandelnden Thetis

weglichkeit der Statuen des *Daidalos* steht. Gab es in der Rundplastik der zweiten Hälfte des 7. Jahrhunderts vielleicht doch noch ein uns unbekanntes Äquivalent zur Beweglichkeit in der Zeichenkunst, oder hat man auch die ruhig stehenden vollplastischen Figuren tatsächlich mit den gleichen lebhaften Augen angeschaut, mit denen die Zeichner dieser künstlerisch so fruchtbaren Zeit Bewegungen eingefangen und dargestellt haben?

Der auf dem Tellerfragment von Praisos (Abb. 82) erhaltene bärtige Mann mit dem lang auf den Rücken herabwallenden Haar, der bis auf Gürtel, Schwert und Sandalen nackt wiedergegeben ist, wird als Peleus gedeutet. Man hält nämlich das Wesen, unter dessen Fischschwanz noch deutlich das Ende eines weißen, d. h. weiblichen Beines zu erkennen ist, für die sich verwandelnde Meergöttin Thetis, um deren Besitz Peleus kämpfen mußte. Beider Sohn wurde Achilleus. Dieser Fund wird hier abgebildet, weil die Zeichnung des Peleus wie keine andere Vasendarstellung den stilistischen Zusammenhang der dädalischen Vasenmalerei mit der gleichzeitigen Guß- und Ziselierkunst veranschaulicht: Schlankheit des Körpers, federnde Spannkraft der Bewegung, Sicherheit in der zeichnerischen Erfassung des Details (Bart, Knie). Man könnte glauben, daß beide Künstler in dieselbe „Zeichenschule" gegangen sind. Das einige Jahrzehnte früher entstandene Liebespaar (Abb. 81) zeigt indes, daß es sich hier um einen fest verwurzelten und spezifisch kretischen Stil handelt, der in der Zeichenkunst eine für uns sehr aufschlußreiche Ergänzung zur dädalischen Plastik bereithält.

DIE GROSSE INSCHRIFT ZUM STADTRECHT VON GORTYN

(Abb. 83)

Bei einer Reiseführung wollte mich in Gortyn ein Teilnehmer der Gruppe vor der „Königin der Inschriften" belehren, daß die Quader, auf denen sie steht, von ihrem Entdecker 1884 in einem Bach gefunden und dann erst in jahrelanger Arbeit so aufgebaut worden seien, wie sie der heutige Besucher vor sich sieht. So hatte er es in der Bildbeschreibung eines sehr ansprechenden Kreta-Bildbandes gelesen.

Tatsächlich aber sind die schön gefügten Quader (Abb. 83) fast 2000 Jahre lang am gleichen Platz geblieben, und die Inschrift wurde bereits ein Jahr nach ihrer Entdeckung, also 1885, von verschiedenen Gelehrten in vier verschiedenen wissenschaftlichen Zeitschriften veröffentlicht. Nur ein Quader aus der obersten Reihe, der nicht mehr im Verband der Mauer war, wurde schon 1863 von dem Franzosen *Thénon* gefunden, in den Louvre gebracht und veröffentlicht. Ein Bach, bzw. Mühlenkanal, der vom Mitropolianós, dem antiken Lethaios, gespeist wird, spielte bei der Entdeckung von 1884 freilich doch eine Rolle. In der 1912 erschienenen Abhandlung „Das Stadtrecht von Gortyn" von *J. Kohler* und *E. Ziebarth* heißt es: „Es sind jetzt über 25 Jahre vergangen, seitdem *Federico Halbherr* und *Ernst Fabricius* in dem Mühlenkanal von Hagii Deka stundenlang im Wasser stehend die große Inschrift von Gortyn zum ersten Male lasen.“ Die beiden Gelehrten haben diese Arbeit des Freilegens und Lesens der Inschrift übrigens zwar unter den gleichen, vom Mühlbach und Grundstückseigentümer bestimmten schwierigen Bedingungen und auch im gleichen Jahr, aber nicht gleichzeitig durchgeführt. Der Italiener, als der eigentliche Entdecker, hat im Sommer 1884 die ersten vier Kolumnen und der Deutsche im Oktober dieses Jahres die restlichen acht Kolumnen freigelegt, gelesen und festgehalten. Der Mühlenkanal ließ zunächst keine systematischen Ausgrabungen zu. Erst nach seiner Regulierung konnte 1912—1913 die Ruine des betreffenden Gebäudes, eines Odeions („Kammertheaters“) aus dem Anfang des 1. Jahrhunderts n. Chr. freigelegt werden. Bei diesen Arbeiten haben die italienischen Ausgräber auch einen hellenistischen Vorgängerbau nachgewiesen, dessen Außenmauern noch nicht den Dreiviertelkreis des späteren Odeions beschrieben haben. Doch schon für diesen rechteckigen Bau unbekannter Bestimmung wurden ältere Blöcke verwendet, deren einige — beim Nordosteingang des Odeions — die sog. Nordmauer-Inschriften enthalten.

Im Unterschied zu diesen beschriebenen Blöcken der „Nordmauer“, mit denen wir uns hier nicht beschäftigen wollen, wurden die Inschrift-Quader der äußeren Rundmauer des in trajanischer Zeit erneuerten und auch im 3. oder 4. Jahrhundert n. Chr. noch einmal restaurierten Odeions aufs sorgfältigste in genau derselben Ordnung wiederverwendet, in der sie um die Mitte des 5. Jahrhunderts v. Chr. in einem anderen architektonischen Zusammenhang an einer anderen Stelle beschrieben worden sind. Die von Anfang an für einen Rundbau zugeschnittenen Quader dienten nämlich zunächst einer Anlage, die wahrscheinlich in der Nähe des späteren Odeions gestanden hat: einer ehrwürdigen

„Tholos", vielleicht einem Heroon, an der zwischen den Ruinen des Odeions und der Tituskirche zu lokalisierenden Agora von Gortyn. Ebenso wie in der römischen Kaiserzeit das Odeion, muß auch dieser ältere Rundbau jedermann zugänglich gewesen sein. Wie schon die Inschriften der „Nordmauer" zeigen, hat es am Markt von Gortyn noch andere, offenbar sogar viele Rechtsinschriften gegeben. Darunter muß das grundlegende ältere Gesetz gewesen sein, auf das sich unsere Inschrift an einigen Stellen bezieht.

Doch bevor wir näher auf Inhalt und Bedeutung der erhaltenen großen Inschrift eingehen, soll noch auf einige äußere Anhaltspunkte dieses bedeutendsten Fundes aus dem Kreta der klassischen Zeit hingewiesen werden: Auf vier ungleich hohen Quaderschichten zeigt diese längste aller wiederentdeckten griechischen Inschriften zwölf Kolumnen von jeweils knapp 70 cm Breite (durchschnittlich 22 Buchstaben) und ca. 170 cm Höhe (durchschnittlich 55 Zeilen). Die Kolumnen konnten auf die Quaderfugen keine Rücksicht nehmen, weil diese von Schicht zu Schicht wechseln. Die Bauweise der Mauer wechselte aber nicht nur — wie aus statischen Gründen alle Quadermauern — in der Horizontalen, sondern auch in der Vertikalen. Hier werden zwei niedrige, dafür aber tiefe „Binderschichten" von zwei etwa doppelt so hohen, dünneren „Läuferschichten" abgelöst. Diese Diskrepanz zwischen dem unruhigen Quaderwechsel und dem Gleichmaß der zwölf durch nur kleine Abstände voneinander getrennten Schriftkolumnen gibt der Inschrift heute einen zusätzlichen Reiz.

Dort, wo die 31 Blöcke der Inschrift im Nordwestteil des Odeions freigelegt worden sind, hat man zu ihrem Schutz jetzt ein entsprechend langes Stück des einst überwölbten antiken Umgangs (Ambulatio) modern wiederhergestellt. Während auf der rechten Seite der Anfang der Inschrift durch schmale, in die Tiefe führende Quader mit einem schönen Architekturprofil, einem ionischen Kyma (Durchgang oder Fenster des ursprünglichen Rundbaues) deutlich wird, ist das Ende der Inschrift auf der linken Seite nur daran zu erkennen, daß die betreffende 12. Kolumne unten frei gelassen ist. Man vermutet aber auch dort eine Türe oder ein Fenster des klassischen Rundbaues und erschließt aus einem einzelnen Block, der zweifellos zu derselben Inschrift gehört, eine Fortsetzung der großen Inschrift jenseits der betreffenden Öffnung nach links. Auch von einer oberen, fünften beschriebenen Quaderreihe, die im Odeion anscheinend nicht mehr verwendet worden ist, haben sich verstreut einige Zeugnisse gefunden.

Die Frage, wie es möglich war, die Inschriftquader zu Beginn der römischen Kaiserzeit von ihrem ursprünglichen Platz an den neuen Standort zu bringen und sie dort unverändert wieder aufzurichten, beantworten einzelne und doppelte Buchstaben (Zahlen) zwischen den Kolumnen, die deutlich nicht zur Inschrift selbst gehören. Schon *Halbherr* und *Fabricius* haben hier das System einer Numerierung erkannt, das einerseits den betreffenden Quader und andererseits die jeweilige Kolumne bezeichnet. Trotz dieser Erleichterung muß man die Akuratesse bewundern, mit der die Quader beim Bau des Odeions zum zweiten Mal zusammengefügt worden sind.

Unsere Inschrift, die sich selbst (XI 20) als τάδε τὰ γράμματα („diese Buchstaben") bezeichnet, ist also bei oder nach der Errichtung des unbekannten alten Rundbaues um die Mitte des 5. Jahrhunderts v. Chr. mit ungemein exakten Buchstaben in die geglättete Oberfläche der betreffenden Wand gemeißelt worden. Zur weiteren Verdeutlichung hat man die Buchstaben noch rot gefärbt. Die erhaltenen Buchstaben sind so gleichmäßig und sicher eingegraben, daß man sich gern eine genauere Vorstellung von den Arbeitsgängen und den verwendeten Meißeln usw. machen möchte. Bei genauer Beobachtung der Buchstaben glaubt man zu erkennen, daß verschiedene Grundtypen kleiner Meißel (kürzere und längere Gerade, kleinere und größere Halbkreise, vielleicht auch Winkel) verwendet worden sind. Von hier bietet sich ein Vergleich nicht nur mit der minoischen Siegelkunst und ihren für bestimmte Formen verwendeten Bohrern an, sondern auch mit dem „Vorläufer der Buchdruckerkunst", dem Diskos von Phaistos (S. 174 ff.).

Die Buchstaben unserer von rechts nach links laufenden Inschrift sind mit etwa gleichen Abständen aneinandergereiht und folgen dem Bustrophedon, d. h. der „Wende des Ochsenpfluges" bem Ackern. Der Anfang eines neuen Absatzes (Paragraphen) ist nur durch ein eingegrabenes oder mit roter Farbe aufgemaltes kleines Ornament gekennzeichnet (Schlußvignette). Die erste Zeile einer jeden Kolumne beginnt rechts, die zweite ist — selbstverständlich ohne Rücksicht auf Wörter oder Worttrennung — von links nach rechts geschrieben, die dritte wieder umgekehrt usw. Die Buchstaben sind erstaunlich gut zu lesen. Es gibt nur einige Abweichungen von denen des heute noch geläufigen attischen Alphabets: Das Zeta, Eta (dafür Epsilon) sowie Phi (dafür Pi), Chi (dafür Kapa), Psi und Omega (dafür Omikron) erscheinen nicht, es wird aber noch für den Lautwert w das Digamma (F) geschrieben. Der Leser muß sich vor der Lektüre außerdem folgende Buchstaben einprägen: Λ = Gamma; S = Jota; ᛚ = Lambda; ꟿ = My; KM = Xi; C = Pi (und Phi); M = Sigma. Wie die Leseproben unten zeigen, ist es entschieden schwerer, sich mit dem dorischen Dialekt der Inschrift vertraut zu machen.

83. Ausschnitte aus der großen Inschrift zum Stadtrecht von Gortyn. 5. Jh. v. Chr.

Kohler und *Ziebarth* haben (S. 42) die große Inschrift als ein „korrektorisches Novellengesetz“ bezeichnet, dessen Bedeutung darin besteht, daß es „eine Reihe wichtiger neuer Gedanken zur Verwirklichung bringt und das Recht auf eine höhere Stufe hebt, aber das alte Recht ... voraussetzt“. Die ausführlichen und in ihren Abfolgen nicht immer einheitlichen Bestimmungen gehen auf Beschlüsse der Volksversammlung zurück. Andere Novellen sind, wie schon gesagt, von Fall zu Fall auf andere Mauern geschrieben worden. Gerade wegen dieses zufälligen und unvollständigen Charakters wirft unsere Inschrift ein helles Licht auf das Leben in einer der großen kretischen Städte des 5. Jahrhunderts v. Chr. Die einzelnen Bestimmungen sind von „diesen Buchstaben“ des Gesetzes in einer bewundernswert präzisen Diktion festgehalten worden. Auf das Privat- und Strafrecht bezogen, sollten sie Freie und Unfreie vor richterlicher Willkür schützen. Der im Zusammenhang überlieferte Text beginnt mit strafrechtlichen Delikten: Wegführen von Beschuldigten, Vergewaltigung. Da schon hier das Verhältnis zwischen den Freien und den wahrscheinlich zum größeren Teil aus der alten mionischen Bevölkerung bestehenden Sklaven anschaulich wird, mag gleich ein kurzer Auszug wiedergegeben werden: II 2

Αἴ κα τὸν ἐλεύθερον ἒτὰν ἐλευθέραν κάρτει οἴπει, ἐκατὸν στατέρανς καταστασεῖ ... αἰ δέ κ' ὀ δõλος τὸν ἐλεύθερον ἒ τὰν ἐλευθέραν, διπλεῖ καταστασεῖ ... 'Ενδοθιδίαν δόλαν αἰ κάρτει δαμάσαιτο, δύο στατέρανς καταστασεῖ· αἰ δέ κα δεδαμν[α]μέναν πεδ' ἀμέραν, [ὀ]δελόν, αἰ δέ κ' ἐν νυττί, δύ' ὀδελόνς· ὀρκιοτέραν δ' ἒμεν τὰν δόλαν. — Αἴ κα τὰν ἐλευθέραν ἐπιπερέται οἴπεν ἀκεύοντος καδεστᾶ, δέκα στατέρανς καταστασεῖ, αἰ ἀποπονίοι μαῖτυς. — Αἴ κα τὰν ἐλευθέραν μοικίον αἰλεθεῖ ἐν πατρὸς ἒ ἐν ἀδελπιõ ἒ ἐν το ἀνδρός, ἐκατὸν στατέρανς καταστασεῖ·

„Wer einen Freien oder eine Freie vergewaltigt, soll hundert Stateren erlegen. ... Wenn aber ein Sklave einen Freien oder eine Freie vergewaltigt, soll er das Doppelte erlegen ... Wer seine eigene Sklavin vergewaltigt, soll zwei Stateren bezahlen; war sie aber schon vorher bezwungen, so soll er, wenn es bei Tage geschah, eine Obole, wenn es bei Nacht geschah, zwei Obolen erlegen. Näher am Eid aber sei die Sklavin. — Wenn einer eine Freie zu verführen sucht, soll er zehn Stateren erlegen, wenn ein Zeuge dafür aussagt. Wenn er aber im Ehebruch mit einer Freien im Hause ihres Vaters oder ihres Bruders oder ihres Mannes ertappt wird, so soll er hundert Stateren bezahlen" usw. (Übersetzung: *Kohler-Ziebarth*).

Dieser Abschnitt, der noch weitere Spezifizierungen enthält, zeigt die selbstverständlich unterschiedliche Behandlung von Freien und Sklaven, macht aber zugleich deutlich, daß die letzteren durchaus in das Stadtrecht einbezogen waren: Die Sklavin kann gegen ihren Herren klagen, und sie hat ein Eidesrecht. Aus den zitierten Sätzen werden aber auch bereits die feinen Differenzierungen innerhalb der Familie deutlich.

Die (II 45) folgenden privatrechtlichen Gesetzesnovellen zur Scheidung und Witwenschaft, zum Erb-, Vermögens- und Schuldrecht gewähren einen weiteren und noch interessanteren Einblick in die Familien- und die Vermögensverhältnisse. Dabei ist aus heutiger Sicht vor allem die eindeutige Vorrangstellung des Mannes auffällig. Sie ist konsequent verfolgt bis hin zum Recht der Aussetzung eines neugeborenen Kindes. Vom Standpunkt der Vorrechte des Mannes aus gesehen, erhalten die Bestimmungen zugunsten der Frau einen Rang, der im Rechtsempfinden gegenüber dem an sich Benachteiligten nicht entschieden über den Schutzbestimmungen zugunsten der Sklaven steht.

Ebenso wie in dem kurzen Stück der Strafrechtsnovelle am Anfang der Inschrift, sind die in zwei vermutlich gleichgestellte Kategorien (δõλος = Haussklave und Fοικεύς = Landsklave) eingeteilten, aber sämtlich zu den Familien gehörenden Sklaven auch in die neuen „Paragraphen" des Privatrechtes eingeschlossen: Eherecht, Verbleib der Kinder, Eigentum. Allein vom Erbrecht bleiben sie anscheinend unberücksichtigt. Auch eine Ehe zwischen Sklaven und Freien ist nach dem Gesetz möglich. Dabei wird selbstverständlich wieder darauf geachtet, ob der Mann oder die Frau der freie Teil in der Ehe ist, und ob diese Eheleute bei der Frau oder beim Mann wohnen. Für unsere Vorstellungen schwer begreiflich, in der Tat aber konsequent durchdacht, sind die Zugehörigkeiten der Sklaven. So gehört etwa das Kind einer unverheirateten Sklavin dem Herren ihres Vaters, das Kind einer verheirateten Sklavin aber dem Herren ihres Mannes (IV 20).

Ein besonders komplizierter und interessanter Fall im Erbrecht ist die „Erbtochter", d. h. die Tochter, „die keinen Vater mehr hat und keinen Bruder, der von dem selben Vater stammt" (VIII 40). Um das väterliche Vermögen zu erhalten, soll die Erbtochter nämlich den ältesten Bruder ihres Vaters oder dessen Sohn usw. heiraten. Nur wenn sie dieser „Nächstberechtigte" nicht heiraten kann oder will, darf sie einen Bewerber aus ihrer Phyle heiraten, ohne das Vermögen zu verlieren. Lehnt sie jedoch von sich aus den „Nächstberechtigten" ab, so behält sie zwar Haus und Hausinventar, von allem anderen aber nur die Hälfte.

Unsere kurzen Hinweise auf Einzelheiten der Inschrift sollen mit einer Verordnung schließen, die auf eine salomonische Art Erbstreitereien verkürzen half: V 40

Τνατõν δὲ καὶ καρπõ καὶ Fέμας κἀνπιδέμας κἐπιπολαίον κρεμάτον, αἴ κα μὲ λείοντι δατέϑϑαι . . . τὸν] δικαστ]ὰν ὀμνύντα κρίναι πορτὶ τὰ μολιόμενα, — [Α]ὶ [δ]έ κα κρέματα δατιόμενοι μὲ συνγιγνόσκοντι ἀντὶ τὰν δαῖσιν, ὀνẽν τὰ κρέματα, κὃς κα πλεῖστον διδοĩ ἀποδομένοι, τᾶν τιμᾶν δια[λ]ακόντον τὰν ἐπαβολὰν Fέκαστος.

„Wenn aber einige bei Tieren und Früchten und Kleidung und Schmuck und anderer beweglichen Habe nicht teilen wollen, so soll der Richter unter seinem Eide auf die streitigen Punkte hin entscheiden. Wenn sie aber beim Teilen der Habe sich wegen der Teilung nicht verständigen, so soll man die Habe versteigern und dem Meistbietenden verkaufen; von dem Kaufpreis aber soll ein jeder seinen Anteil erhalten." (Übersetzung: *Kohler-Ziebahrt)*

In der erwähnten Abhandlung von *Kohler* und *Ziebarth* aus dem Jahre 1912 steht auf S. VII f.: „Die Auffindung des gortynischen Stadtrechtes war für die Erkenntnis des griechischen Rechts geradezu bahnbrechend. Wir erkannten jetzt erst die volle Tragweite nicht etwa bloß des Rechts, sondern der gesetzgebenden Gewalt in Griechenland und die umfangreiche Art und Weise, wie die Gesetzgebung das Recht in ihre Herrschaft zog. Wir erkannten jetzt, wie die Griechen die rechtlichen Probleme zu einer gewissen systematischen Zusammenfassung gebracht haben und wie sie die Verschiedenheit der Fälle, die sich bei der praktischen Rechtsübung ergaben, nach einheitlichen Gesichtspunkten zu kristallisieren vermochten." ... „Ebenso ist uns klar, daß bereits ein Richteramt und ein Prozeß in ganz moderner Ausgestaltung vorhanden war; und wenn auch der Staat noch stark durch die Familiengemeinschaften und ihre Rechte in Schach gehalten wurde, so finden wir doch ein

Staatsleben mit voll entwickelten gerichtlichen Organen und einer rationellen Beweisführung."

Die Aufzeichnung der Gesetzesnovellen in GORTYN war zum Teil auch die Folge eines erst im 5. Jahrhundert v. Chr. sich allmählich durchsetzenden Einflusses vom griechischen Festland her, der mit der Einführung der Münzprägung in KNOSSOS und GORTYN die wirtschaftlichen Verhältnisse der Bevölkerung verändern mußte.

In der Zeit vor den ersten kretischen Münzprägungen haben die kretischen Behörden, d. h. für jede Polis zehn jährlich gewählte „Kosmoi" (Ordner des Heeres) und der aus den vormaligen „Kosmoi" bestehende Rat, allen der inneren Festigkeit und Sicherheit des dorischen Kreta unzuträglichen Einflüssen gewehrt. Dies galt vor allem für das auf die „weltoffene" orientalisierende Epoche des 8. und 7. Jahrhunderts v. Chr. folgende 6. und das frühere 5. Jahrhundert. Eine solche politische Abkapselung nach außen und der dorisch-kriegerische Leistungsdruck in den einander ständig um Landgewinne befehdenden Städten hatte jene Vernachlässigung der bildenden Künste und Handwerke zur Folge, von der bereits in unserer Einführung (S. 13 ff.) die Rede war.

Wenn wir aus der Menge der kretischen Funde, die auf die archaische Epoche des 6. Jahrhunderts v. Chr., auf die beiden folgenden „klassischen" Jahrhunderte, auf die hellenistische Periode oder auf die Zeit der Römerherrschaft zurückgehen, auch eine längere Reihe herausgreifen könnten, so wollen wir uns doch auf die folgenden Hinweise beschränken: Unter den Steinreliefs im Museum von HERAKLION ist eine Metope von Interesse, die *Evans* am Abhang der griechischen Akropolis von KNOSSOS nordwestlich des Palastes gefunden hat. Das Relief zeigt das von einer Metope des archaischen Heraheiligtums (Foce del Sele) bei PAESTUM, vor allem aber von einer fast hundert Jahre jüngeren Metope des Zeustempels in Olympia bekannte burleske Thema mit dem König Eurystheus, der sich vor dem mit dem Erymanthischen Eber auf der Schulter heimkehrenden Herakles ängstlich in einem Faß (Pithos) verbirgt.

Zweifellos gehörte diese Metope aus der ersten Hälfte des 5. Jahrhunderts v. Chr. zu einem Bau (Tempel) eines der knossischen Heiligtümer. Ein Demeterheiligtum am Abhang des GYPSADES-HÜGELS, also im Süden des minoischen Palastes ist erst kürzlich von englischen Archäologen ausgegraben und veröffentlicht worden[50]. Ein Heiligtum der Rhea (Mutter des Zeus, der Demeter usw.), das im Zusammenhang mit einem heiligen Zypressenhain von dem im ersten vorchristlichen Jahrhundert lebenden Historiker *Diodoros Siculus* (V 66) für KNOSSOS bezeugt ist, hat *Evans* mit teils aus Gipsstein bestehenden Fundamenten in einer klassischen Schicht neben dem Südpropylon des Palastes in Zusammenhang gebracht. Gleichfalls in der Antike bekannt und literarisch überliefert war ein Apollontempel in KNOSSOS — vielleicht auf der Akropolis — sowie ein knossisches Heiligtum der Athena Tritogeneia. Die im Saal XX des Museums von HERAKLION ausgestellte Metope wollte man mit dem noch nicht wiederentdeckten Apollontempel in Verbindung bringen.

Sie ist kein großes Kunstwerk, diese Metope, bei weitem nicht zu vergleichen mit der freilich auch viel größeren Eurystheus-Metope des Zeustempels in Olympia. Doch ähnlich provinziell erscheinen eben auch die meisten anderen klassischen und späteren Funde aus kretischen Werkstätten im Vergleich mit entsprechenden gleichzeitigen Werken aus den Zentren der griechischen

Kunst. Vereinzelt fanden sich importierte Arbeiten, wie zwei wahrscheinlich kykladische Grabreliefs aus dem 5. Jahrhundert v. Chr. Unter den Skulpturen, die im Saal XX des Museums aufgestellt sind, überwiegen kaiserzeitliche Marmorkopien berühmter griechischer Statuen. Eine weibliche Gewandfigur (ohne Kopf) aus Knossos hat dem betreffenden Typus sogar den Namen „Candia-Typus“ eingebracht. Als ein Fund aus der späteren Kaiserzeit sticht noch ein Marmorsarkophag mit einer kräftigen, von Eroten und Stierköpfen getragenen Fruchtguirlande und einem reich verzierten dachförmigen Deckel hervor. Er wurde in der frühchristlichen Basilika nordwestlich der minoischen Stadt von Malia gefunden. Dort hat er in zweiter Verwendung als Sarg eines jungen Mannes und einer viel älteren Frau gedient. Die besondere Bedeutung der beiden Toten (Märtyrer, Heilige?) wird auch aus dem mitgefundenen Goldschmuck deutlich.

Diese wenigen Hinweise auf kretische Funde aus den nachdädalischen Jahrhunderten mögen erklären, warum unser Band mit der „Königin der Inschriften“ schließt. Sie ist nicht nur die ausführlichste und eine der schönsten unter den griechischen Inschriften, sondern sie weist als kretische Gesetzesinschrift auch noch einmal zurück auf die große Zeit der Insel im zweiten Jahrtausend v. Chr. Wie eng das minoische Kreta mit Recht und Gesetz verflochten war, läßt ja die Sage vom Totenrichter *Minos* ahnen, wie wir sie etwa aus dem Hadesbesuch des *Odysseus* in der „Nekyia“ der Odyssee kennen. Dort (XI 568 ff.), nur gut zweihundert Jahre vor der Inschrift von Gortyn, doch aus einer viel älteren Überlieferung heißt es: „Da sah ich, wahrhaftig! Minos, den strahlenden Sohn des Zeus: wie er ein goldenes Szepter hielt und saß und den Toten Satzungen erteilte. Die aber, im Kreise um ihn her, holten Rechtsanweisungen bei dem Herscher ein, sitzend wie stehend in dem weittorigen Haus des Hades“ (Schadewaldt).

ANHANG

Bemerkungen zu H. G. Wunderlichs Buch „Wohin der Stier Europa trug"

Archäologische Themen werden mehr und mehr nicht nur in kürzeren Artikeln sondern auch in ganzen Büchern von Amateurarchäologen behandelt und dargestellt. Der interessierte Leser vermag dabei nicht ohne weiteres zu sehen, wie weit das Dargebotene jeweils wissensmäßig und wissenschaftlich fundiert ist. In Besprechungen aber respektiert der eine Dilettant gern den anderen, und so setzt sich diese Kette in einer bedenklich stimmenden Weise fort.

In dem Buch, von dem im Zusammenhang mit den Funden der minoischen Kultur auf Kreta im folgenden die Rede sein soll, sind nun sogar fundamentale Ergebnisse der Archäologie in Frage gestellt worden. *H. G. Wunderlich*, dessen unermüdlicher und unverdrossener Einsatz für die eigene Idee bewundernswert war, lebt nicht mehr. Er konnte deshalb auch die Ausgrabungen einer minoischen Stadt auf der Insel Thera, bei denen die gleichen Fresken, Pithoi, Rhyta, Eierschalentassen usw. gefunden wurden, die er in den kretischen Palästen aus einem angeblichen Totenritual erklären wollte, nicht mehr lange genug verfolgen, um sich der Aussichtslosigkeit seines Ringens bewußt zu werden. Sein Buch aber bleibt zunächst, und unsere vor *Wunderlichs* Tod aufgezeichneten Bemerkungen sollen an ihm exemplarisch aufzeigen, daß man von einer zu wenig fundierten Basis aus auch als — fachfremder — Wissenschaftler eine polemische Auseinandersetzung mit der Archäologie nicht suchen sollte. Gern wüßte der Verfasser dieses Bandes das folgende überhaupt dahin verstanden, daß die nicht zuletzt im Sog der modernen Bildungsreisen geradezu populär gewordene Archäologie als eine alte und gut ausgewiesene Disziplin der Geisteswissenschaften Anregungen von außen zwar stets und auch vermehrt offenbleiben wird, dabei aber nicht zum Spielfeld ephemerer Gedankensprünge werden will.

In „Nachwort und Danksagung" schrieb *Wunderlich:* „Dem Lektor des Hauses Rowohlt fiel die undankbare Aufgabe zu, das Manuskript kritisch zu sichten, auszufeilen und umzustellen, so daß aus einer wissenschaftlichen Abhandlung ein lesbares Buch entstand." (S. 338) Der Verfasser der zugrundeliegenden „wissenschaftlichen Abhandlung" war Geologe. Das Geologische zu prüfen, muß der Archäologe selbstverständlich den Geologen und Naturwissenschaftlern überlassen. Da die als archäologisch zu bezeichnenden Teile des Buches selbst dort ausgesprochen gut „lesbar" sind, wo viel Verwirrendes steht, könnte man annehmen, daß besonders diese Teile auf die Arbeit des Lektors zurückgehen. Ein Vergleich mit dem ersten, nicht minder flüssig geschriebenen Aufsatz, den *Wunderlich* zu diesem Thema in der Zeitschrift n + m veröffentlicht hat, spricht jedoch gegen diese Vermutung. Deshalb muß sich also auch das Archäologische in diesem Buch gefallen lassen, als „wissenschaftliche Abhandlung" beurteilt und kritisiert zu werden.

Auch in den Geisteswissenschaften beginnt eine solche Beurteilung damit, daß man nach den Quellen und Grundlagen fragt, mit denen sich der Verfasser auseinandergesetzt hat. Sind bereits diese unwissenschaftlich, wird man natürlich die Ausführungen entsprechend kritisch lesen. Da es Quellenhinweise bei *Wunderlich* nur in Ausnahmefällen gibt, ist diese Arbeit nicht ganz einfach. Sie führt den Leser dann aber doch nur allzubald in eine Richtung, die vom Standpunkt des Archäologen aus nur als unwissenschaftlich angesehen werden kann.

Einige Beispiele mögen genügen: Eine Bezeichnung wie „Schmarotzerwohnungen" (S. 91) kommt aus dem anregenden Reisebüchlein von *Thomas Münster* „Kreta hat andere Sterne". „Dreiteiliges Heiligtum" steht für das von *Evans* gebrauchte „Shrine" gelegentlich zwar auch in anderen neuen Plänen des Palastes von KNOSSOS, die Bezeichnung „Gefängnis des Minos" (S. 37) für einen großen Raumkomplex im NW-Abschnitt des Palastet, dessen älteste Gestalt (MM I) von *Evans* als „Keep" bezeichnet worden ist, finde ich jedoch ebenso wie die Zweiteilung der „Hall of the Double Axes" nur auf dem Plan eines gänzlich unwissenschaftlichen Führers, dem *Wunderlich* — wie er selbst sagte (S. 326) — zunächst auch die Rechtschreibung für das Wort Pithos entnommen hat. Auch sonst scheint sich *Wunderlich* immer wieder an diesem Führer eines Nichtfachmannes orientiert und in seinen kritischen Bemerkungen viel mehr mit dem betreffenden Autor als mit *Evans* auseinandergesetzt zu haben.

Trotz solchen „Quellenstudiums" ist es mir bis jetzt allerdings noch nicht gelungen, einen Hinweis für die Behauptung *Wunderlichs* zu finden, daß die Ausgräber von KNOSSOS an der Peripherie des Palastes große Mengen von Knochen gefunden hätten. Beim Ausgräber selbst lesen wir jedenfalls nichts davon. Neben den Autoren eines guten Reisebuchs und eines schlechten Führers gehören auch *Cerams* „Götter, Gräber und Gelehrte" zu den von *Wunderlich* offenbar als seriös angesehenen Quellen. Wir haben beim „Prinzen mit der Federkrone" (hier S. 33) und bei der „Schlangengöttin" (hier S. 34) den mangelhaften dokumentarischen Wert von *Cerams* Bildband gestreift. *Wunderlich* zeigt, wie verführerisch der Umgang mit archäologischen Zeugnissen nach der Art eines geistreichen Schriftstellers ist, dem es viel mehr auf die Gesamtwirkung seiner Bücher als auf die einzelne Tatsache ankam — der aber auch nach seinen eigenen Worten nicht „Wissenschaft treiben", sondern nur zu ihr „hinführen" wollte (Der erste Amerikaner S. 15). Und heute haben sich auch schon unter den Lesern von *Wunderlich* solche gefunden, die auf seinen Spuren noch weitergehen wollen. So bot ein Schulrat einer um die Antike bemühten Zeitschrift einen Artikel an: „Was *Evans* übersehen hat", in dem er ein von alten Reisebüchern, von alten Karten und auch heute noch genugsam bekanntes „Labyrinth" aus der türkischen Zeit Kretas in der Nähe von GORTYN ahnungslos mit dem von KNOSSOS zusammenwirft, um *Evans* Vorwürfe angeblicher Ignoranz gegenüber älteren Quellen zu machen.

Selbst schlechte Quellen aber hat der in der Archäologie hospitierende Geologe oft nur schlecht genutzt. Hätte er die Abbildungen bei *Ceram* angesehen, dann hätte er nicht dessen falsche Aussage über den Erhaltungszustand des „Prinzen mit der Federkrone" noch einmal wiederholt und ausgeschmückt. Noch leichter hätte *Wunderlich* der Verwirrung entgehen können, die er in die Verteilung der Räume hineingebracht hat. Hätte er auch nur den Plan seines Führers zur Hand genommen, dann wäre ihm die Verwechselung der „Halle der Doppeläxte" und des „Heiligtums der Doppeläxte" nicht vorgekommen (hier S. 36); er hätte dann auch kaum behaupten können: „Die Halle der Doppeläxte ist offenbar in keinem Grade mehr als königliches Wohngemach anzusprechen als etwa das «Dreiteilige Heiligtum» mit der Schlangenbeschwörerin" (S. 67). Dabei meinte *Wunderlich* in diesem Augenblick nämlich tatsächlich die „Halle der Doppeläxte", denn im folgenden Satz ist der „nächste Raum" derjenige, den *Evans* „resolut" als das „Megaron des Königs" festgelegt hat. Aus soviel Ungenauigkeit kann kein ernsthafter Leser wieder herausfinden. Hier hilft auch der kleine Führer nicht mehr weiter, sondern man muß eben, wenn schon nicht *Evans'* Publikation, so doch wenigstens ein von einem Archäologen verfaßtes Buch wie den Bildband von *Marinatos-Hirmer* zu Hilfe nehmen. Dann aber wird man feststellen, daß *Evans* die Bezeichnung „Megaron des Königs" überhaupt nicht gebraucht, vielmehr den ganzen zweiteiligen Raum als „Hall of the Double Axes" bezeichnet hat (hier S. 42). Man wird sich weiterhin mit dem „Dreiteiligen Heiligtum" (bei *Evans* „Shrine") beschäftigen und feststellen, daß es sich hier nicht einmal um einen Raum, sondern nur um ein besonders herausgehobenes Glied der Westfassade des Zentralhofes, um eine „Kultfassade" (hier S. 53) handelt. Schließlich muß man sich noch fragen, was die „Schlangenbeschwörerin" (wie es bei *Wunderlich* spaßhaft statt „Schlangengöttin" heißt) einerseits mit dem „Dreiteiligen Heiligtum" und andererseits mit den Tonidolen zu tun hat, die viele Meter von der „Halle der Doppeläxte" entfernt in dem winzigen „Heiligtum der Doppeläxte" gefunden, von *Wunderlich* aber inhaltlich lapidar mit der „Schlangengöttin" gleichgestellt worden sind.

Nun, die „Schlangengöttin" ist, wie wir gesehen haben, mit zwei weiteren Statuetten und vielen anderen kostbaren Funden in einer in den Fußboden eingetieften steinernen Kiste der sog. „Temple-Repositories", einem schmalen Raum zutage gekommen, der sich hinter der auf den Hof gerichteten „Kultfassade" befand. Wo und wie die kleinen Fayencefiguren einmal gebraucht worden sind, weiß man nicht. Die Tonidole aber sind etwa 400 Jahre später in dem „Heiligtum der Doppeläxte" aufgestellt worden und in den Kult einer kleinen minoischen Gemeinde einbezogen gewesen, die sich dort in den Ruinen des Palastes noch einmal eingerichtet hat, bevor die einwandernden dorischen Griechen auch diese letzten Stätten der alten Bevölkerung zerstört haben. In dieser armen Spätzeit gab es außer überlieferten Symbolen (Doppelaxt), Formen (Göttin mit erhobenen Armen) und Riten kaum etwas, das an die glanzvolle Zeit erinnern konnte, in der die vergleichsweise riesige „Halle der Doppeläxte" als Hauptraum im Untergeschoß des Ostflügels und die „Kultfassade" (*Wunderlichs* „Dreiteiliges Heiligtum") als Schauplatz religiöser Feiern auf dem Palasthof gedient haben. Vielleicht noch vor der Errichtung der „Kultfassade" und etwa 200 Jahre vor der uns überlieferten Ausgestaltung des „Thronsaales" im Westflügel (hier S. 44 ff.) hat die „Schlangengöttin" einem uns unbekannten, doch wahrscheinlich kultischen Zweck gedient. Die Steinkiste, in der sie mit den anderen Kostbarkeiten verborgen wurde, hat sie nach einer kleineren Zerstörung des Palastes im Anfang des 16. Jahrhunderts v. Chr. erst wieder bei den Ausgrabungen des Jahres 1903 verlassen.

An diesen Beispielen, die fast beliebig vermehrt werden könnten, sollte die ahistorische und pseudowissenschaftliche Denk- und Darstellungsweise *H. G. Wunderlichs* gezeigt werden. Eine schöne und unumgängliche Gepflogenheit der Wissenschaft ist es aber auch, daß man sich dort, wo man etwas nicht versteht, bei einem anderen Wissenschaftler Rat holt. Das gilt natürlich umso mehr, je weiter man sich vom Schwerpunkt der eigenen Forschung entfernt. *Wunderlich* zitiert (S. 324) aus dem Brief eines Göttinger Geologen: „Ein hiesiger Archäologe lief gleich mit einem Stück Gips zu Walliser ...". Nicht so im umgekehrten Falle der Geologe *Wunderlich* zu einem Archäologen. Hätte er sich einer solchen kleinen Mühe nicht entzogen, dann wäre sein Buch vielleicht gar nicht geschrieben worden.

Auch hier sollen nur ein paar besonders irreführende „Beobachtungen" *Wunderlichs* herausgegriffen werden. Auf Grund eigener Erfahrungen im Baugewerbe hielt sich *Wunderlich* auf diesbezügliche Kenntnisse sehr viel zugute und er beklagte sich (S. 112) über „die unzureichenden Materialkenntnisse der minoischen Archäologen". (Ein Blick in den Registerband des „Palace of Minos" hätte ihn auf viele Stellen dieses Werkes hingewiesen, an denen sich *Evans* mit dem Gipsstein und dessen Eigenschaften gründlich beschäftigt hat.) Wie stand es aber bei *Wunderlich* selbst, wenn er auf S. 127 Abb. 39 ein Foto wiedergab, auf dem zwei Pithoi unter einer Decke stehen, die nicht — wie er schrieb — antiker „Fußoden", sondern moderner Beton ist. Glaubte er wirklich, daß die alten Minoer so dünne, freitragende Decken bauen konnten? Doch nicht nur hier hat er darauf verzichtet, einen Archäologen zu befragen, sondern auch in einem anderen Fall: Auf S. 251 Abb. 76 ist eine sehr aufwendige Zeichnung abgebildet, die *Wunderlich* offenbar selbst angefertigt hat, um dem Leser etwas zu zeigen, was es in der minoischen Architektur nachweislich nicht gegeben hat. Die betreffende Form von Türen heißt „Polythyron" = „Vieltüren", weil in der Regel zwei oder mehr solcher licht- und luftspendenden Türen aneinandergereiht wurden. Über die Funktion der betreffenden Türpfosten ist man sich — wie abermals ein Blick in den „Palace of Minos" zeigen kann — längst im klaren. Die lange Erörterung, die *Wunderlich* zu seiner Zeichnung gab, ist in der Bestimmtheit, mit der sie dem Laien etwas allenfalls Denkbares, tatsächlich aber Falsches, sorglos als Faktum darstellt, vom Standpunkt des Wissenschaftlers gesehen genauso unverantwortlich wie manche andere Bildunterschrift (z. B. S. 88 zu Abb. 27, wo vom etruskischen Totenritual so gesprochen wird, als wenn es uns völlig geläufig wäre). Die Nuten in den Türlaibungen eines Raumes in Nirou Chani (S. 120 Abb. 34) dienten übrigens auch nicht zum Verschluß mit Falltüren, sondern ebenso wie im Palast von Kato Zakros und ähnlich wie noch in der archaisch-griechischen Architektur (etwa am Heraion von Olympia) zur Befestigung hölzerner Verkleidungen.

Auch auf die Behauptung, die freien Brüste der „Schlangengöttin" seien ein Zeichen der Trauer (S. 245 f.), hätte *Wunderlich* wahrscheinlich nach der Unterhaltung mit einem Archäologen verzichtet; so wie er auch statt aus dem Totenkult kommender Schlangen (S. 247) auf den großen Pithoi einfach Wellenbänder erkannt hätte, wie sie genauso noch heute zur Verzierung solcher Gefäße verwendet werden. Über die Hautfarbe der auf Fresken dargestellten Männer und Frauen würde er nicht so viel Unnützes geschrieben haben, wenn er sich hätte sagen oder zeigen lassen, daß die Unterscheidung brauner Männerhaut und weißer Frauenhaut nicht nur in der archaisch-griechischen Kunst des 6. Jahrhunderts v. Chr. zu beobachten ist sondern auch auf ägyptischen oder etruskischen Darstellungen. Über den

Aussagewert einer 1907 von *Zehetmaier* vorgetragenen Äußerung auf einem Gebiet, das erst nach diesem Zeitpunkt genauer erforscht werden konnte (S. 226), hätte abermals jeder Archäologe die richtige Antwort gegeben. Doch der Geologe wollte ohne Auskünfte aus der Archäologie auskommen. Wie anders hat sich da der Schriftsteller *Ceram* verhalten, als er sein Manuskript „Der erste Amerikaner" erst zwei Fachleuten zu lesen und zu beurteilen gab, bevor es in den Druck ging!

Ebenso wie am Bauverständnis kann man schließlich sogar an *Wunderlichs* Kenntnis natürlicher Phänomene zweifeln, wenn man auf S. 160 folgendes liest: „Die Rhyton-Trichter sind ursprünglich aus großen spitz zulaufenden Meeresschnecken hervorgegangen, deren spitze Endigung abgebrochen wurde, um sie als Trichter zum Einfüllen des Zedernöles zu verwenden. Als später geeignete Meeresschnecken immer seltener wurden ..." — Es handelt sich um die sog. Tritonschnecke, die im Mittelmeer doch auch heute noch sehr zahlreich vertreten ist! *Wunderlich*, der zu geologischen Untersuchungen nach Kreta gereist ist, wußte aber auch noch nichts von der bereits 1865 durch den englischen Admiral *Spratt* bekannt gemachten Senkung bzw. Hebung der kretischen Nordküste im 6. Jahrhundert unserer Zeit (hier S. 8). Diese bei den Archäologen wohlbekannte Entdeckung hat er nun noch einmal gemacht. Dabei ließ er sich die Gelegenheit nicht nehmen, den Archäologen einen „schlichten Denkfehler" (S. 132) vorzuwerfen, den sie auf Grund ihrer Kenntnis der Küstensenkung tatsächlich aber nie gemacht und deshalb auch nicht in ihre Überlegungen hinsichtlich der seismischen Wogen beim Vulkanausbruch von Thera einbezogen haben (S. 132 Abb. 43).

Mag das Buch, wie 1973 in einer Fernsehsendung gesagt wurde, „für den Laien und Leser zumindest originell" sein, für den Archäologen und überhaupt für jeden, der Wissenschaft ernst nimmt, ist es nicht „unbequem", sondern schlechthin ein Muster pseudowissenschaftlicher Literatur. Es gibt nicht „Denkanstöße" für eine gänzlich veränderte Sicht der minoischen Kultur, sondern nur Hinweise auf ein in seinen Eigenschaften längst bekanntes Material: den Gipsstein. Im übrigen aber ist es eine Mahnung für die Archäologen, sich in allem so deutlich und klar auszudrücken, daß sich Verwirrungen diesen Ausmaßes vielleicht auch dann nicht mehr wiederholen, wenn sich der Interessent nur aus zweiter Hand informiert.

Aus den angeführten Gründen wollte ich in diesem Buch auch nur dort auf *H. G. Wunderlich* eingehen, wo es notwendig schien: bei der Verwendung des Gipssteines in der minoischen Architektur (S. 39 ff.), bei einzelnen falsch gedeuteten Funden (z. B. S. 90 f.) und vor allem bei den minoischen Gräbern (S. 63 ff.), deren Existenz und deren Formen uns ja ebenso gut bekannt sind, wie die auch von *Wunderlich* nicht bestrittene Tatsache, daß in den im Zentrum der minoischen Städte liegenden Palästen weder einbalsamierte Leichen noch überhaupt menschliche Skelette gefunden worden sind.

Wunderlichs These vom „Totenpalast" ist nicht neu. Nach dem Erscheinen seines ersten diesbezüglichen Artikels in „n + m" ist *Wunderlich* auf die betreffende Äußerung *O. Spenglers* aufmerksam gemacht worden. In seinem Buch hat er sie dann zur Bestätigung seiner Theorie herangezogen. Der Archäologie war Spenglers Vorstellung bekannt. *F. Matz* hat in einer Anmerkung seines 1950 erschienenen ausführlichen Artikels „Die Ägäis" im Handbuch der Archäologie (Band II 233 Anm. 4) folgende nicht nur für den Archäologen nach wie vor gültige Antwort gegeben: „Spenglers phantasievoll begründete These, diese Paläste seien in Wirklichkeit „Totentempel, Heiligtümer eines gewaltigen Jenseitskultus" (WaG. 1, 1935, 45. 198 f.), beruht auf einer oberflächlichen Analyse des baulichen Befundes. Außerdem ist uns seit der Entdeckung der Nekropole von Chrysolakkos bei Mallia und des „Tempelgrabes" bei Knossos nicht unbekannt, wie Stätten des minoischen Totenkultes wirklich aussahen."

NACHWEISE DER TEXTABBILDUNGEN
(Strichzeichnungen)

1. Mit einigen Ergänzungen nach Erhart Kästner, Kreta (Gebr. Mann, Berlin 1946).
2. Nach Evans, PoM. I, S. 33 Abb. 4.
3. Nach BSA. 7, 1900/01, S. 64 Abb. 20.
4. Nach J. D. S. Pendlebury, A Handbook of the Palace of Minos at Knossos (1. Aufl. 1933), Faltplan.
9. Nach Evans, PoM. I, S. 328 Abb. 239.
14. Nach Evans, PoM. I, S. 504 Abb. 362.
18. Nach Evans, PoM. IV, 2 Pocket.
20. Nach Archäologischer Anzeiger 1971, S. 330 Abb. 27.
23. Nach Harriet Boyd Hawes, Gournia (1908) Plan.
30. Nach C. Tiré — H. van Effenterre, Guide des Fouilles Françaises en Crète (Paris 1966), Falttafel.
34. Nach C. Tiré — H. van Effenterre, a.a.O. S. 61 Abb. 19.
35. Nach C. Tiré — H. van Effenterre, a.a.O. S. 54 Abb. 17.
38. Nach J. Hazzidakis, Les Villas Minoennes de Tylissos (Études Crétoises III, 1934) Taf. 33.
39. Nach S. Alexiou, Minoische Kultur (Musterschmidt, Göttingen 1976) S. 18 Abb.
55. Nach S. Alexiou, a.a.O. S. 28 Abb.
56. Nach BSA. 9, 1902/03, S. 120 Abb. 75.
57. Nach L. Pernier, Il Palazzo Minoico di Festos I (Libr. dello Stato 1935) Taf. 2.
60. Nach S. Marinatos — M. Hirmer, Kreta und das mykenische Hellas (München 1959), S. 86 Abb. 13.
65. Nach H.-G. Buchholz — V. Karageorghis, Altägäis und Altkypros (E. Wasmuth, Tübingen 1971), S. 119 Abb. 40.
71. Nach Festschrift B. Schweitzer, Neue Beiträge zur Klass. Altertumswissenschaft (W. Kohlhammer, Stuttgart 1954), S. 68 Abb. 8.
82. Nach E. Buschor, Griech. Vasenmalerei (R. Piper, München 1913), S. 45 Abb. 26.

NACHWEISE DER PHOTOGRAPHISCHEN ABBILDUNGEN

5. Nach P. Franke — M. Hirmer, Die griech. Münze, Hirmer Verlag, München 1964, Taf. 165 ob. links.
6.—7. Foto Verfasser.
8. Nach H.-G. Buchholz — V. Karageorghis, Altägäis und Altkypros, E. Wasmuth, Tübingen 1971, 202 Abb. 45.
10. Nach S. Marinatos — M. Hirmer, Kreta, Thera und das myken. Hellas, Hirmer Verlag, München 1973, Taf. 33.
11. Nach Ansichtskarte Museum Heraklion.
12. Nach Sir Arthur Evans, Knossos Fresco Atlas, Gregg Press 1964, Taf. II.
13. Nach S. Marinatos — M. Hirmer, a.a.O., Taf. XXV.
15. Nach S. Marinatos — M. Hirmer, a.a.O., Taf. 97.
16. Nach G. Karo, Greifen am Thron, Bruno Grimm, Baden-Baden 1959, S. 44 Abb. 24, Foto F. Hewicker.
17. Nach L. v. Matt u. a., Das antike Kreta, NZN Buchverlag, Zürich 1967, Taf. 63.
19 a—b. Nach Ansichtskarte Museum Heraklion und Foto W.-D. Niemeier.
21. Nach S. Marinatos — M. Hirmer, a.a.O., Taf. XXVIII.
22 a—b. Nach S. Marinatos — M. Hirmer, a.a.O., Taf. 108—109.
24. Foto W.-D. Niemeier.
25. Nach G. Karo, a.a.O., S. 101 Abb. 66. Foto F. Hewicker.
26. Nach G. Karo, a.a.O., S. 35 Abb. 18. Foto F. Hewicker.
27. Nach Ansichtskarte Museum Heraklion.
28. Foto Verfasser.
29. Nach C. Tiré — H. van Effenterre, Guide des Fouilles Françaises en Crète. École Française d'Arthènes 1966, Taf. I.
31. Nach L. v. Matt u. a., a.a.O., Taf. 149.
32. Nach L. v. Matt u. a., a.a.O., Taf. 148 unten.

33. Nach S. Marinatos — M. Hirmer, a.a.O., Taf. 13 unten.
36. Nach S. Marinatos — M. Hirmer, a.a.O., Taf. XXIII.
37. Nach S. Marinatos — M. Hirmer, a.a.O., Taf. XXXVII.
40. Nach S. Marinatos — M. Hirmer, a.a.O., Taf. 11 rechts.
41. Nach S. Marinatos — M. Hirmer, a.a.O., Taf. 13 rechts.
42. Nach G. Karo, a.a.O., S. 29 Abb. 14. Foto F. Hewicker.
43.—49. Nach Corpus der minoischen und mykenischen Siegel II,1 Nr. 70. 248. 250. 122. 115. 60 und 313.
50. Nach L. v. Matt u. a., a.a.O., Taf. 120.
51 a—b. Foto Verfasser.
52. Foto Verfasser.
53. Nach Annual of the British School at Athens 19, 1912/13, Taf. 10a.
54. Foto Deutsches Archäologisches Institut Athen 73/927.
58. Nach S. Marinatos — M. Hirmer, a.a.O., Taf. 50 unten.
59. Foto W.-D. Niemeier.
61. Foto G. Fittschen-Badura.
62. Foto Verfasser.
63. Nach dem Katalog „Aufbruch zur modernen Kunst", München Haus der Kunst 1958, Nr. 458.
64 a—b. Nach S. Marinatos — M. Hirmer, a.a.O., Taf. 104 unten und 105 unten.
66 a—b. Foto Museum Heraklion.
67.—69. Nach E. Kunze, Kretische Bronzereliefs, Stuttgart 1931, Taf. 26. 33. 49.
70. Foto W.-D. Niemeier.
72. Nach L. Pernier — L. Banti, Guida degli Scavi Italiani in Creta, Rom 1947, Abb. 98.
73. Foto Antikenabteilung der Staatlichen Museen Berlin.
74. Foto Landesmuseum Karlsruhe.
75. Nach Propyläen Kunstgeschichte, K. Schefold, Die Griechen und ihre Nachbarn, Taf. 12.
76. Nach S. Marinatos — M. Hirmer, a.a.O., Taf. 136.
77. Nach G. Rizza — V. Santa Maria Scrinari, Il Santuario sull'Acropoli di Gortina I, Taf. XI.
78. Nach R. Lullies — M. Hirmer, Griechische Plastik (3), Hirmer Verlag, München 1972, Taf. 6.
79. Foto Antikenabteilung der Staatlichen Museen Berlin.
80. Foto Musée du Louvre. Chuzeville.
81. Nach E. Buschor, Griechische Vasen, Neuausgabe München 1969, 51, Abb. 56.
83. Nach L. v. Matt u. a., a.a.O., Taf. 218.

ANMERKUNGEN

[1] *E. Kirsten,* Die Insel Kreta in vier Jahrtausenden. „Antike" 14, 1938, 295.

[2] Museum für Kunst und Gewerbe Hamburg: Dädalische Kunst auf Kreta im 7. Jahrh. v. Chr. — Ausstellung vom 23. 9. bis 27. 12. 1970, S. 5 ff.: H. Philipp, Daidalos.

[3] *E. Meyer,* Heinrich Schliemann, Kaufmann und Forscher. Göttingen 1969.

[4] *H. G. Wunderlich,* Wohin der Stier Europa trug. Rowohlt 1972.

[5] *Wunderlich,* a. a. O., S. 85 f.

[6] *A. Evans,* The Palace of Minos. Repr. London 1964. I 504, Abb. 362. Vgl. unsere Abb. 14.

[7] *Wunderlich,* a. a. O., S. 67.

[8] *W. Noll,* Die minoischen Paläste auf Kreta — Stätten der Lebenden oder der Toten? Antike Welt, Heft 3, 1971, 15 ff.

[9] *L. v. Matt,* Das antike Sizilien. Würzburg 1959, Abb. 150—152.

[10] *A. Evans,* a. a. O., IV 939, Abb. 910.

[11] *H. Reusch,* Zum Wandschmuck des Thronsaals in Knossos. Minoica. Festschrift Sundwall, Berlin 1958, S. 334 ff.

[12] Verf., Steine und Malerei in der minoischen Kunst. Jahrbuch des Deutschen Archäol. Instituts 75, 1960, 17—36.

[13] *S. Marinatos — M. Hirmer,* Kreta, Thera und das mykenische Hellas. München 1973, S. 119, Abb. 6.

[14] *C. W. Ceram,* Götter, Gräber und Gelehrte im Bild. Hamburg 1957, S. 76 f.

[15] *S. Marinatos — M. Hirmer,* a. a. O., Taf. 151.

[16] *L. v. Matt* u. *A.,* Das antike Kreta. Zürich 1967, S. 95.

[17] *S. Marinatos — M. Hirmer,* a. a. O., Taf. 18 oben.

[18] Grundriß und Querschnitt: *S. Marinatos — M. Hirmer,* a. a. O., S. 125, Abb. 10/11.

19 *M. S. F. Hood,* Archaeological Survey of the Knossos Area. London o. J.
20 *J. Sakellarakis,* Das Kuppelgrab A von Archanes und das kretisch-mykenische Tieropferritual. Praehist. Zeitschrift 45, 1970, 135 ff.
21 Gournia, Vasiliki and other Prehist. Sites on the Isthmos of Hierapetra, Crete. American Exploration Society, 1908. Vgl. auch: *H. Boyd-Hawes,* Memoirs of a Pioneer Excavator in Crete. Archaeology 18, 1965, 94 ff.
22 *R. B. Seager,* Exploration in the Island of Mochlos. Boston - New York 1912.
23 z. B. *S. Marinatos — M. Hirmer,* a. a. O., Taf. IV oben.
24 *H. Th. Bossert,* Altkreta. 3. Aufl. Berlin 1937, Abb. 346.
25 *H. Th. Bossert,* a. a. O., Abb. 287 b.
26 *S. Marinatos — M. Hirmer,* a. a. O., Taf. 15.
27 *H. Th. Bossert,* a. a. O., Abb. 403.
28 Spielstein: *L. v. Matt,* a. a. O., S. 83. — Hausfassaden: ebenda S. 78.
29 *S. Marinatos — M. Hirmer,* a. a. O., Taf. 69.
30 *S. Marinatos — M. Hirmer,* a. a. O., Taf. 13 unten (Bildunterschrift).
31 *S. Hood,* The Minoans. London 1971, Abb. 71—73.
32 *M. C. Shaw,* The Miniature Frescoes of Tylissos reconsidered. Archäologischer Anzeiger 1972, 171 ff.
33 *S. Marinatos — M. Hirmer,* a. a. O., Taf. 112.
34 *K. Branigan,* The Tombs of Mesara. London 1970.
35 *S. Marinatos — M. Hirmer,* a. a. O., Taf. 3.
36 Vgl. jetzt den Katalog der Karlsruher Ausstellung „Kunst und Kultur der Kykladeninseln" *(E. Petrasch — J. Thimme).*
37 Zur Technik der Kamaresvasen: *W. Noll* u. *A.,* Jahrb. der Staatl. Kunstsammlungen in Baden-Württemberg. Band X, 1973, S. 108 ff.
38 *F. Matz,* Torsion. Eine formenkundliche Untersuchung zur ägäischen Vorgeschichte. Mainz 1952.
39 *S. Marinatos — M. Hirmer,* a. a. O., Taf. 170.
40 *K. Müller,* Frühmykenische Reliefs. Jahrbuch des Deutschen Archäol. Instituts 30, 1915, 242 ff.
41 *E. Kunze,* Kretische Bronzereliefs. Stuttgart 1931.
42 *H.-V. Herrmann,* Die Kessel der orientalisierenden Zeit. Olympische Forschungen VI. Berlin 1966. — Vgl. auch *F. Canciani,* Bronzi Orientali e Orientalizzanti a Creta nell' VIII e VII Sec. a. C. Rom 1970.
43 *J. Boardman* in Katalog Hamburg (vgl. Anm. 2) S. 14 ff.

[44] *E. Strommenger — M. Hirmer,* Fünf Jahrtausende Mesopotamien. München 1962, Taf. 186 b.

[45] *J. Thimme,* Phönizische Elfenbeine. Bildheft Bad. Landesmuseum. — Vgl. auch *R. D. Barnett,* A Catalogue of the Nimrud Ivories in the British Museum. London 1957.

[46] *R. Hampe,* Kretische Löwenschale des 7. Jahrh. v. Chr. Heidelberg 1969.

[47] *G. Gruben,* Die Tempel der Griechen. München 1966. S. 30.

[48] *G. Lippold,* Die griechische Plastik. Handb. d. Archäol. III. München 1950, S. 20.

[49] *H. Walter,* Das griechische Heiligtum. Heraion von Samos. München 1965. Abb. 10—11, 14, 50, 67.

[50] *J. N. Coldstream,* Knossos. The Sanctuary of Demeter. Annual of the British School. Suppl. 9. Oxford 1973.

LITERATURHINWEISE

H. Th. Bossert, Altkreta. 3. Aufl., Berlin 1937.
H.-G. Buchholz — V. Karageorghis, Altägäis und Altkypros. Tübingen 1971.
F. Schachermeyr, Die minoische Kultur des alten Kreta. Stuttgart 1964.
F. Matz, Kreta, Mykene, Troja. 2. Aufl., Stuttgart 1956.
F. Matz, Kreta und frühes Griechenland. 3. Aufl., Baden-Baden 1965.
F. Matz, Göttererscheinung und Kultbild im minoischen Kreta. Mainz 1958.
S. Marinatos — M. Hirmer, Kreta, Thera und das mykenische Hellas. München 1973.
L. v. Matt u. *A.,* Das antike Kreta. Zürich 1967.
S. Alexiou, Minoische Kultur. Göttingen 1976.
A. Evans, The Palace of Minos (Abkürzung PoM.) Repr. Band I—IV und Index. London 1964.
J. Pendlebury, The Archaeology of Crete. London 1939. Repr. 1966.
S. Hood, The Minoans. Crete in the Bronze Age. London 1971.
R. Higgins, Minoan and Mycenaean Art. London 1967.
J. W. Graham, The Palaces of Crete. Princeton 1962 u. ö.
P. Warren, Minoan Stone Vases. Cambridge 1969.
A. Zois, Der Kamares-Stil. Werden und Wesen. Diss. Tübingen 1968.
G. Walberg, Kamares. A Study of the Character of Palatial Middle Minoan Pottery. Uppsala 1976.
L. Pernier — L. Banti, Guida degli scavi italiani in Creta. Rom 1947.
C. Tiré — H. v. Effenterre, Guide des fouilles françaises en Crète. Paris 1966.

W. Schiering, Die Naturanschauung in der altkretischen Kunst. Antike Kunst 8, 1965, 3 ff.

P. Demargne, Die Geburt der griechischen Kunst. München 1965.

Museum für Kunst und Gewerbe Hamburg: Dädalische Kunst auf Kreta im 7. Jahrh. v. Chr. — Ausstellung vom 23. 9. bis 27. 12. 1970.

K. Schefold, Die Griechen und ihre Nachbarn. Propyläen Kunstgeschichte, Band 1, Berlin 1967.

G. Gruben, Die Tempel der Griechen. München 1966.

R. Lullies, Griechische Plastik. München 1956 u. ö.

C. Davaras, Die Statue aus Astritsi. 8. Beiheft Antike Kunst, 1972.

E. Buschor, Griechische Vasen. Neuaufl. München 1969.